SURVIVANTES

CÉDRIC

SIRE

SURVIVANTES

Michel LAFON

14, boulevard de la Madeleine – CS 70024
75008 Paris Cedex

www.michel-lafon.com

Tu seras le tueur
Je serai le cadavre
Tu seras le thriller
Et bien sûr, je serai le drame

Depeche Mode,
« Don't Say You Love Me »

2017
(six ans auparavant)

Son sifflotement ne la quitterait jamais.

Cet air familier, évident, dont Kate, comme tout le monde, ignorait le nom exact.

Une mélodie si douce…

Kate a mis du temps à accepter qui elle est.

Au début, elle était une proie, elle *agissait* comme une proie, comme toutes les autres. N'était-elle pas du « sexe faible » ? Un être fragile, forcément. Blonde, mince, plutôt jolie de l'avis général. Une victime désignée pour tous les porcs, tous les forceurs ayant besoin de se rassurer sur leur virilité. Parce qu'elle était femme, justement, elle a toujours soutenu que la vie est plus précieuse que tout. Que la tolérance doit s'imposer pour sauver le monde. C'est la raison qui l'a poussée à vouloir être psychologue, dès son adolescence. Tout ce qu'elle souhaitait, c'était aider les autres, leur permettre de surmonter leurs traumatismes par la parole et l'acceptation de leurs propres fantômes.

Au début, oui…

Avant.

Avant le sifflotement.

Toujours ce même air.

Chaque fois qu'il arrivait…

C'était le mois de juillet 2017. Kate avait vingt ans, autant dire qu'elle était un bébé. Elle venait de valider non sans soulagement sa troisième année de psychologie à l'UFR de Toulouse. C'était l'un des premiers étés de canicule, qui, avec le réchauffement climatique, allaient peu à peu devenir la norme, Kate était partie en vacances avec deux amies. Les forêts aveyronnaises, le camping au bord du Lot, l'alcool pour se désinhiber un peu, et tous ces garçons fourmillant autour d'elles. Le séjour avait commencé au mieux, durant la première semaine en tout cas.

Ensuite… ses souvenirs de sa dernière soirée en boîte sont plutôt embrouillés, Kate se souvient de danser au son de Justin Timberlake et de David Guetta, un peu moins de l'homme qui lui avait offert à boire, avant qu'elle se rende aux toilettes, les jambes déjà chancelantes. Elle se souvient d'avoir vomi, beaucoup, et que le monde commençait à tourner autour d'elle comme une spirale folle, sans qu'elle voie vraiment le problème. Elle vivait sa meilleure vie, s'imaginait-elle naïvement, la voix euphorique de Rihanna lui répétait qu'elle était la seule fille au monde, c'était elle qui avait les commandes, n'est-ce pas ? Kate se souvient d'avoir titubé sur le parking, s'accrochant aux voitures pour ne pas s'effondrer, traversant des rires et des fumées de cannabis, un peu aveuglée par les lueurs des phares, ou des réverbères peut-être. Elle se souvient surtout que l'homme était là, à nouveau, depuis combien de temps impossible à dire, il la soutenait sous son bras, il la guidait jusqu'à son 4 × 4 en sifflotant. Le visage de l'individu lui apparaissait totalement flou, ses traits indiscernables, mais même cela ne chagrinait pas Kate dans l'état où elle se trouvait. La séquence des événements s'enchaînait avec une parfaite fluidité induite par la drogue.

La seule image se détachant avec une parfaite clarté, gravée dans son esprit, est le bonnet gris que portait l'homme. Un accessoire d'été, en jersey souple, orné d'une rose stylisée.

Je le reconnais ce symbole, c'est un album de Depeche Mode, se souvient-elle d'avoir dit. Ou pensé. Il lui semble bien qu'elle ne pouvait plus articuler un mot depuis un moment.

Elle ne sait plus, elle ne saura jamais, et c'est la chose la moins importante qui soit. La drogue prenait possession d'elle, effaçait ses sens et sa mémoire. Elle a l'impression d'avoir rêvé les coups, la séquestration dans le véhicule, à moins qu'elle n'ait juste dormi sur la banquette durant le trajet.

Il ne reste qu'un grand vide dans ses souvenirs. Un espace noir, la pénombre moite.

Le sifflement de l'homme, qui la berçait comme une mélodie enfantine.

Kate était revenue à elle comme on suffoque après une noyade, recroquevillée dans une matière gluante et froide, cernée par un brouhaha de grognements et de mastication.

Elle grelottait. Elle avait mal partout. Une odeur nauséabonde saturait ses sinus et sa gorge. Elle prit peu à peu conscience de se trouver dans un enclos. Les grognements qui emplissaient l'air étaient ceux de porcs rassemblés derrière une barrière en bois. Les remugles putrides montaient du purin dans lequel elle pataugeait.

Kate s'était assise, tremblant de plus belle à mesure que la terreur la gagnait. Alors seulement elle s'était aperçue qu'elle n'était pas seule.

Il y avait une autre fille comme elle. Maigre et sale, recroquevillée elle aussi au pied du mur, bras serrés autour de ses genoux repliés devant elle, qui la fixait sans un mot. Cette fille, Kate le comprit du premier regard à son visage creusé, à ses cheveux plaqués par la crasse, était là depuis longtemps.

De l'autre côté de la cage – car c'était une cage géante, dans laquelle elles étaient enfermées –, était étendue une troisième silhouette, dont elle n'aperçut d'abord que les membres tordus et la masse de cheveux éparpillés. Cette personne-là ne bougeait plus, ne respirerait plus jamais. Kate eut un hoquet d'horreur.

— Elle est morte juste après qu'il t'a amenée, avait murmuré l'autre fille. Elle a abandonné.

— Quoi ? Qui ? Mais pourquoi ? s'était écriée Kate.

— Te fatigue pas. C'est pas la première. Avant, il y en avait une autre. On est ses jouets, ici. On finit toutes par mourir, quoi qu'on fasse. Et après, il donne nos corps à manger à ses cochons.

La fille avait émis un rire nerveux, longtemps, puis elle s'était mise à sangloter en silence.

Kate avait fait de même, sans encore s'imaginer ce qui l'attendait ici.

I

LE GROUPE

Juin 2023

1

Bordeaux,
Vendredi 9 juin

Il est 4 h 30 du matin et José n'a pas réussi à dormir. Son esprit en ébullition l'a gardé éveillé toute la nuit.

Car aujourd'hui, c'est son anniversaire.

Aujourd'hui, José va tuer une salope. Une de plus.

Il a *tellement* hâte.

Des notes de piano enthousiastes s'envolent enfin de son téléphone. José passe son pouce sur l'écran pour interrompre l'alarme. Il s'assoit au bord du lit, inspire doucement. Il se sent empli d'une fougue quasi euphorique, en dépit de la nuit sans sommeil, à se passer et se repasser tout ce qu'il s'apprête à commettre dans quelques heures. Les cris à venir. Les claquements de ses mains sur des joues emplies de larmes. Le sang qui giclera fatalement. Les mèches de cheveux qu'il arrachera, oh oui, en secouant une tête terrifiée. Sous la douche, yeux fermés, une main serrée autour de son sexe en érection, il continue de fantasmer, le souffle saccadé. Puis, devant le miroir couvert de buée qu'il essuie d'une paume sereine, il se trouve d'une classe folle, avec son épaisse barbe et sa moustache dorée. Une belle teinture, il n'achète que de la qualité allemande. José est brun de nature. Cela fait des mois qu'il a adopté ce look-là. Au travail comme dans la rue, ceux qui posent les yeux sur lui ne voient qu'un hipster blondinet de plus. Ainsi il est sûr de ne pas être reconnu.

Six mois qu'il s'est installé ici, et toujours personne ne se doute de qui José Gaubert est vraiment. Personne ne sait, personne ne pourrait *imaginer* les tas de chair en charpie qu'il a abandonnés dans une demi-douzaine de villes d'Europe, même les flics n'ont jamais rien vu ni jamais rien compris. Alors José est revenu en France à la fin de l'année dernière. Il s'est installé ici, dans l'Entre-deux-Mers, dans un quartier populaire où personne ne se soucie de savoir comment il s'appelle ni si ses papiers sont en règle.

Il a hésité, pourtant. La dernière fois qu'il était dans ce pays, dans sa ville natale de Mulhouse très précisément, tout ne s'est pas si bien passé que ça... Il s'en était sorti de justesse, il doit bien le reconnaître. Il avait fallu les flammes. La fuite à l'étranger. Des choses qu'il prévoit toujours, mais qui ne sont jamais agréables quand elles se produisent. Heureusement pour lui, la police, fidèle à elle-même, s'est révélée totalement larguée, ou n'a pas voulu faire de zèle, ce qui revient au même.

Le temps a passé. Sept années déjà, et avec elles tellement de faits divers sordides que plus personne ne doit se souvenir de ces quelques disparues à l'époque, ni de toute l'agitation médiatique que cela avait suscitée.

José n'a plus envie d'y penser.

Il sent une nouvelle érection tendre son short, et s'envoie un clin d'œil à lui-même.

— T'as trente-cinq ans, mon petit gars, murmure-t-il à son reflet ravi. Ce soir, tu auras droit à ta dixième petite friandise. Tu le mérites bien.

2

Saint-Germain-en-Laye

À 6 heures du matin, Tanya embrasse tout doucement sa fillette Zoé encore endormie, avant d'aller dans la cuisine enlacer bien moins doucement son mari, qui la presse en retour contre son corps puissant et élancé d'adepte de CrossFit. Fabien, radieux, la couvre de baisers. Il embaume le café et les toasts qu'il vient de retirer du grille-pain. Tanya sait que c'est idiot mais, en son for intérieur, elle continue de se dire qu'elle ne mérite pas un tel bonheur. Voilà trois ans déjà qu'elle a donné naissance à la gamine la plus adorable du monde, et quatre qu'elle est mariée à un homme que l'on peut sans la moindre exagération qualifier d'idéal. Fabien la croit toujours aveuglément, quel que soit le mensonge qu'elle choisit de lui raconter. Cette fois, elle a prétexté devoir se rendre à une conférence. Ce qui est *presque* vrai. Fabien n'a pas semblé surpris outre mesure, depuis maintenant deux ans Tanya invoque son métier de vétérinaire pour justifier ses petites absences. Fabien ne lui a posé aucune question, il ne lui en pose jamais, ni sur ce qu'elle va faire, ni sur ce qui a bien pu se passer dans sa vie *avant*, et elle l'aime tellement fort pour cela. Par ailleurs, son mari avait déjà prévu de télétravailler, il pourra aller chercher la petite à la maternelle sans avoir besoin de modifier son planning.

Dans le garage de leur petit pavillon en bordure de forêt, Tanya ouvre le coffre de son Kangoo pour y déposer son sac de voyage. Elle le cale entre ses sacoches de véto qui ne quittent jamais le véhicule et qui contiennent ses seringues, ses produits anesthésiques, les flacons bien alignés dans les casiers réfrigérés. Tanya vérifie aussi que l'étui de son arbalète est bien là. Dans sa vie de tous les jours, Tanya est une soigneuse dévouée. Mais Tanya est aussi une chasseuse, et tout autant engagée.

Depuis la longue nuit de sa traque, dans une autre vie, où elle a montré qu'elle savait mordre.

Comme les autres, Tanya a traversé l'enfer. Comme les autres, on a fait d'elle une proie, et elle a survécu. Parce qu'elle a eu le courage de se tenir debout. Parce qu'elle n'a pas laissé le désespoir et la douleur la paralyser.

Les paroles de Kate résonnent en elle.

Proie elle n'est plus.

Proie plus jamais elle ne sera.

3

Toulouse

À l'autre bout de la pièce, l'ordinateur de Cheryl émet un carillon.

La jeune femme ouvre les yeux, bâille longuement, avant de se contorsionner tel un chat dans son lit où s'entassent draps et coussins en vrac. Cheryl s'entortille entre un tee-shirt qu'elle avait sur les yeux pour atténuer la lumière, un drap trop fin, un bout de couette bien trop chaud, rejette finalement tout par terre. Au-dessus d'elle, les stores des vasistas sont ouverts, la lumière matinale illumine son studio situé sous les toits de la Ville rose. Poutres apparentes dénudées, plafond en pente qui oblige à avancer courbé pour atteindre les coins de la pièce. Cheryl a tout de suite adoré cet endroit. Son antre et son refuge à la fois.

Se frottant les yeux, elle s'approche du bureau où son installation informatique occupe l'intégralité du mur. Trois écrans, les claviers mécaniques de sa composition, pour un confort maximal, clignotent doucement. Cheryl se pelotonne dans son fauteuil de gamer. Sur l'écran principal, une fenêtre affiche un nouveau message de Kate Morrigane.

Tout en le lisant, Cheryl lève sa main droite – fine, presque squelettique, tatouée de motifs floraux –, qu'elle agite machinalement au-dessus des touches. Son poignet gauche, lui, ne quitte pas ses cuisses.

Du bout des doigts, elle effleure les touches lumineuses pour indiquer qu'elle sera au rendez-vous. Évidemment.

C'est son histoire qui s'écrit, aujourd'hui. Ou son passé qu'elle va effacer. Peut-être.

Il le *faut.*

La jeune femme s'étire de plus belle, bâille encore plus fort, puis se rend dans la minuscule salle de bains, entre sous la douche sur la pointe des pieds. Elle passe consciencieusement son rasoir électrique sur son crâne rond, déjà glabre, tout en rentrant le ventre par réflexe. Elle sent sa peau tendue comme elle aime. Elle sent son estomac qui gargouille, une sensation presque douloureuse, et cela l'emplit de bonheur.

En sortant du bac, elle se pèse.

La balance indique quarante et un kilos.

Cheryl sourit.

Elle n'était pas comme ça, avant, bien sûr. Mais c'était *avant.*

À présent, elle sait que si elle ne grossit pas, si elle ne devient pas femme, pas entièrement, personne ne viendra lui faire de mal.

Elle caresse sa main gauche, l'esprit ailleurs.

Ce qui lui reste de cette main lui fait toujours un peu mal, au gré des jours. Ce n'est toutefois qu'une douleur physique. Il y a des médicaments pour ça.

À l'intérieur, Cheryl demeure un volcan en éruption.

Cette douleur-là ne sera jamais apaisée.

4

Carcassonne

Les places de stationnement, le long de l'immeuble en vieilles pierres, sont presque toutes libres. Farrah gare son SUV DS au plus près de la porte. Le soleil est à peine levé, mais elle porte déjà ses lunettes noires rivées sur son nez fin. Elle les effleure du bout des doigts, vérifie dans le miroir que son fond de teint et son rouge à lèvres sont impeccables. Ils le sont toujours. Sa peau, couleur caramel sombre, est parfaitement soignée, poudrée, maquillée. Ses cheveux frisés, noir intense, tombent en cascade sur ses épaules mises en valeur par son top fuchsia et ses subtils bijoux en or.

Farrah a toujours accordé le plus grand soin à sa personne.

Elle espérait bien devenir mannequin…

Avant.

Elle lisse sa jupe, profite de la douceur du vent apportant des odeurs de brique et de thym, de la chaleur qui, déjà, monte du béton. Aucune d'entre elles ne s'en doute mais, au sein du groupe, Farrah a conscience d'être la plus fragile, en dépit de l'apparence détachée et superficielle qu'elle s'applique à afficher en toutes circonstances. Venir ici ravive immanquablement les émotions compliquées qu'elle ressent à l'égard de Kate. Sa colère envers elle, toujours aussi présente, toujours aussi muette.

Elle tourne la tête vers la façade, où la plaque indique : *Isaac Bloch – Kate Morrigane. Psychologues – Psychothérapeutes. Thérapie comportementale et cognitive. Praticiens EMDR. Sur rendez-vous.*

Farrah n'a croisé le Dr Bloch qu'une seule fois. Un homme petit, plutôt menu, qui transpirait la compassion. Elle se demande ce qui se serait passé si c'était lui qui avait proposé de créer un groupe de soutien… Aurait-il été plus honnête que Kate ? Ou bien, songe-t-elle non sans amertume, le fait qu'il soit un homme aurait-il été pire, justement ?

Elle chasse ces pensées. Ce genre d'idées n'apporte que des questions auxquelles elle ne veut pas répondre. Surtout pas maintenant.

La porte s'ouvre, Kate émerge de l'immeuble. Farrah la trouve plus froide que jamais, avec sa chemise stricte et ses cheveux dorés attachés en queue-de-cheval. Comme d'habitude, note-t-elle, la psychologue n'a pas pris la peine de se maquiller.

Kate ouvre la portière et prend place.

— Bonjour.

— Bonjour.

Farrah démarre sans attendre. Regard droit devant. Rue de Verdun. Place Davilla. Bifurcation sur l'allée d'Iéna.

— Les autres sont en chemin, lui annonce Kate d'une voix plus douce que son apparence le laisserait supposer.

— Bien.

Le silence revient. C'est Kate qui a insisté pour faire le voyage avec elle. Comme si elle craignait que Farrah communique avec leurs camarades dans son dos.

Farrah fait une brève pause au feu rouge, emprunte l'avenue Henri-Gout.

— On y est enfin, alors, murmure-t-elle, ses mains manucurées glissant sur le volant.

— On y est enfin, acquiesce Kate.

Les deux femmes ont beau sourire, la gêne est mutuelle. Dès le départ, c'est entre elles deux que la communication a été la plus difficile. Farrah sait que ce n'est pas la faute de Kate, celle-ci n'a jamais cessé d'essayer, elle ne peut lui enlever ça. Ça n'a simplement jamais fonctionné. Dès le premier appel téléphonique que Kate lui avait passé, quand elle lui avait expliqué en quelques mots sa situation et l'idée du groupe qu'elle souhaitait créer.

Une réunion de parole. Une sorte de thérapie collective, au vu de ce qu'elles avaient traversé, chacune d'entre elles.

L'idée semblait séduisante. Kate lui offrait la possibilité de se retrouver plusieurs fois par an. Il n'y avait pas d'obligation. Le groupe n'était que ça, une invitation à partager son histoire, ses séquelles intimes, ses cauchemars comme ses victoires, en toute liberté. Sans aucun jugement. Sans aucune honte. Sans aucune colère.

Avancer, ensemble et un pas à la fois, jusqu'à la guérison, peut-être. C'était ce que lui avait proposé Kate. Et Farrah avait eu l'impression d'avoir attendu cet appel sans le savoir.

C'était il y a deux ans. Si loin maintenant.

— Le pick-up, derrière nous, signale tout à coup Kate.

Regard au rétroviseur. En effet, un imposant Navara noir roule dans leur sillage.

— Oui ?

— Il nous suit depuis qu'on a démarré. Il ne se rapproche pas. Toujours la même distance. Assez pour qu'on ne puisse pas voir le conducteur.

Farrah fronce les sourcils. Bon sang, Kate et sa paranoïa ! Elle est toujours si convaincue par ses propres délires qu'elle finirait par faire douter de tout. Arrivée au rond-point de l'autoroute A61, Farrah suit la longue courbe avant de s'engager dans la dernière sortie, celle du péage.

Nouveau coup d'œil attentif au rétroviseur. Le Navara qui les suivait ne prend finalement pas la direction de l'autoroute. Il a emprunté la sortie précédente, vers la zone industrielle.

— Tu paniques pour rien, conclut Farrah en ralentissant à l'approche de la barrière.

Bip du boîtier collé sur la vitre. Farrah est abonnée. La barrière se lève. Pied au plancher. Voitures trop lentes doublées en un éclair.

— Je suis très calme, se défend Kate d'un ton glacé. Je fais simplement attention. J'ai l'impression d'avoir déjà vu ce pick-up.

— Il y en a des centaines dans la région, se sent obligée de lui rappeler Farrah. Nous sommes au pays des viticulteurs.

Elles se rabattent sur la bretelle de l'autoroute, direction Toulouse.

Au bout d'une minute, Farrah demande, sans aucune agressivité, mais sans aucune chaleur non plus :

— Tu comptes le leur dire quand ?

Kate appuie sa tête en arrière contre le siège. Yeux fermés.

— Farrah, je t'en prie. Ce n'est pas le moment.

— Ce n'est jamais le moment, Kate.

— Quand ce sera fini…

— Tu le leur diras.

— Oui, je le leur dirai.

— Je vais faire semblant de te croire alors, souffle Farrah.

Kate ne répond pas. Elles n'ont eu cette discussion que trop de fois. Ni l'une ni l'autre ne se fatiguent plus à essayer d'entretenir la conversation tandis que défile le ruban de bitume.

Elles surveillent pourtant, l'une autant que l'autre, le moindre véhicule à l'horizon.

5

Bordeaux

José n'a jamais aimé les femmes. Pourquoi devrait-il en avoir honte ? Toutes ces pleurnichardes, manipulatrices, jamais satisfaites de leur sort. Pire, à cause d'elles, on l'a fiché, on l'a viré de son travail. Dans une autre vie, sous une identité qu'il a abandonnée avec soulagement.

Quand elles sont jeunes, elles lui font de l'effet. Ça, il ne peut pas le nier. C'est bien son problème. Ou, comme il aime se l'imaginer, sa spécialité.

Les quinze ans. Ce sont ses préférées.

Celles qui finissent contre son mur, la chatte à l'air, les tripes ouvertes.

Cette simple pensée suffit à le faire frissonner jusque dans sa colonne vertébrale.

Ne te laisse pas emporter.

Pas tout de suite. Si tu veux que tout se déroule sans accroc.

Le contrôle, ça le connaît. Il effectue sa tournée avec une rigueur irréprochable. Son chef logistique ne pourrait se plaindre, José est l'employé qui lui cause le moins de problèmes. Jamais de retard. Jamais un mot de travers, ni le moindre manque de respect envers quiconque. Avec lui, aucun colis « disparu », comme cela arrive un peu trop souvent aux autres livreurs. José a décroché cet emploi providentiel dès son arrivée en ville, sans le moindre mal, avec des papiers tous plus faux les uns que les autres. Il était encore en Suisse quand il a entendu, à la télévision, les annonces d'un ministre à l'air satisfait qui se félicitait du renforcement de la lutte contre la fraude sociale. José a compris que c'était le moment idéal pour revenir. Chaque fois qu'un gouvernement annonce haut et fort des contrôles et de l'ordre, des punitions exemplaires, ne faut-il pas comprendre que tous les moyens sont abandonnés, justement ?

Sans cela, il serait derrière des barreaux depuis longtemps, ici ou ailleurs.

Il y pense parfois. Il a tout à fait conscience de sa chance.

16 heures à l'horloge du camion. Fin de son service.

José n'a pas prononcé un mot de la journée.

Il n'a pas vu le temps passer non plus.

Son excitation monte d'un cran.

C'est enfin le moment de pointer dans le bureau du chef. José dépose les clés de son véhicule, son scan, ainsi que tous les documents de remises. Sur le parking, il souhaite encore une belle fin de journée à ses collègues, dont aucun ne sait quoi que ce soit sur lui, et comme chaque jour il repart à pied en sifflotant.

Il s'assure que personne ne le suit, même si ce n'est qu'une formalité, après quoi il ouvre le box qu'il sous-loue, loin de son appartement, dans l'attente de ce jour. Le garage abrite un fourgon passe-partout, et, au fond, un lavabo. Il n'y a pas d'eau chaude, mais c'est bien le dernier de ses soucis. D'abord, José se coupe grossièrement la barbe, avec une paire de ciseaux, avant de passer à la tondeuse. Ensuite, il sort le rasoir, la bombe de mousse, et il se rase. Lentement, méticuleusement. La mousse mentholée embaume, le rasoir crisse doucement sur sa peau.

Il passe ses mains sur son visage à nouveau imberbe.

Il enfile avec soin la perruque frisée qu'il a achetée dans un bac de soldes.

Il ne lui reste plus qu'à ajouter une paire de lunettes de soleil à son déguisement.

Même de près, il met quiconque au défi de le reconnaître.

Il peut aller faire ce qu'il fait de mieux.

Piéger une petite salope.

6

Il est pile 17 heures sur son compteur quand José arrive devant le lycée. Il repère un emplacement de livraison libre, s'y installe en manœuvrant avec nonchalance. Il se fiche que les caméras l'enregistrent, tant il est méconnaissable. Quant au fourgon qu'il conduit, il l'a acheté en cash, sous un faux nom, et bien sûr il ne l'a pas assuré. Pas inconscient, José. Pervers, meurtrier, mais pas naïf, jamais.

Il sait qu'il est invisible.

Il a toujours été le maître des précautions.

Et puis, bon sang, c'est son anniversaire. Aujourd'hui, personne ne pourra lui gâcher son plaisir !

Son cadeau ne va d'ailleurs pas tarder. Il fixe les premières jeunes filles sortant de l'établissement. Il se délecte de leurs petits culs serrés dans les jeans, de leurs jambes nues sous les jupes courtes.

Son pouls accélère. Son cœur tambourine. En six mois, il est venu ici souvent. Il les a toutes observées, cataloguées. Il connaît désormais les habitudes de chacune d'elles. Elles sont prévisibles, à cet âge.

Il a mûrement fait son choix.

Il aperçoit enfin celle qu'il attendait. Elle s'appelle Lexie. Jean taille basse, top blanc, sac à dos mauve. José dévore du regard ses cuisses fines comme des brindilles, ses longues tresses blondes. Cela lui rappelle ses vidéos sur TikTok, qu'il aime se passer en boucle, encore et encore. La petite Lexie est une adepte du cosplay. Une experte, même. Elle se déguise en toutes sortes de personnages de jeux et de mangas, et elle enregistre des chorégraphies kawaii avec son téléphone.

Les vues de ses publications se comptent en centaines de milliers.

Qu'elles osent dire qu'elles ne cherchent pas ce qui leur arrive…

L'adolescente salue ses copines d'un geste avant de s'éloigner sur le boulevard.

Maintenant. José redémarre, dépasse la jeune fille qui ne se doute de rien, s'engage dans les petites rues, où il roule au pas jusqu'aux murs d'enceinte du parc.

Il a eu le temps de faire les repérages. Chaque vendredi, Lexie effectue le même parcours pour se rendre à son cours de danse, sans jamais dévier. Elle traverse d'abord les sous-bois du parc, en passant devant le château et la Maison du jardinier. Parfois, elle y fait une pause plus ou moins longue, elle a l'air de vraiment apprécier cet écrin de nature dense coincé entre les vieux immeubles bordelais. Mais *surtout*, elle a l'habitude de ressortir en coupant par les parkings de l'immeuble dont la silhouette, massive et grise, s'élève à l'extrémité du coin de verdure. *Résidence Tivoli*, indique la plaque.

José n'aurait pu rêver meilleure configuration.

Il a suffisamment attendu, il tape le code du portail – il a fait de nombreuses livraisons à cette adresse, il en connaît le moindre accès – et remonte la minuscule allée, entre voitures stationnées et box fermés. Il n'y a aucun vis-à-vis ici, nul risque d'être surpris par des regards curieux. Il se gare au plus près du passage vers le parc – un simple portillon –, puis il va ouvrir la porte latérale du fourgon. Le soleil tape fort. Le goudron réverbère la chaleur comme dans une étuve. José sent une pellicule de sueur se former sur ses bras. De l'autre côté du mur, il aperçoit les frondaisons des arbres du parc.

Le moment est parfait.

D'autant plus que, comme il l'espérait, il n'y a personne.

Juste l'adorable Lexie, qui s'approche déjà sur le chemin au cœur des buissons.

José frémit, électrisé. Il se mord l'intérieur de la bouche pour conserver son calme.

Il sort une seringue de kétamine de la trousse. Toujours le maître du contrôle. Paré à la moindre éventualité. Il se force à ne pas sourire, ne pas se trahir, se contente de tousser dans son poing en se dirigeant vers le passage, comme s'il avait l'intention de pénétrer dans le parc.

Lexie dépasse José sans lui prêter la moindre attention.

La main de José se plaque sur sa bouche.

L'aiguille s'enfonce dans le petit cou tendre.

La jeune fille se cambre, se tord, s'époumone contre la paume de José. Un hurlement silencieux, inutile. Elle tressaute en tous sens l'espace de quelques instants, mais de plus en plus mollement, tandis que la drogue agit.

Pourtant, elle parvient à le mordre, dans un sursaut de terreur.

— Tu veux jouer à ça ! s'emporte José en l'empoignant par la nuque.

Il lui frappe la tête contre la carrosserie, fort, se moquant du bruit répercuté, et il la cogne encore, plus fort, pliant un peu la tôle du fourgon. Les jambes de la fille s'affaissent enfin, son corps devient mou, elle s'effondre dans ses bras. Tout de même.

Un peu de sang suinte du cuir chevelu ouvert par les chocs. José se penche pour lécher les gouttes salées sur le front juvénile, tout en se délectant du parfum fleuri que dégage sa peau. Patchouli et transpiration. Un mélange divin.

Il ne doit cependant pas prendre plus de temps que nécessaire. Il jette la lycéenne inanimée à l'intérieur du véhicule, referme la porte latérale et regagne sa place au volant, le cœur cognant à tout rompre. La paume de sa main gauche, déchirée par les dents de la petite salope, le picote un peu, laissant du sang sur le volant.

Aucune importance. Tu as tout prévu, se répète-t-il. *Toujours.*

— Monsieur ?

José sursaute. La femme est apparue à côté du fourgon. Une métisse apprêtée, littéralement des airs de mannequin, avec des lunettes noires qui masquent son regard.

D'où elle vient, celle-là ?

Il ravale sa salive, sourit comme si de rien n'était. Pourtant, malgré lui, ses poils se dressent sur ses bras. Il réajuste ses lunettes du bout de l'index. *Rester invisible.*

— Je gêne ? Désolé, miss, je ne vous avais pas vue.

Il tourne le contact. Le moteur du fourgon se met à vrombir. La femme toque à sa portière.

Qu'est-ce que tu me veux, putain ?

Il baisse la vitre de mauvaise grâce. Donner le change, coûte que coûte.

— Désolé, miss, répète-t-il. Je suis en livraison, là.

— Nous aussi, lui répond-elle.

— Hein ?

— Plus exactement, nous venons effectuer un retrait.

Le son de la portière du passager le fait sursauter de nouveau. Sans déconner ? C'était une diversion ! Il se retourne, a tout juste le temps d'apercevoir une autre femme avec un pistolet brandi vers lui, une fléchette s'envole et pénètre dans son pectoral, diffusant une sensation glacée dans sa chair.

— Putain…

Il ne peut guère prononcer autre chose. Ses membres se figent. La paralysie est quasi instantanée.

— Tranquillisant pour animaux, annonce celle qui vient de lui tirer dessus en s'installant à la place du passager. Si ça stoppe un buffle, ça suffit à calmer les petits porcelets dans ton genre.

La mannequin aux lunettes noires ouvre sa portière, l'autre femme sur le siège passager le repousse, José bascule. Il chute sur le parking. Sa tête, son épaule, son dos heurtent le béton. Douleur partout. Giclées d'adrénaline dans son crâne. Cependant, José a beau gémir de tout son saoul, il est incapable de bouger le petit doigt.

— Tu lui as injecté quoi, à cette gamine ? demande la métisse en le faisant rouler pour le placer sur le dos, face à elle.

Il s'étrangle. Il a perdu la perruque, ses lunettes sont de travers, le soleil l'aveugle. De la mousse se forme dans sa bouche. Avec difficulté, il parvient à articuler :

— T'aimerais bien savoir, hein ?

La femme s'accroupit et lisse sa jupe avec soin.

— Il y a une manière très simple. Kate ? Tu l'as ?

— Il avait prévu tout un stock, figure-toi.

Une troisième personne est apparue derrière elle. Elle aussi s'accroupit à côté de lui. C'est encore une gonzesse, une blonde pâle et froide. Cette femme, José le comprend en un regard, doit ignorer ce qu'est l'hésitation. Il constate également, non sans un certain effroi, qu'elle a récupéré une de ses seringues de secours à l'arrière, elle enlève le capuchon de protection.

— Non…

— Trop tard, dit-elle en lui plantant l'aiguille dans le bras.

Elle presse sans ménagement la pompe pour injecter la totalité de la seringue.

— Il paraît que ça ne pique qu'un tout petit peu, ajoute-t-elle, avec un frémissement de sourire sur son visage de glace.

Salope, aimerait-il lui cracher. *Salope, salope, salope.* Mais il a désormais perdu l'usage de ses cordes vocales. La douleur de l'injection est au-delà de tout ce qu'il pouvait imaginer. Comme si du béton compact se formait sous sa peau et que ses cellules allaient exploser.

Alors qu'un voile de ténèbres envahit sa vision, effaçant le monde autour de lui, il a tout de même le temps d'apercevoir une quatrième silhouette. Une voix de femme, encore, aiguë, presque celle d'une adolescente.

— La clinique est juste à côté. J'y dépose la petite et je vous retrouve chez cette ordure. On aurait dû agir plus vite.

José se rend compte qu'il connaît cette voix, même s'il n'arrive pas encore à la remettre. Il a déjà entendu la fille qui vient de parler.

Sept ans auparavant très exactement…

7

Mulhouse,
Juin 2016
(sept ans auparavant)

Dans les souvenirs de Cheryl…

Déjà sept ans, oui.

Dans la chaleur étouffante d'une pièce sous les toits. Dans la souffrance lancinante de son corps profané, sans aucun espoir que quiconque puisse lui porter le moindre secours…

C'était l'année de sa classe de première au lycée Louis-Armand. C'étaient ses rêves d'adolescente, vouloir des amis pour la vie, devenir une DJ mondialement connue, pour faire danser des dizaines de milliers de personnes, chaque soir dans un pays différent où il ferait toujours beau. C'était sa promesse de rester vierge jusqu'au mariage, de ne jamais boire d'alcool et de ne jamais manger de viande. Les idées des jeunes filles sont toujours bizarres et enthousiastes, pleines d'idéaux puisés dans les paroles de chansons et les scénarios des séries romantiques. Ainsi était Cheryl Laborde, quinze ans et demi, persuadée que la vie allait être excitante et magique, pleine d'égalité et de découvertes sans cesse plus heureuses, comme on le lui répétait partout.

C'était son enlèvement.

L'homme avait drogué Cheryl à la sortie des cours. Elle n'avait aucun souvenir de la manière dont cela s'était passé, dans quelle ruelle sur son chemin il lui avait sauté dessus. Quand elle était revenue à elle, Cheryl se trouvait prisonnière dans le coin d'un grenier exigu, dans la chaleur étouffante de juin accentuée par l'absence de fenêtres.

Son ravisseur avait refermé une menotte sur son poignet gauche, avant d'attacher l'autre bracelet à un anneau fixé dans une poutre. Il lui avait retiré sa jupe et sa culotte, et Cheryl était là, recroquevillée avec ses genoux repliés devant elle, humiliée, meurtrie. Elle avait hurlé, s'était débattue, ne parvenant qu'à se déchirer la peau jusqu'au sang, tellement la menotte était serrée.

— Il n'y a plus aucun voisin, fais-toi plaisir tant que tu veux, avait ricané l'homme. Personne ne t'entendra.

— Laissez-moi partir, avait-elle supplié.

— Oh, mais tu partiras, ne t'en fais pas pour ça. Tu partiras comme les autres.

— Les autres… ?

— Les autres salopes comme toi. J'en ai saigné deux juste là où tu te trouves, on peut encore voir les traces de leur sang, regarde, ça part pas ! Après, je les ai enterrées dans la cave. L'immeuble est désert, à part moi. Je peux bien faire ce que je veux. La ville va démolir ce taudis le mois prochain. Autant te dire que personne ne trouvera jamais rien. J'existe pas, et toi non plus, tu n'auras jamais existé.

Cheryl avait cessé d'écouter, d'essayer de comprendre ce que l'homme lui racontait, elle avait juste continué de hurler. Elle hurlait quand il la battait. Elle hurlait quand il lui écartait les cuisses pour forcer son membre répugnant en elle. Encore et encore, elle hurlait de douleur et elle hurlait d'horreur, de toute la force de ses poumons, jusqu'à ne plus avoir de voix du tout.

L'homme ne lui donnait même pas à manger. Juste à boire, à peine, pour qu'elle ne meure pas tout de suite.

Ses souvenirs ne sont que ça. La douleur, la chaleur, les heures d'attente, qui étaient peut-être des jours.

Jusqu'à ce que la mémoire de Cheryl se contracte, devienne un magma de fureur, une matière noire dans laquelle chaque venue du monstre était noyée, effacée, les mains sur son corps étaient aspirées par les ténèbres, il n'y avait plus de coups, plus de viol, plus de substances visqueuses sur son visage.

Il n'y avait même plus aucune souffrance du tout.

Plus de souffrance physique, en tout cas.

Cheryl se souvient qu'elle avait essayé de dévisser l'anneau dans la poutre. Elle avait bataillé en vain, son poignet avait fini en sang à force de se démener dans la menotte. Elle avait alors tenté de desceller les lattes du parquet, qui lui semblaient anciennes et bougeaient un peu. Elle s'était retourné les ongles et ouvert la pulpe des doigts, mais au moins ses efforts avaient payé : après avoir réussi à soulever l'extrémité d'une planche, elle avait découvert une sorte de burin abandonné en dessous. Un objet rouillé, oublié par les ouvriers ayant bâti cette pièce, jadis.

Étreignant cet outil providentiel dans sa main meurtrie, Cheryl avait recommencé à attaquer l'anneau qui emprisonnait la menotte, déterminée à le déloger d'une manière ou d'une autre.

Évidemment, cela n'avait servi à rien.

Alors il ne lui était plus resté qu'une solution. Faire ce qu'elle s'était juré depuis le début, si ce devait être sa seule chance de salut. Elle avait eu le temps de s'habituer à l'idée.

Alors…

Elle se souvient qu'elle avait enfoncé la pointe du burin à la base de son pouce.

Qu'elle avait hurlé à nouveau.

Elle avait hurlé tout le temps qu'elle tranchait la paume de sa main, et, cela ne suffisant pas à se libérer, elle avait aussi cisaillé l'espace entre son index et son majeur, déchirant sa chair, encore, centimètre après centimètre, brisant peu à peu l'os jusqu'à la base de son poignet.

Et puis…

… et puis, Cheryl ne s'en souvient plus exactement. Elle avait encore eu l'énergie de forcer la serrure avec le burin, malgré le sang qui s'échappait de son affreuse blessure, malgré le vertige qui lui brouillait la vue. Elle avait dévalé l'escalier comme elle avait pu, était tombée plusieurs fois avant de s'échapper de l'immeuble en se faufilant par un trou dans une fenêtre condamnée. Elle se souvient que la rue était déserte. Elle se souvient qu'elle avait rampé en gémissant, qu'elle perdait connaissance et continuait de ramper. Des phares l'avaient éblouie, une voiture avait pilé devant elle. Cheryl avait été placée en coma artificiel à l'hôpital pendant deux jours complets. Quand enfin elle s'était réveillée, avant même que les médecins permettent à ses parents de venir la voir, c'était d'abord des policiers à l'air dépassés qui s'étaient présentés à son chevet. Ils lui avaient posé des questions, elle avait pu leur raconter d'une voix éteinte ce qui lui était arrivé, et alors les braves hommes avaient balbutié, pris de court et profondément choqués par ce qu'ils entendaient.

Ils voyaient très bien de quel immeuble elle leur parlait. La bâtisse était au-delà de l'insalubrité, cela faisait presque deux ans qu'elle avait été évacuée et murée, du moins en théorie. Sa démolition devait avoir lieu dans quelques semaines seulement.

Le problème, c'est qu'un incendie criminel s'y était déclenché, le jour même où on avait admis Cheryl aux urgences. Toutes les poutres et les briques, tous les planchers et les antiques murs de plâtre avaient flambé comme de la paille.

Les flammes avaient tout réduit à néant.

Avaient avalé toutes les preuves.

Non, leur avait dit Cheryl. *Ce n'est pas possible.* Elle leur avait expliqué qu'ils devaient à tout prix fouiller les décombres des sous-sols. Ils y trouveraient des corps, son agresseur s'était vanté de les y avoir ensevelis.

Les services de police avaient effectué ces recherches, bien sûr.

Des ossements avaient été mis au jour. Les tests ADN correspondaient à plusieurs adolescentes disparues, considérées jusque-là comme fugueuses.

Cheryl avait attendu que ces policiers aux regards désemparés, si bouleversés par son histoire, continuent leur travail. Que des enquêtes soient menées. Qu'on *retrouve* le monstre qui l'avait séquestrée et violentée pendant dix jours, et à cause de qui elle resterait handicapée à vie.

On lui avait assuré que tous les moyens possibles étaient mis en œuvre. Il fallait faire confiance au système.

En gros, on lui demandait d'attendre et de se taire.

D'accepter, tête baissée, que *rien* n'avance.

Au fil des mois et de sa convalescence difficile, quand elle rappelait le service dédié à son affaire, les réponses se faisaient chaque fois plus distantes. Les investigations se poursuivaient, lui répétait-on. La justice suivait son cours, cela ne servait à rien de les harceler à présent, à part compliquer leur travail. Après tout, n'était-ce pas sa faute à *elle* ? Elle n'avait pas su les aider à retrouver l'identité de son tortionnaire, de quoi se plaignait-elle ?

— Je vous en *supplie*, se souvient d'avoir pleuré Cheryl, lors de son tout dernier appel téléphonique. Ce monstre a détruit ma vie, il a détruit celle de toutes ces familles. J'ai *besoin* de réponses…

— *Alors laissez-nous faire notre travail sans encombrer la ligne*, lui avait sèchement répondu la personne très pressée (et qui, visiblement, n'avait aucune connaissance de son dossier). *Si vous n'avez pas de nouvel élément à nous communiquer, mademoiselle, vous faites perdre son temps à tout le monde.*

Cheryl s'était contentée de raccrocher, elle n'avait plus les mots pour se défendre, ni pour implorer qu'on l'écoute. *Perdre leur temps ?* Elle se souvient d'avoir été tentée de mettre un terme à son existence, à cet instant, et cela n'a pas été l'unique fois où ce genre de pensées désespérées allaient l'envahir, l'écraser, l'écarteler. On en arrivait donc là ? C'était à elle, la victime, qu'on reprochait de ne pas avoir AIDÉ la police ?

Le pire, c'est que ces fonctionnaires anonymes et dépassés n'avaient pas entièrement tort. Les moyens mis à leur disposition ne suffisaient pas. Ils se retrouvaient pieds et poings liés par la rigidité des procédures et les limites de leur champ d'action. Sans compter que Cheryl n'avait *aucun* moyen d'identifier son bourreau. Il ne faisait pas partie de ses connaissances, il ne lui avait jamais donné son nom.

Elle se souvient de son visage et c'est tout.

De ça, elle se souviendra jusqu'à la fin de ses jours.

8

La nausée réveille José. Une double dose d'anesthésiants, il l'a sentie passer ! Il ignore combien de temps il est resté inconscient, mais il s'efforce de cligner des yeux pour ajuster sa vision, s'extraire au plus vite de la léthargie. Il fait remonter une glaire épaisse, douloureuse, qu'il tente de recracher, un long filet gluant pend lamentablement au bord de sa lèvre.

Il tousse. Se contorsionne sur son siège. Il comprend qu'on l'a ramené chez lui. Les rideaux sont tirés, son appartement est plongé dans l'ombre. Il est assis sur l'une des chaises en bois du salon, ses poignets attachés de part et d'autre des pieds. Des liens Serflex mordent dans sa chair, lui coupant la circulation. José se rend également compte, non sans un vif sentiment d'humiliation, que son pantalon baigne dans des substances humides et déjà froides. Ses intestins se sont relâchés pendant sa perte de connaissance, comme s'il n'était qu'un foutu teufeur, et la rage bouillonne au fond de lui.

La voix de la fille à la peau sombre s'élève.

— La Belle au bois dormant revient à elle.

José crache pour se débarrasser du filet de bave tenace, sans grand succès.

— Qui êtes-vous ? lance-t-il d'une voix pâteuse.

— Pour toi ? Nous sommes la fin de la route, réplique-t-elle le plus sérieusement du monde.

Il la contemple, elle se tient adossée au mur, à côté de la porte du salon, les bras croisés, ses lunettes noires toujours sur le nez malgré la pénombre. José constate que les autres sont là, elles aussi, dans un silence de gorgones, patientant sur des chaises installées face à lui. Un tribunal, songe-t-il. Il aperçoit la blonde glaciale qui lui a injecté sa propre kétamine quand il était au sol, et puis la femme aux cheveux courts, probablement la plus âgée des quatre, qui lui a tiré dessus avec la fléchette vétérinaire.

Et, sur la troisième chaise, il la voit, elle.

La fille s'est totalement métamorphosée, avec son crâne rasé, ses tatouages en arborescences fleuries et, même ainsi, elle n'a pas changé du tout. Elle n'a pas vieilli comme une femme. Elle est restée d'une minceur à peine croyable, sans formes ni âge.

— Tu te souviens de moi, José ?

Elle se redresse, filiforme telle une ligne de crayon, et le cœur de l'homme reprend sa cavalcade fébrile. Se souvenir ? Il a passé ces dernières années à se remémorer Mulhouse, son appartement, sa frêle victime arrachée au lycée Louis-Armand. Celle qui aurait *dû* être sa victime. La seule à lui avoir échappé. Il ne se souvient que trop bien du choc qu'il a éprouvé ce jour-là, en revenant chez lui. Quand il a découvert son grenier vide, le sang partout, les morceaux de chair et de doigts tranchés sur le plancher. Il avait compris ce que cette petite folle avait réussi à faire.

— Cheryl.

— Bien. Je n'étais pas sûre que tu me reconnaîtrais.

La voix de la fille est restée identique. Sa pureté enfantine intacte.

— Vous m'avez kidnappé, grogne-t-il.

— Tu es perspicace. Nous avons surtout sauvé la vie d'une lycéenne. Comme j'aurais aimé que quelqu'un le fasse pour moi, il y a sept ans. Elle aura la chance de ne jamais savoir, de ne jamais vraiment comprendre ce à quoi elle a échappé.

Elle fait un pas hésitant vers lui. Sur son visage, José devine de la haine intense, en même temps que des tics de joie extrême. Il contemple le poignet gauche de la fille, sa main trop étroite, rougeâtre, recroquevillée comme une araignée étrange, où ne demeurent que trois doigts tordus et inutiles. Par pur réflexe, il crache dans sa direction. Pas encore tout à fait au point. Un filet de salive se détache de ses lèvres et tombe sur le plancher.

— Bande de tarées ! Vous perdez rien pour attendre ! Vous avez pas idée de quoi je suis capable !

— Tu crois qu'on est là juste pour ta belle gueule ? ironise la métisse. C'est grâce à tes petits exploits que Cheryl t'a retrouvé. Cheryl est devenue une experte en informatique, tu sais. Un peu grâce à toi. Mais ce n'est pas le sujet.

D'un geste, elle écarte ses cheveux frisés de son visage et ôte ses lunettes. José peut voir que son œil gauche est vide, voilé par une pellicule blanchâtre. Ses paupières, tout autour, sont balafrées par une large et vilaine cicatrice qu'aucune chirurgie ne saurait effacer. Le contraste entre la beauté de cette femme et l'obscénité brutale de cette blessure est saisissant.

— Qu'est-ce qui t'est arrivé à toi ?

— Un homme dans ton genre m'a laissé ce souvenir de lui, résume-t-elle.

— Il y est pas allé assez fort, alors.

— Il n'est pas le seul, fait remarquer Cheryl avec un fantôme de sourire.

José donne des secousses aux Serflex. Grimace sous la douleur. Néanmoins, il connaît bien la chaise sur laquelle il est attaché. Il sait que les lattes sont fragiles, il les a recollées l'an dernier pour éviter qu'elles se descellent. Ces bonnes femmes ignorent ça.

Il gonfle la poitrine.

— Tu t'en es bien tirée. Je te promets que je ne commettrai pas cette erreur deux fois.

Il souffle par les narines, se cambre sur la chaise. Il sent les lattes bouger, comme il l'espérait. Juste pas assez, pas encore.

— Pour qui vous vous prenez, hein ? s'écrie-t-il si fort que sa voix s'éraille.

— Pour ce que nous sommes, murmure la métisse sans hausser le ton.

— Des survivantes, ajoute une voix derrière elle.

José tourne la tête vers celle qui s'est exprimée. Le glaçon à l'air calculateur. À côté du parc, il se souvient que l'une d'elles l'a appelée *Kate*. Contrairement aux autres, elle ne prend pas la peine de se lever, et José est sûr que c'est elle qui commande. Cela doit venir de son aplomb. Qui cache mal quelque chose, déduit-il. Elle ajoute :

— Nous avons toutes été des victimes. Avant. Mais plus maintenant.

— Je comprends rien, bredouille José.

— Guère étonnant. Tu n'es pas du genre très futé.

— Vous faites les malignes, hein ? beugle-t-il de nouveau. Foutues salopes ! Libérez-moi et je vais vous montrer !

Tout en gueulant, il continue de tirer sur les liens, en soubresauts nerveux. La morsure des rubans de plastique est insupportable… mais il sent la latte qui se tord, tout doucement, sous son poignet droit surtout. Encore un peu, et…

La femme nommée Kate croise les jambes plus haut, contemplant José avec une répulsion absolue. Sa voix est un mélange étonnant de tendresse et d'inflexibilité.

— Nous voulions que tu saches une chose, José. Tu connaissais l'homme qui te louait ton appartement, à Mulhouse.

Ce n'est pas une question. José ne répond donc pas. Il fixe cette femme avec défi. Elle poursuit avec la même rigidité doucereuse :

— Rudolf Kleinsman. Un beau petit pédophile planqué en Suisse, propriétaire de plusieurs immeubles, dans diverses villes de France. Il était toujours passé sous les radars de la justice. Jusqu'à ce que tu aies la bonne idée de mettre le feu à son immeuble pour couvrir tes traces, et que les autorités commencent à creuser où elles le pouvaient… c'est-à-dire du côté de ses petites affaires.

José se mord les lèvres. Il sait tout ça. Évidemment, qu'il connaissait Kleinsman ! Ils s'étaient rencontrés sur des forums, dans les salons de discussion du Web Profond, où les amateurs de viande fraîche savent se trouver et se reconnaître. Kleinsman possédait la moitié des appartements de l'immeuble. Il n'avait plus le droit de les louer, en raison d'un arrêté d'insalubrité pris par la préfecture et dans l'attente du permis de démolir, mais, entre esprits semblables, il avait toutefois offert à José la possibilité de le payer en espèces, pour quelques mois, sans aucune question ni engagement, gagnant-gagnant.

— La police n'a jamais pu établir ton identité, admet la femme depuis sa chaise. En revanche, les centaines de milliers d'images pédopornographiques stockées sur les appareils de Kleinsman, elles, ont eu du mal à passer inaperçues.

— J'ai suivi les infos à la télé, grommelle José. Je sais que cet abruti en a pris pour dix ans. Il a toujours su ce qu'il risquait. C'est-à-dire pas grand-chose. Il aura bientôt sa remise de peine, non ? Il sera sorti dans un an au maximum. Que ça vous plaise ou non, mes mignonnes.

Les filles restent silencieuses. Il fronce les sourcils.

— Quoi ? J'ai loupé un épisode ?

— Juste la conclusion de l'histoire, intervient Cheryl. Mais tu as une excuse, elle n'est pas passée à la télé. Kleinsman avait obtenu un rendez-vous avec le juge des libertés, en effet. Il allait avoir sa remise de peine encore plus tôt que prévu. Il allait sortir aussi goguenard qu'il était entré. Il allait pouvoir recommencer toutes ses saloperies. Des gamins innocents allaient souffrir à nouveau…

Cette fois, la jeune femme s'avance, et José se rend compte qu'elle tient un poignard dans sa main valide. La lame effilée, semi-crantée, luit dans la pénombre. C'est une arme militaire, aiguisée comme un rasoir. José donne de nouvelles secousses sur ses liens, de plus en plus vigoureusement.

— Alors, sur Telegram, j'ai contacté les policiers qui devaient l'amener au palais de justice, explique Cheryl en continuant d'avancer vers José, le regardant droit dans les yeux. Je leur ai proposé une belle petite somme en cryptomonnaie. Simplement pour qu'ils nous ouvrent la porte et qu'ils oublient de surveiller Kleinsman l'espace de quelques minutes. Et tu sais ce qu'ils m'ont répondu, José ? Qu'ils le feraient gratuitement.

— Tu mens, marmonne José. Tu essaies de me faire peur.

— Oh, ce n'est pas ta peur que nous sommes venues chercher…

Elle enfonce le poignard dans son épaule. La douleur traverse José, il pousse un hurlement aigu.

— Voilà ce que nous lui avons fait, poursuit Cheryl en arrachant la lame et en la replongeant, encore plus profondément dans sa chair. À lui et aux autres porcs de ton espèce, José. Maintenant, c'est ton tour.

Les yeux envahis de larmes, José refuse catégoriquement d'abandonner. Il serre les dents, tire sur ses liens avec frénésie.

La latte de la chaise cède, libérant sa main droite.

La fille crie à son tour, de surprise, de colère, mais elle n'est pas assez rapide, José la repousse, l'empêche de récupérer le couteau toujours planté jusqu'à la garde dans son épaule. Il se contorsionne pour se remettre debout, tient à distance Cheryl en brandissant la chaise à bout de bras.

— J'ai tout prévu ! Vous voyez !

Sans la moindre hésitation, il saisit le manche qui émerge de son deltoïde et il retire la lame de la plaie, d'un coup. Le sang gicle en abondance. José s'en moque. Il cisaille hâtivement le Serflex à son poignet gauche, s'entaille le bras, mais se libère enfin.

Il jette la chaise démantelée et brandit la lame écarlate devant lui.

— Et maintenant ? C'est qui le chef ?

La femme aux cheveux courts, de l'autre côté du salon, s'est levée sans qu'il le remarque et braque une arbalète de chasse vers lui. José ne l'aperçoit qu'au moment où la flèche en carbone jaillit, dans un claquement à peine perceptible.

La pointe à quatre lames s'enfonce dans sa cuisse avec une telle force que José est projeté en arrière, cloué au mur derrière lui. Il hurle de nouveau. Une deuxième flèche siffle, disloque son épaule, traverse muscles et os, et se plante elle aussi dans le mur. Le poignard lui échappe des mains. Les gémissements éraillés que pousse José se rapprochent désormais des cris d'un animal à l'agonie.

Cheryl ramasse l'arme. Tout en fixant José droit dans les yeux, elle enfonce le poignard dans son flanc. José hoquette, du sang s'échappe d'entre ses lèvres.

— Il n'y a plus aucun voisin, lui murmure-t-elle à l'oreille. Fais-toi plaisir tant que tu veux. Personne ne t'entendra.

José recommence à hurler. De toutes ses forces.

— Joyeux anniversaire, ajoute Cheryl, avant de faire tourner lentement la lame dans la plaie.

9

Le silence est revenu.

L'immeuble semble écrasé par une tension invisible. Le bois des vieux meubles émet des craquements par intermittence.

Les quatre femmes se sont figées. On dirait qu'elles ne respirent même plus. Elles se tiennent simplement là, devant le corps accroché au mur, dans les effluves de cuivre et d'ammoniaque qui s'élèvent de la dépouille de José Gaubert. Cet homme était un violeur et un assassin. Il ne fera plus le moindre mal à quiconque, plus jamais. Grâce à elles, dont les yeux sont rivés sur ce qu'elles viennent de perpétrer : une mise à mort aussi méthodique que glacée. Toutes les quatre ont participé. L'une après l'autre, elles l'ont poignardé et tailladé, sans prononcer le moindre mot, simplement concentrées sur les blessures qu'elles lui infligeaient, ses soubresauts de plus en plus faibles. Leurs coups n'étaient même pas animés par la rage. Elles sont arrivées au-delà de la colère, au-delà de l'écœurement, où il n'y a plus que la *nécessité.*

Nous l'avons fait parce que si nous n'agissons pas, nul autre ne le fera pour nous. Parce qu'il n'y a jamais que de l'humiliation et de la condescendance pour les victimes, et des circonstances atténuantes pour les criminels.

Kate baisse les yeux. Pour la première fois, elle remarque l'étrange contraste de leurs chaussures : les rangers hyper pratiques de Tanya, les talons hors de prix que porte Farrah, les souliers d'adolescente de Cheryl, et enfin ses propres tennis sans personnalité, à son image probablement, qu'elle n'aura aucun scrupule à jeter sitôt rentrée à la maison. Car elles se tiennent dans le sang qui s'écoule sur le sol, elles *marchent* sur ce sang et sur tout ce qu'il représente, sans qu'aucune d'elles n'ose, ou ne souhaite, mettre un terme à ce moment.

Toujours, le sang. Toujours, ce bruit étrange des os qui craquent. Comme dans la cabane à cochons. Le bruit qui n'a jamais quitté ses cauchemars.

Montrez-moi que vous voulez survivre. Ça ne tient qu'à vous...

Un frisson glisse sous la peau de Kate. Ses vingt ans, l'Aveyron, son enlèvement... Tout au fond d'elle, ses fantômes murmurent, susurrent leurs moqueries. Elle a appris à faire avec. Il suffit de ne pas les écouter. De les laisser gémir comme un bruit de fond dans ses pensées.

— C'était le dernier, dit Farrah, la faisant presque sursauter.

— C'était le dernier, répète Kate, pour se donner une contenance, le timbre de sa voix beaucoup plus rauque qu'elle ne l'aurait souhaité.

Elle a envie de tousser. Envie de vomir. Elle se racle la gorge.

— On ne touche plus à rien. Tanya, c'est à toi.

Tanya ouvre son sac, démonte et range son arbalète avant de sortir le jerrycan d'essence. Elle asperge copieusement le corps, puis le sol, partout où elles sont passées. En un instant, l'odeur suffocante de l'essence sature l'air.

— C'est bon, dit-elle en jetant le jerrycan aux pieds de Gaubert crucifié.

Elles ont beau savoir que le prédateur était le seul locataire de l'étage, elles ont décidé de ne prendre aucun risque. Elles quittent donc l'appartement l'une après l'autre, à plusieurs minutes d'intervalle.

D'abord Tanya, emportant ses affaires de chasse.

Puis Farrah, ses escarpins résonnant sur les marches.

Ensuite Kate, le cœur serré.

Elle laisse derrière elle Cheryl, debout au milieu des vapeurs d'essence. La jeune fille craquera l'allumette dans une minute. C'est important qu'elle le fasse. Qu'elle clôture de sa main ce pan de sa vie et de ses tourments.

Alors, oui, ce sera la fin.

Kate prend conscience qu'elle n'avait pas anticipé ce moment, ni tout ce qu'il implique à présent.

Le dernier de leurs bourreaux est mort.

L'objectif qu'elles s'étaient fixé est atteint.

Alors pourquoi la douleur demeure-t-elle aussi forte, tout au fond d'elle ?

Des groupes de piétons parcourent les trottoirs, avançant trop lentement ou trop rapidement, comme si la chaleur avait rendu les Bordelais hagards. Les automobilistes klaxonnent à l'intention d'une voiture qui hésite à croiser une camionnette dans une rue étroite. Des fumets de friture et les nuages frais des brumisateurs s'échappent des terrasses de troquets pleines à craquer. Kate espère que personne ne remarquera l'odeur incongrue d'essence qui s'accroche à elle. Mais elle songe aussi qu'elle ne doit pas être parano, cette odeur n'existe probablement que dans sa tête. Nul ne pourrait se douter qu'un incendie est en train de naître à l'autre bout du quartier. Encore moins que quatre femmes, de quatre villes différentes, viennent de massacrer un homme de sang-froid.

Kate remonte une série de petites artères, jusqu'à celle où Farrah a garé son SUV, loin de toute caméra de surveillance. La jeune femme l'attend dans le véhicule, ses lunettes Versace lui renvoyant son reflet pâle. Kate prend place. La portière se referme avec un bruit feutré. La clim glacée a beau emplir l'habitacle, Kate sent l'ébullition sous sa peau. Elle n'en parlera pas. Surtout pas à Farrah. Tout ce qu'elle lui demande est :

— Tu es en état de conduire ?

Farrah se contente de mettre le contact et de démarrer sur les chapeaux de roue.

Kate s'accroche à la poignée.

— Purée, Farrah, doucement ! Tu devrais…

Ses mots meurent dans sa gorge tandis qu'elles approchent du bout de la ruelle et que son regard croise subitement celui d'un homme sur le trottoir. Blond, les traits harmonieux, vêtu d'un complet gris en dépit de la chaleur étouffante, l'individu avançait d'un pas vif dans leur direction, mais semble avoir fait halte à la vue du SUV arrivant vers lui.

— Est-ce que…

… ce type nous suivait ? aimerait-elle dire, sans oser le formuler à voix haute.

Alors qu'elles le dépassent, l'homme les fixe. Kate est au moins sûre de ça. Ce type les dévisage au travers des vitres, avec des yeux perçants et un sourire de défi qui, sans raison, réveille au fond d'elle une vague de profond malaise.

10

— C'était qui, ce gars, putain ? s'exclame Kate en se retournant pour essayer de mieux le voir.

La silhouette en costume clair est déjà avalée au loin. Farrah lève à peine les yeux vers le rétroviseur, concentrée sur sa conduite sportive.

— Le type sur le trottoir ? Juste un passant. Qu'est-ce qui te prend, Kate ?

— Il s'est arrêté net quand il s'est rendu compte qu'on venait dans sa direction. Tu n'as pas vu l'expression sur son visage ? On aurait dit qu'il nous narguait ou je ne sais quoi.

— Un pervers, alors. T'es psy, tu dois savoir les reconnaître.

Kate s'enfonce en arrière contre le repose-tête. Si Farrah se croit drôle, ce n'est pas amusant du tout.

— Plaisante si tu veux, mais c'est justement mon métier. Je fais attention aux visages des gens, tout le temps. Ce type-là, je ne sais pas à quoi c'était dû… Son regard, son sourire… Il y avait quelque chose…

— Comme quand tu croyais qu'on était suivies à Carcassonne, lui rappelle Farrah.

— Oui.

— Comme à chaque fois, Kate.

— *Oui.*

Kate sait ce que pense sa camarade de son hypervigilance permanente. Il n'empêche qu'un terrible pressentiment refuse de la lâcher.

— Farrah, je peux te poser une question sincère ?

— Ai-je le choix ?

Kate conserve le regard braqué sur le rétroviseur central.

— N'as-tu jamais l'impression d'être surveillée ?

Soupir. Le visage ciselé de Farrah demeure imperturbable derrière ses verres noirs.

— Absolument pas. Qu'est-ce que tu entends au juste ?

— Je ne sais même pas comment le formuler. C'est un sentiment très bizarre. L'impression d'être épiée. Comme si quelqu'un me suivait dès que je sors de chez moi.

— Tu parles d'un pervers, là ?

— Non, non. De manière générale.

— Tu as remarqué quelqu'un en particulier, ou non ?

Kate souffle sur ses mèches de cheveux. Elle humecte ses lèvres avec nervosité.

— Je ne sais pas. Je n'arrive pas à être sûre. Je n'ai aucune preuve, juste l'impression de manquer quelque chose. L'autre nuit, j'aurais juré avoir vu quelqu'un sur la terrasse en face de mon appartement. Parfois c'est juste une présence à une fenêtre ou derrière moi quand je marche dans la rue…

— Depuis combien de temps ça dure, cette impression ? lui demande Farrah.

— Aucune idée. Tout ce que je peux dire, c'est que ça arrive de plus en plus souvent. Cette sensation me suit où que j'aille…

Kate s'écoute parler, comprend à quel point ses propos sont absurdes. Pourtant, l'angoisse ne veut pas la quitter, ancrée tout au fond d'elle.

— Je te le demande car je sais que, sur ce point, tu es comme moi, Farrah. Toujours attentive au moindre détail.

Farrah fait une moue songeuse.

— L'homme qu'on a croisé avait des vêtements sur mesure. Même ses chaussures étaient de marque. Ça te va ?

— Tu vois que tu es aussi observatrice que moi ! Alors, tu n'as jamais cette impression d'être épiée ? Pistée ?

— Bien sûr que si, Kate. Par tous les ploucs qu'on croise partout, tous les jours, et qui se sentent obligés de faire des réflexions salaces pour se prouver qu'ils sont des vrais mecs. Tu veux mon avis ? C'est juste ça, le regard dégueulasse que tu sens constamment posé sur toi, Kate. Ça s'appelle les hommes.

Kate abandonne.

— Tu dois avoir raison. C'est juste moi, alors. Après ce qu'on vient de faire… Chaque fois, je me sens un peu coupable.

— On est enfin d'accord sur une chose, lâche Farrah.

Kate ne relève pas. Elle pince les lèvres, croise les bras et retrouve sa raideur habituelle, son regard froid dénué de toute émotion.

En apparence, du moins.

11

L'homme qu'elles ont dépassé n'a pas bougé.

Il observe le SUV emportant les deux femmes disparaître dans la rue. Son sourire extatique ne retombe pas tandis qu'il lisse machinalement la manche de sa veste Cifonelli.

— Nous y voilà donc, mes jolies.

Une voix douce.

Une assurance inébranlable.

C'est arrivé.

À l'horizon, il devine une fumée noire s'élevant dans les airs. Pas encore de sirène de pompiers, mais cela ne devrait pas tarder. Il reconnaît le mode opératoire des petites furies. Elles ne laissent jamais de traces.

En tout cas, c'est ce qu'elles s'imaginent.

Ces idiotes.

Une année entière.

C'est le temps qu'il lui aura fallu.

Ou qu'il aura fallu à ces femmes pour se dévoiler.

Une erreur à la fois.

Sans qu'elles s'en rendent compte.

Une erreur fatale à chacune de leurs descentes punitives.

Et maintenant, elles viennent de commettre la dernière. Celle qu'il attendait depuis des mois. *Enfin.*

L'homme remonte sans se presser une série de ruelles jusqu'à son pick-up, un imposant Navara noir flanqué d'un sticker *FUCK YOU GRETA.*

Portière claquée. Parfum intérieur Hugo Boss, cuir luxueux. L'homme sort son téléphone de sa poche. Il le fait tourner un moment dans sa main aux doigts fins, dont trois sont décorés de bagues en argent.

Il se décide à glisser un écouteur Bluetooth dans son oreille.

— Appelle Paul Talabot, indique-t-il à l'assistant virtuel.

Le téléphone compose le numéro demandé. La sonnerie est brève, on décroche presque aussitôt. La personne au bout de la ligne ne prononce pas le moindre mot. L'homme annonce donc :

— Elles ont remis ça.

Après quelques instants de silence, la voix basse et rugueuse de Paul s'élève dans son oreillette :

— *Où ?*

— Bordeaux.

— *T'es sur place ?*

— Affirmatif. J'ai suivi Duhamel et Morrigane depuis Carcassonne. On avait raison de les sentir nerveuses. Elles se sont bien réunies ici. Je n'ai pas pu les approcher suffisamment pour avoir un visuel, mais à la manière dont elles ont mis les voiles, on peut considérer qu'elles ont déjà expédié leur petite affaire. D'ailleurs, je vois la fumée d'un incendie qui monte. Leur signature habituelle.

— *Elles ne t'ont pas repéré, au moins ?*

— Tu cherches à me vexer ?

— *Je tiens juste à te rappeler que ce serait vraiment très con de les mettre en alerte trop tôt. Le boss serait furax. On a déjà eu de la chance qu'elles ne se méfient pas jusqu'ici.*

L'homme soupire. Machinalement, il se masse l'arête du nez entre le pouce et l'index.

— Cher collègue, la chance n'a rien à voir là-dedans. C'est juste une question d'intelligence. En l'occurrence, maintenant que nos petites frangines sont passées à l'acte, l'identité judiciaire ne va pas tarder à nous révéler le nom de leur cible.

Dans l'oreillette, un bruit de gorge. Le son humide de la satisfaction.

— *Ce qui nous permettra alors d'identifier la dernière d'entre elles*, murmure son interlocuteur. *Celle qui nous manque.*

— Exactement.

— *Si tu ne te trompes pas et qu'elles ont bien fait ce que tu crois.*

— Je ne me trompe jamais, Paul. Je devrai te le répéter combien de fois ?

Il cale confortablement sa nuque sur l'appuie-tête avant de conclure :

— La dernière phase de notre opération va pouvoir débuter. On se tient prêts.

Une pression sur l'oreillette pour raccrocher.

Quelques instants de plus pour calmer son pouls qui, en dépit du calme olympien que l'homme affiche, monte peu à peu dans les tours.

Au-dehors, il aperçoit un garçon et une fille, probablement lycéens, qui passent à côté de son véhicule. Les deux jeunes sont accoutrés de tee-shirts hideux proclamant des slogans d'indignation climatique. Ils pointent son pick-up avec des mimiques d'écœurement surjoué. La fille lui adresse un doigt d'honneur.

— Salaud de pollueur ! Ta bagnole dégueulasse n'a rien à foutre en ville !

L'homme leur sourit avec tout le charme impassible qu'il sait déployer, une sérénité de lion devant ses proies, tout en plaquant sa carte de police sur la vitre pour que ces imbéciles comprennent à qui ils ont affaire.

Cela ne tarde pas. Les deux jeunes blêmissent, coupent court à leurs petites insultes et s'empressent de s'éloigner sans demander leur reste. Le capitaine Séverin Léandre se délecte de l'expression de peur brutale qu'il a perçue sur leurs visages.

— Petites merdes, soupire-t-il.

12

Parfois, comme en cet instant, bercée par la route qui défile et le son feutré du moteur, tandis que remontent les souvenirs, de ce qu'elles ont vécu, de ce qu'elles ont *fait*, Kate se demande si tout n'était pas qu'un rêve. Et si elle s'était simplement endormie, ce soir de juillet 2017, dans une boîte de nuit aveyronnaise ? Ce serait si simple alors. Un tel soulagement inespéré, si tout ce qu'elle a traversé n'était en réalité qu'un cauchemar décousu et qu'elle puisse se réveiller enfin…

Aurait-elle encore vingt ans et toute sa vie insouciante à vivre ?

Ou bien, songe-t-elle la gorge soudain nouée, se réveillerait-elle dans la cabane à cochons ? A-t-elle jamais réellement quitté cet endroit sordide ? Se peut-il qu'elle y soit encore tapie, enfoncée dans la boue infecte, grelottant au son de mastication incessant des bêtes et des sanglots des autres filles prisonnières à ses côtés ?

Craignant que le sifflotement s'élève.

Toujours ce même air suave.

Annonçant son arrivée…

Kate a toujours prétendu avoir oublié ces journées-là. Du moins, une grande partie d'entre elles. Face aux psychologues à qui on l'avait confiée, elle avait préféré mentir. À cause du regret. À cause de la honte. Personne ne pourrait comprendre ce qui s'était réellement produit dans cet enclos, il y a six ans. Cependant, dès qu'elle ferme les yeux, qu'elle commence à glisser dans le sommeil, Kate continue d'entendre la mélodie entêtante que sifflait l'homme. Elle n'en connaissait pas le nom à l'époque. La *Sarabande*, de Haendel, avait-elle découvert bien après. Il le faisait exprès. Pour qu'elles sachent qu'il arrivait. Ce son-là. Ce sifflement-là. *La sarabande.* Ensuite, l'homme les appelait « ses petites truies » avec son puissant accent aveyronnais à couper au couteau, et il entrechoquait leurs gamelles en métal l'une contre l'autre, et ses captives se tapissaient au sol, car elles savaient qu'il ne venait pas qu'avec de la nourriture. Il avait toujours son fouet à la main. Il rouait de coups, au hasard, celle qui osait le regarder en face. Il n'abusait même pas d'elles sexuellement. Tout ce qu'il voulait, c'était les voir se tordre de douleur et pouvoir leur hurler dessus qu'elles n'étaient que des truies indignes de sa pitié.

— Putain, mais vous n'avez donc pas envie de vivre ? Vous allez vous laisser mourir comme ça, sans résister ? Ou vous allez vous décider à me montrer que vous en avez dans le ventre ?

Ces phrases qui allaient la hanter.

Kate a toujours feint de contrôler ce qui se passait sous sa peau et dans son crâne. Ce que cet homme l'a forcée à faire, elle ne pourra jamais l'effacer de ses cellules grises. Les médicaments n'aident qu'à l'engourdir, le soir venu, et à limiter ses insomnies. Les séances de thérapie ne servent qu'à se donner une bonne conscience hypocrite. Le mal est gravé, dans sa chair comme au fond de son âme.

13

Aveyron,
Août 2017
(six ans auparavant)

Dans les souvenirs de Kate…

La lutte dans le purin. Le sang dans sa bouche. Le sang qui n'est pas le sien. L'homme l'avait *forcée* à se battre. Elle n'avait pas eu le choix, se répétait-elle, il ne le lui avait pas laissé. Il voulait qu'elles lui prouvent qu'elles n'étaient pas que de la viande à l'abattoir.

— Ma petite truie sauvage ! Tu aimes ça, hein ? lui avait crié l'homme.

Une fois encore. Une fois de trop.

Kate se souvient du bruit de l'orage, des trombes de pluie sur le toit de la grange, et de s'être jetée sur son tortionnaire. Elle n'était plus animée que par le désespoir, transfigurée par la mort des deux autres prisonnières, leurs cadavres encore chauds, et par la certitude terrible qu'elle serait la suivante. En ces instants horribles, presque irréels, elle avait dépassé ses limites, elle avait trouvé la force de rouer cet homme de coups, elle l'avait fait tomber, elle l'avait traîné au sol avec une facilité qui l'étonnait, ne pensant plus qu'à une chose : *ne pas mourir.*

Prise dans sa transe, presque dissociée de ses mouvements, elle avait arraché le couteau de chasse à son étui de ceinture.

— Ne fais pas ça ! avait-il crié. Ne fais…

Kate l'avait fait taire en le poignardant.

Elle avait assené des coups, avait transpercé la chair de cet homme à de multiples reprises, sans prononcer un mot, avec la sensation de devenir spectatrice de sa furie. Elle *voulait* le tuer. Elle était *sûre* d'y être parvenue, que le monstre ne respirait plus, mais, à cet instant comme désormais bien souvent dans son existence, plus rien ne lui semblait tout à fait concret.

Elle avait simplement contemplé les trois corps à ses pieds : ceux des deux filles qui avaient été captives avec elle et celui de cet homme, son bonnet Depeche Mode gisant un peu plus loin dans la boue. Elle avait décidé qu'il fallait fuir, tout de suite. Elle avait rampé hors de la ferme. Le 4 × 4 était garé devant la maison, mais elle n'avait pas les clés, elle ne voulait pas perdre de temps à chercher, elle avait simplement pris la route à pied, trébuchant sous la pluie, avançant à l'aveugle. Elle avait marché longtemps, s'était évanouie plusieurs fois, avant d'arriver au panneau qui indiquait le village d'Espalion. Elle s'était effondrée à la gendarmerie, avait expliqué à des hommes stupéfaits ce qui lui était arrivé, son enlèvement, la captivité durant des jours dont elle avait perdu le compte, leur traitement atroce.

— Il y avait d'autres filles, se souvient-elle d'avoir précisé en hésitant. Des prisonnières, avec moi… Elles sont toutes décédées, il a laissé ses cochons les manger. Et après, il en ramenait de nouvelles. Il doit avoir fait des tas de victimes…

Les gendarmes étaient aussitôt allés voir dans la ferme.

Les enclos avaient tous été ouverts. Les bêtes s'étaient échappées dans la nature. Pourtant, Kate ne se souvenait pas de les avoir libérées. Elle avait bien laissé les bâtiments fermés, puisqu'elle n'avait aucune clé. Mais, comme lui fit remarquer le psychologue par la suite, de quoi était-elle *réellement* sûre ?

Une chose fut prouvée. Il y avait bien de l'ADN humain dans le purin des cochons. Il y avait eu des cadavres ici.

Mais il ne restait plus aucun corps, nulle part.

Ni ceux des autres captives.

Ni de leur bourreau.

Le sang qui imprégnait les vêtements de Kate avait été analysé. Il appartenait à un homme du nom de Raphaël Mazars, déjà connu pour de multiples faits de vol, de violence et d'extorsion. La ferme était à lui, il l'avait héritée de sa mère, décédée deux ans plus tôt.

Toujours sur les affaires et la peau de Kate, la police avait relevé le sang de deux autres personnes, qui demeuraient encore non identifiées.

— Ces filles étaient captives avec moi, s'était défendue Kate. Elles sont mortes, je vous l'ai expliqué. Il a emporté leurs cadavres pour ne pas laisser de preuves derrière lui.

— Mais pourquoi ce sang se trouvait-il sur vous, mademoiselle Morrigane ?

Kate préféra ne pas répondre à cette question. Ni devant ces hommes en uniforme, ni plus tard lors de sa thérapie. Cela ne regardait qu'elle et sa conscience.

— On arrive, Kate.

Kate sursaute, émergeant de sa rêverie.

14

La voiture confortable de Farrah. L'autoroute. Péage de Carcassonne-Ouest. Kate grommelle, se frotte les yeux.

— Désolée, j'ai fini par piquer du nez, je crois.

— T'inquiète, lui dit Farrah en prenant l'étroite départementale en ligne droite, direction le centre-ville. Tu sais, moi aussi, ça fait plusieurs nuits que je n'arrive pas à trouver le sommeil.

— C'est exactement ça. Mais ça ira. Maintenant, on sait que c'est fini pour de bon.

Kate s'étire, contemple les rues familières baignées par la lumière chaude du soir. Elle ne peut s'empêcher de dévisager sa conductrice. En dépit de sa beauté naturelle et de tous les soins apportés à son apparence, Farrah ne dégage aucune sympathie. Comme chaque fois qu'elles se voient depuis qu'elle a *compris* ce que Kate a été forcée de faire, durant cet été maudit, elle ne parvient à lui jeter à la face que cette distance renfrognée. Même après l'acte qu'elles viennent de commettre ensemble, cet acte qu'elle ne peut se résoudre à nommer même en pensée et qu'elles ont pourtant accompli pour la cinquième fois en seulement deux ans. Un acte si extrême qu'il aurait dû les rapprocher plus que tout.

Au lieu de ça…

— Tout va bien ? se sent obligée de demander Kate pour couper court au fil dangereux de ses pensées.

Farrah contourne prudemment l'immeuble du cabinet de thérapie, s'engage dans une ruelle et arrête le véhicule à l'écart de toute fenêtre.

— Voilà, se contente-t-elle de lui dire, en prenant soin de ne pas lui répondre.

— Voilà, répète à son tour Kate, d'un air tout aussi détaché.

Farrah se tourne vers elle, ôte lentement ses lunettes, plonge son regard quelque peu déstabilisant dans le sien.

— Le train de Cheryl doit être arrivé à Toulouse, déclare Kate, espérant détendre l'atmosphère. Quant à Tanya, je suppose qu'elle ne va pas tarder à s'arrêter sur une aire d'autoroute. Elle a toujours besoin de faire le vide avant de retrouver son foyer. Je ne sais pas comment elle arrive à donner le change à son mari. Sincèrement, je l'admire pour ça.

— C'est tout ce dont on doit discuter ? murmure Farrah.

— Non. J'aimerais vraiment savoir comment tu encaisses ce qu'on vient de faire, figure-toi. Si seulement tu avais envie de me parler.

— Ce n'est pas le cas, Kate. On videra notre sac lors de la prochaine réunion, si tu veux bien. Si celle-ci est toujours d'actualité.

Kate hoche la tête, sourcils froncés.

— Bien sûr. Rien ne change. On attend deux semaines avant de se revoir. On fait profil bas, on se consacre à nos vies, chacune de son côté. On ne se contacte qu'en cas d'urgence.

— Je sais tout ça. Tu continues de changer de sujet.

— Pas du tout.

— Vraiment ?

Kate serre les poings. Elle sourit, de son sourire froid qu'elle maîtrise si bien. Elle n'a pas envie d'avoir une nouvelle fois cette discussion, toujours la même, toujours aussi stérile.

— Je comprends que tu n'as jamais digéré…

— … tes mensonges, achève Farrah avec amertume.

— Des omissions. Juste une omission. Une seule.

Farrah découvre un rictus fatigué.

— Tu peux l'appeler comme tu veux pour te rassurer, c'est un mensonge et il est si grave que ça ne passe pas, Kate. Ça ne passera jamais. N'oublie pas que tu as promis de l'expliquer aux autres. Je suis curieuse de voir comment elles le prendront, après tous tes beaux discours.

— Je n'ai rien promis du tout.

— Tu te fous de ma gueule ?

Le ton est monté d'un coup. Kate ouvre les mains en signe d'apaisement. Ses paumes sont blanchies là où ses ongles se sont enfoncés.

— Tu te rends bien compte qu'aujourd'hui n'était pas le bon moment pour ça, non ?

— Ça t'arrange, c'est sûr.

— C'est surtout que ça ne changera rien.

— Alors tu leur raconteras tout sans difficulté, puisque ça ne change rien.

Kate lève les yeux au plafond.

— Bon sang, tu vois, on tourne à nouveau en boucle ! Ce que je veux dire, c'est juste que ça ne changera rien pour elles, à part peut-être leur faire du mal !

— Penser ça, ça t'arrange aussi, Kate, et ça aussi, c'est un mensonge. Ça fait des mois que je te le demande. Tu dois être honnête avec elles. Si tu ne le fais pas, c'est moi qui le leur dirai.

Kate inspire lentement.

— Toi aussi, tu as promis. Tu dois me laisser le leur annoncer moi-même.

— Alors ne me fais pas revenir sur ma parole, achève Farrah. Bonne soirée, Kate.

Kate ouvre la portière. Se tient dehors dans la vague de chaleur entêtante, malgré l'ombre et l'heure tardive.

— Bon retour chez toi, Farrah.

II

KATE

2019

(quatre ans auparavant)

15

Des promesses.

Kate s'en était fait, oui.

De nombreuses.

Elle les assumait toutes. Ce qu'elle se promettait ne concernait qu'elle.

Au début.

En premier lieu, le choix que sa nouvelle vie commence ici : à Carcassonne. Avec les remparts de la cité médiévale se profilant en face d'elle quand elle ouvrait ses volets. Dans le charme des rues sinueuses et des plantes grimpantes sur les façades de pierre. Sous un tel soleil, entourée de vignes à perte de vue, plus rien de mal ne pouvait lui arriver, jamais.

Il y avait une autre raison à ce choix géographique : la proximité de ses parents, installés à Homps, un village du Minervois, à moins d'une demi-heure de route. Après les événements de la ferme de Mazars et alors que ses anciennes connaissances d'université étaient toutes subitement passées aux abonnés absents, son père et sa mère avaient été là pour elle à chaque instant, tout le temps qu'elle avait eu besoin d'eux. Même après sa sortie de l'hôpital, entre la malnutrition due à sa captivité et le traumatisme émotionnel qui en avait découlé, cette période avait été longue. Deux années. Une vie entière. C'étaient ses parents qui, jour après jour, avaient encouragé Kate à ne rien lâcher. Ils l'avaient poussée à suivre ses cours et à passer ses examens en candidate libre. Même si elle avait obtenu son master de psychologie haut la main, elle savait que rien n'aurait été possible sans ce soutien inconditionnel.

C'étaient également ses parents qui avaient repéré le cabinet d'Isaac Bloch. Le thérapeute cherchait un associé pour partager ses locaux dans le centre de Carcassonne. Kate n'avait pas hésité. Elle avait commencé dès l'été 2019. La clientèle ne manquait pas, elle avait plongé dans le travail. Cela l'empêchait de penser au reste de sa vie, à ses rêves de lycéenne à jamais éteints. Au moins, elle faisait ce qu'elle avait toujours voulu faire. Écouter les doutes et les ruminations des autres. Les aider à surmonter leurs traumas et leurs dépressions, leur permettre de s'affranchir de leurs peurs, de vivre pleinement leur vie.

Elle avait fait comme si ses propres blessures de l'âme étaient oubliées. Mieux, comme si elle n'en avait jamais eu.

Elle s'était accrochée à l'idée que, peu à peu, elle se sentirait à nouveau vivante.

Au fil des mois, elle y avait presque cru.

Puis Cheryl Laborde était arrivée, et son monde si fragilement reconstruit s'était fissuré de plus belle.

Kate se souvient avec précision de cet instant. Elle avait ouvert la porte de la salle d'attente, elle avait posé les yeux sur cette jeune femme, ses tatouages de lunes et de runes jusque sur son crâne rasé. Quasiment un bébé, avait-elle pensé, son corps enveloppé dans un sweat-shirt oversize en une touchante tentative de masquer ses formes, une défense que Kate ne connaissait que trop bien.

Cheryl s'était redressée. Kate avait découvert sa main gauche mutilée. Cheryl l'avait fixée de ses grands yeux tristes, elle lui avait dit d'une toute petite voix :

— J'ai besoin de vous.

Kate avait hoché la tête.

En réalité, c'était elle qui avait eu besoin de Cheryl.

Plus qu'elle ne l'admettrait jamais.

Cheryl était comme elle. Cheryl aurait pu *être* elle.

Kate l'avait compris au premier coup d'œil et, à chacun de leurs entretiens, tous les mots que la jeune fille prononçait, en évoquant sa captivité, ses efforts pour s'en sortir avant que l'ogre ne revienne, Kate aurait pu les prononcer tels quels et du même ton. Elle aurait buté sur les mêmes syllabes, elle aurait contourné les mêmes termes et choisi les mêmes ellipses quand les réminiscences remuaient trop de peine encore.

Une survivante.

Comme Kate l'avait fait, Cheryl s'était juré de ne jamais évoquer ce qu'elle avait traversé avec qui que ce soit. Comme elle, elle avait choisi d'aller de l'avant en se jetant corps et âme dans les études. Quelques mois auparavant, Cheryl avait décroché son diplôme de développeuse informatique et, comme elle, elle ne désirait que travailler pour ne plus réfléchir.

— Vous avez mené de front votre rééducation et vos études, lui avait fait remarquer Kate. C'est une belle réussite.

— J'ai surtout eu la chance que le centre de réadaptation de Mulhouse soit à côté de chez moi. Là-bas, j'ai pu bénéficier d'un programme personnalisé pour retrouver mon autonomie, et le suivi de ma scolarité a été assuré. J'avais mes cours et mes soins dans les mêmes bâtiments. Sans ça, je doute fort que je m'en serais sortie aussi vite.

— Tout de même. Vous êtes une surdouée. Vous avez seulement dix-neuf ans, c'est bien ça ?

La jeune fille s'était fendue d'un curieux sourire, à la fois enfantin et lugubre.

— J'ai sauté une classe quand j'étais petite. Le code, c'est mon truc, ça m'est toujours venu comme ça. Ça doit être une façon que mon cerveau a de cataloguer le monde autour de moi. Ce qui est une chance, parce qu'il y aura toujours du travail pour quelqu'un avec mes compétences. Une boîte de Toulouse m'a tout de suite offert un contrat. Je viens d'emménager cette semaine pour de bon.

Cette nouvelle avait laissé Kate perplexe.

— Pourquoi venir me voir ici, à Carcassonne, si vous habitez à Toulouse ? Je peux vous recommander à une consœur dans cette ville, si vous le souhaitez.

— C'est juste une heure de train, ça me fera prendre l'air. Je préfère ne pas déballer tout ça trop près de chez moi. Tout ce dont il va falloir que je parle…

— Je vois, lui avait dit Kate. Je suis là pour tout entendre, Cheryl.

— Eh bien moi, je suis là parce que j'ai besoin que ça sorte. J'en ai tellement besoin.

La jeune fille avait cherché ses mots longtemps. Elle avait tendance à faire un O avec la bouche dès qu'elle réfléchissait.

— Quand je n'en parle pas, ça reste au fond. En apparence. J'arrive à le contrôler, enfin, à le dissimuler. Mais ce n'est pas pour autant que je n'y pense pas réellement. J'y pense tout le temps. Quand je suis réveillée et quand je dors. Je me demande ce qu'il est devenu.

Une pause. Kate avait relancé :

— L'homme qui vous a kidnappée ?

Cheryl avait hoché la tête. Le regard loin. Si loin et si fragile.

— La police n'a jamais eu le temps de m'écouter. Les juges ne se souviennent même pas de quel dossier je leur parle quand je les appelle, et ils finissent tous par me dire que je suis hystérique, c'est à peine si ce n'est pas *ma* faute si rien n'avance.

Sa voix s'était brisée, elle s'était reprise aussitôt, signe d'une certaine habitude que, également, Kate ne connaissait que trop bien.

— Bref, pour tout le monde, on ne le retrouvera jamais, et tous les services me prient d'arrêter de les importuner. Il y en a même un qui m'a répondu qu'il doit être mort et qu'ils ont des affaires plus *graves* à gérer. Sauf que moi, je *sais* que c'est faux. Ce salopard est bien vivant et je suis convaincue qu'il se cache pas loin, quelque part en Europe. S'il revient ici, je le saurai. Je mets en place des dispositifs là où il le faut.

— Comment cela ?

— Juste des programmes de veille en ligne, rien de bien sorcier non plus. Je guette les forums, les sites de location, les réseaux sociaux. Je vous l'ai dit, je suis douée pour le digital. Même avec des doigts en moins, acheva-t-elle en levant sa main gauche pour se gratter la tempe.

Kate avait souri, décontenancée, mais sans rien laisser paraître. Elle lui avait simplement demandé, du bout des lèvres, comme si c'était quelque chose d'anodin :

— Que ferez-vous, si vous parvenez vraiment à localiser cet homme ?

— Ce que je ferai ?

Cheryl avait marqué un temps d'hésitation bien trop long.

— Il faudrait le livrer à la police, normalement.

— C'est ce qu'il faudrait faire, avait approuvé Kate.

— Mais la question ne se pose pas, avait conclu Cheryl. Mes mouchards ne sont pas assez performants. En tout cas pour l'instant.

Kate n'avait pas insisté.

Au cours de leurs séances suivantes, elles n'avaient plus abordé ce sujet.

Et pour cause, Cheryl avait tellement d'autres angoisses à partager. Elle avait besoin d'exorciser la répulsion que lui inspiraient son corps, sa féminité, tout ce que cet homme lui avait fait subir en l'espace de seulement quelques jours et ce qu'elle avait été prête à s'infliger à elle-même pour ne pas mourir. Elle avait besoin de crier sa honte et sa peur désormais permanente de s'exprimer à ce sujet. Ce dégoût profond que le jugement des gens lui renvoyait, quand ils la reconnaissaient tout à coup, parce qu'ils avaient vu son visage aux informations, la pitié écœurante dans leurs regards, cette tristesse insultante dont elle ne voulait pas, qu'elle n'acceptait plus.

Quand tout ressortait ainsi, comme un raz-de-marée, Cheryl éclatait inévitablement en sanglots. Son corps frêle se recroquevillait encore plus et elle pleurait à chaudes larmes, serrant les poings jusqu'à ce que ses ongles la fassent saigner.

— Je suis désolée. Le simple fait de mettre des mots sur ces sentiments, tellement de choses remontent, j'ai l'impression de me noyer…

Kate n'était que sérénité et réconfort.

Elle rappelait à la jeune femme qu'il n'y avait aucune raison de culpabiliser. Qu'il fallait qu'elle avance à son rythme à elle. Qu'elle n'avait pas à avoir honte de ressentir ces émotions, ni de se sentir perdue face à leur intensité. C'était dévastateur, assurément, et néanmoins un premier pas nécessaire. Ces moments atroces lui étaient bien arrivés, mais ils ne la définissaient pas, elle ne se réduisait pas à eux. À présent, il fallait qu'elle s'autorise à ne plus y penser, à vivre et à se reconstruire malgré eux.

Elle affichait son sourire bienveillant et elle attendait que Cheryl prenne congé.

Puis elle fermait méticuleusement les portes du cabinet. Elle allait dans les toilettes et elle vomissait.

Là seulement Kate pleurait. Pour cette fille qui était comme elle. Qui devait être comme toutes les autres. Celles qu'un homme un jour avait décidé de faire souffrir pour son plaisir. Toutes celles qui écopaient de la double peine d'avoir traversé l'enfer et de ne pouvoir être entendues par personne.

Elle se demandait jusqu'à quand elle pourrait continuer ainsi avant d'annoncer à Cheryl qu'il n'était plus possible de poursuivre la thérapie.

Pas sous cette forme, en tout cas.

16

Kate y avait réfléchi jusqu'au mois de mars 2020, quand la pandémie de Covid avait subitement balayé la planète. Les politiciens dépassés avaient pris des mesures brutales. Fermeture des frontières, instauration d'un confinement sans précédent. Du jour au lendemain, les familles furent enfermées ensemble, les femmes prirent plus de coups que d'habitude peut-être, derrière les rideaux tirés et les façades proprettes. Les bourgeois parisiens s'étaient précipités en meute sur les propriétés avec jardin. À Carcassonne, la situation demeurait fort heureusement plus supportable qu'ailleurs. Kate avait pris l'habitude de sortir par l'arrière de son immeuble : la ruelle n'ayant aucun vis-à-vis, personne n'aurait pu la surprendre pendant qu'elle désobéissait à la loi. En quelques dizaines de mètres, on arrivait sur les chemins de campagne. Kate n'avait qu'à s'éloigner discrètement au milieu des vignes, elle pouvait se promener pendant des heures en pleine nature sans risque de croiser quiconque, hormis parfois un viticulteur en marcel sur son tracteur vivant lui aussi sa vie comme il l'entendait, et à qui aucun flic n'aurait imaginé ordonner de retourner s'enfermer sous quelque prétexte de guerre sanitaire.

Au cours de ses escapades, Kate avait découvert une parcelle de champ à l'abandon, délimitée par des barbelés ébréchés. Au sein de l'océan indompté d'herbes sauvages, plusieurs carcasses d'engins agricoles rouillaient en paix. Kate appréciait de prendre place dans un de ces vaisseaux fantômes, dont il ne restait plus, pour la plupart, que les armatures en métal. Elle apportait simplement une serviette pour couvrir les sièges, et elle y passait des heures, confortablement installée au soleil.

Elle laissait les souvenirs remonter, et la violence de son âme l'étouffer jusqu'à l'étourdir.

Songeant à la manière dont la section de recherches de la gendarmerie ne l'avait pas écoutée, pas davantage que la police n'avait écouté Cheryl, et comment, à elle aussi, toutes les portes de l'appareil judiciaire lui avaient été claquées au nez, les unes après les autres, à chacune de ses demandes concernant l'avancée de l'enquête.

Songeant à toutes ces phrases mielleuses gravées dans son esprit, « le dossier suit son cours », « il ne faut pas exagérer les faits », « laissez donc l'instruction se poursuivre », « cela ne sert à rien de chercher à interférer, vous ne faites que compliquer notre travail, mademoiselle », toutes ces foutues excuses qu'on lui avait servies pour justifier que non, les forces de l'ordre n'avaient pas la moindre idée d'où pouvait être passé son bourreau et que, non, il n'y avait plus rien à y faire désormais.

Songeant que les différentes traces d'ADN retrouvées dans les excréments des cochons et dans les restes humains éparpillés dans la boue ne collaient qu'avec trois ou quatre filles sur la dizaine d'étudiantes portées disparues dans les forêts aveyronnaises au cours des années précédentes, ce qui impliquait autant de victimes potentiellement non reconnues, dans l'indifférence générale.

Songeant toujours, à la fin, à ce qu'elle avait fait cette nuit-là et qu'elle ne se pardonnerait *jamais.*

Elle continuait à travailler à mi-temps, pendant cette période. Ses rendez-vous professionnels ne pouvaient plus s'effectuer qu'en visioconférence, ce qui réduisait fortement la demande.

C'est peut-être cette distance, instaurée par l'intermédiaire de l'écran, qui lui donna le courage de le lui dire, lors d'une de leurs séances face caméra et malgré le terrible nœud dans son estomac :

— C'est trop difficile, Cheryl.

— Je sais, s'excusa la jeune fille. Mais je vous assure que je prends sur moi et…

— Je ne parlais pas de vous.

Il y avait eu un silence. Le visage émacié de Cheryl s'était approché de la caméra, attendant une explication, et Kate avait décidé que le moment était venu de se jeter à l'eau.

— Je ne peux plus être votre thérapeute. Vous réveillez quelque chose de trop douloureux en moi, Cheryl. Vous agissez comme un détonateur qui ravive mes propres traumas.

— Je ne comprends pas de quoi vous parlez.

Kate avait lutté pour ne pas détourner le regard.

— J'ai été comme vous, Cheryl. Il m'est arrivé la même chose.

— Vous avez été séquestrée, vous aussi ?

— J'ai passé plusieurs semaines prisonnière d'un assassin. Comme vous l'avez fait, j'ai réussi à m'échapper. En commettant ce que je pensais impossible. Et je m'en félicite chaque jour qui passe, car je suis toujours en vie, tout comme vous l'êtes.

Cheryl avait passé sa main mutilée sur son visage, et toussé un peu.

— Pour cette raison, vous décidez de ne plus me parler ? Je suis venue vous voir parce que j'étais désespérée, Kate. Vous êtes en train de le confirmer : vous seule pouvez me comprendre…

La douleur à l'état brut qui émanait de sa voix transperçait Kate.

— Ce n'est pas du tout ce que j'ai dit. Ces discussions me tiennent aussi à cœur, Cheryl. J'ai simplement besoin de vous parler, moi aussi. Je pensais que je n'arriverais jamais à… extérioriser ce qui m'est arrivé. Mais je crois que le moment est venu. Puisque le monde est à l'arrêt. Puisque nous n'avons que cet écran… Je pense que ce doit être maintenant ou jamais. Mais cela ne peut pas se faire dans un cadre de patient et thérapeute.

— À quel genre de cadre pensez-vous, alors ?

Kate s'était mordu les lèvres.

— Le genre dans lequel nous cesserions de nous vouvoyer, déjà. Tu connais le concept des groupes de soutien, Cheryl ?

C'était au tour de Cheryl d'hésiter.

— Dans ce cas, il faudrait que nous invitions d'autres victimes dans ce groupe, Kate. Nous ne sommes pas les seules.

— J'en suis sûre, mais je ne sais pas où les chercher. C'est le hasard qui nous a fait nous rencontrer.

Silence.

Un sourire timide s'était esquissé sur le visage de Cheryl.

— Les programmes que j'ai créés pour ma veille en ligne, et dont je t'ai parlé, Kate... ils m'ont permis d'identifier deux autres personnes exactement comme nous.

17

La première à les rejoindre fut Tanya Sannié, seule survivante d'un massacre dans les Pyrénées qui avait fait les gros titres de la presse, quelques années auparavant. Tanya était aujourd'hui vétérinaire et portait le nom de son mari : Flamant. Le couple vivait en région parisienne, où personne ne connaissait le passé de la jeune femme. Il avait suffi d'un appel de Kate, d'une brève exposition de son projet et Tanya lui avait répondu, comme si c'était une évidence :

— *Quand ?*

Farrah Duhamel, représentante en immobilier haut de gamme, avait été plus difficile à joindre au début, en raison de son agenda toujours rempli, et Kate dut lui parler bien plus longuement avant de la convaincre. L'histoire de Farrah était aussi extrême que cruellement banale. Son bourreau ressemblait à celui de milliers de femmes, chaque jour, partout. Juste un homme malade, d'un mal commun et diabolique qui a pour nom jalousie. Un homme si faible intérieurement qu'il avait choisi, comme tant de ses pairs, de rejeter ses frustrations et sa violence sur l'autre, car il est tellement plus confortable de recourir à la sauvagerie plutôt que d'affronter ses problèmes.

— *Ce club que vous me proposez, c'est une idée séduisante, mais je n'accorde pas ma confiance facilement*, lui avait expliqué Farrah après de longs instants de réflexion. *C'est une des conséquences de ce qui m'est arrivé.*

— Vous pouvez me faire confiance, lui avait assuré Kate, de toute la conviction dont elle était capable. Vous ne serez plus seule. Aucune d'entre nous ne le sera.

Kate se souvient que, à peine avait-elle prononcé ces mots, elle avait entendu la jeune femme éclater en sanglots. Cela n'avait pas duré longtemps, la voix de Farrah était revenue, de nouveau maîtrisée, d'une neutralité parfaite :

— *J'espère que toutes ces promesses sont sincères, Kate.*

Quatre survivantes. Un groupe. Une sororité presque. Des promesses encore. Kate leur en avait fait de toutes sortes, elle ne pouvait le nier. À fleur de peau, peut-être. Portées par l'enthousiasme toujours.

Elle leur avait juré qu'ouvrir leur cœur leur permettrait de dépasser leurs tourments. Seules, elles étaient impuissantes, mais réunies, elles découvriraient leur véritable force. Elle le martelait à chacune de leurs rencontres, quand elles se retrouvaient dans son cabinet. En matière de lieu, Kate n'aurait pu trouver un havre plus confortable et discret. La salle était insonorisée, tout en parquet, haut plafond à moulures, fauteuils moelleux, ceinte de murs rosés et de tableaux clairs. Kate prenait soin de réserver des week-ends où son associé Isaac Bloch était absent pour ne pas attiser sa curiosité. Isaac s'était toujours montré d'une gentillesse infinie envers elle, mais le secret demeurait le maître mot de leur groupe. Kate suspectait par ailleurs que son confrère en pinçait un peu pour elle, ce qu'elle se refusait résolument à encourager.

Leurs réunions entre filles duraient le week-end entier. Cheryl logeait dans la chambre d'amis de Kate, tandis que Tanya et Farrah prenaient un hôtel dans la cité médiévale. Le soir, elles allaient au restaurant, elles se promenaient le long des remparts avec les touristes, Kate leur servait de guide. La journée, elles partageaient leurs histoires dans le cocon feutré du cabinet. Elles évoquaient la cruauté subie. Les sévices infligés. Les séquelles physiques et psychiques qui les ramèneraient, toute leur vie, à ces instants de fracture.

Toutes avaient vécu l'euphorie de la libération, qui n'avait duré que le temps de prendre pleinement conscience de ce qui leur était arrivé. Un soulagement aussitôt broyé dans les rouages des procédures, l'absence de soutien, les journées perdues dans des salles d'attente sans interlocuteur et les nuits mangées par les démons perfides du souvenir. Ici, Kate leur offrait un refuge de bienveillance où tout partager. Sans masque et sans honte.

Cela s'appliquait à elle aussi. Quand venait son tour de parler, Kate se faisait violence pour clarifier ses pensées et, pesant le moindre de ses mots, d'une voix mécanique, avec un détachement si total qu'il la saisissait elle-même, elle leur racontait comment s'était déroulée sa séquestration. Elle le faisait par étapes, par épisodes de plus en plus intimes. Elle leur racontait le froid de la boue dans laquelle elle s'était réveillée, l'odeur fétide des excréments, les grognements rauques des cochons et le bourdonnement des mouches qui jamais ne cessait. Elle leur racontait la présence à ses côtés d'une personne déjà décédée, et d'une autre, dénutrie et prostrée dans un coin, qui lui expliquait qu'elles allaient mourir de toute manière.

Cheryl, Tanya, Farrah l'écoutaient avec des yeux ronds tandis qu'elle leur décrivait les détails de sa prison. Un enclos muré de toutes parts, séparé de celui des bêtes par des barreaux en bois. Des barreaux suffisamment ajourés pour y passer la main, mais si massifs que les déloger relevait de l'impossible. Kate pouvait en témoigner, elle avait essayé autant qu'elle avait pu, au début. Elle n'avait réussi qu'à se retourner les ongles et se briser l'index.

Elle leur racontait son tortionnaire, évidemment. Sa jeunesse, ses traits d'une telle finesse et d'une telle pureté qui ne le rendaient que plus maléfique. Les choses auraient-elles été plus simples s'il avait été un monstre hideux, plutôt que ce beau garçon qui leur crachait tout l'écœurement qu'elles lui inspiraient ? Kate avait imploré cet homme, l'avait supplié de leur expliquer pourquoi il les traitait comme ça. Il avait simplement éclaté d'un rire sadique.

— Parce que ça me plaît d'élever les truies. Pourquoi faudrait-il une autre raison ?

Parfois il se contentait de les observer derrière les barreaux, sifflotant inlassablement la *Sarabande*. D'autres fois, il glissait un tuyau au travers de la barrière et les aspergeait d'eau glacée pour les nettoyer sommairement. Mais le pire, c'était quand il entrait pour déposer ses gamelles pleines de bouillie. Il sortait alors son redoutable fouet et le faisait claquer sans pitié. Il lacérait le dos et les bras de ses détenues sans défense, à tour de rôle. Il les regardait pleurnicher dans la fange avec une moue fascinée, comme s'il attendait d'elles quelque chose qui ne venait pas encore.

Kate avait raconté tout cela à ses camarades.

Elle s'était livrée entièrement.

Ou presque.

Elle n'était pas fière de cette omission.

Mais elle avait encore beaucoup trop *honte* pour tout leur avouer.

18

Pas vraiment un mensonge, se répétait Kate pour se rassurer. Juste quelques fragments d'un puzzle trop complexe, qu'elle avait préféré laisser de côté pour le moment.

À son arrivée, elles n'étaient que deux prisonnières dans l'enclos. L'autre captive se prénommait Juliette. Comme Kate le ferait, Juliette avait déjà essayé de s'enfuir, s'était acharnée sur les barreaux et les murs, avait compris que toute évasion était illusoire. La pauvre fille était là depuis des semaines. Elle s'était laissé gagner par l'apathie. Elle attendait que le calvaire finisse.

— On est ses jouets, ici, lui avait-elle expliqué dès le premier jour. On finit toutes par mourir, comme la fille dont tu vois le corps, là-bas.

— Hors de question, avait balbutié Kate. Il doit bien y avoir un moyen de s'en sortir.

Une grimace lugubre s'était peinte sur le visage de Juliette.

— Il n'y en a aucun. Quand tu l'acceptes, ça fait un peu moins mal.

Kate n'avait plus rien dit, mais elle s'était *juré* qu'elle ne s'effondrerait pas de cette manière. Elle lutterait pour sa vie. Par tous les moyens, coûte que coûte.

Le lendemain, alors que le cadavre commençait à dégager une puanteur insoutenable, l'homme était venu pour s'en débarrasser. Il avait traîné la dépouille désarticulée au milieu des cochons insatiables, qui s'étaient comportés exactement comme on s'y attendrait. Kate avait lu des articles expliquant que ces animaux peuvent engloutir plus d'un kilo de viande toutes les minutes, os compris, pour peu qu'ils soient assez affamés. Ceux-là l'étaient. Suffoquant sous la nausée, Kate s'était repliée le plus loin possible des barreaux, elle avait refusé de regarder. Mais, même en se bouchant les oreilles, les sons immondes de la mastication, des os qui éclataient, vrillaient son crâne, s'y insinuaient aussi profondément qu'une lame chauffée à blanc.

Tout cela, elle l'avait raconté en détail, face aux mines stupéfaites de Cheryl, Tanya et Farrah, leurs mains pressées devant la bouche, leurs sourcils arqués de stupéfaction. Elle leur avait raconté les jours qui passaient et l'espoir qui s'amenuisait.

Elle leur avait également raconté la nuit où leur ravisseur avait apporté une autre jeune femme inanimée, qu'il avait jetée comme un vulgaire sac entre elles. La pauvre saignait abondamment. Son nom, leur apprendrait-elle une fois réveillée et en état de s'exprimer, était Alya. Elle était encore plus jeune qu'elles. Alya aussi avait eu des rêves de bonheur et d'accomplissement plein la tête, et elle aussi avait croisé le grand méchant loup au fond d'une boîte de nuit de campagne. Contrairement à ses sœurs de captivité, elle avait essayé de se défendre lors de son enlèvement, d'où sa vilaine coupure à la hanche, probablement causée par du verre brisé et qui aurait nécessité des soins hospitaliers.

L'arrivée d'Alya avait marqué le début de la fin.

Le décès de cette fille, survenu peu de temps après, avait été le choc ultime, le moment de bascule décisif. Il avait empli Kate d'une énergie nouvelle et farouche, d'assez de rage forcenée pour affronter l'homme au corps à corps sans plus réfléchir. Et le tuer.

Cela aussi, elle l'avait raconté, en ces termes exacts, oui.

Assez de rage.

Assez de... dégoût d'elle-même.

Kate y avait beaucoup réfléchi, avait hésité, mais n'avait finalement pas jugé utile d'expliquer comment les choses s'étaient *réellement* passées, à la fin.

Comment Juliette demeurait sans cesse plus prostrée et amorphe, le regard se chargeant de ténèbres profondes à mesure que la raison l'abandonnait. Comment elle ne répondait plus quand Kate essayait de lui parler. Comment, à l'inverse, Kate succombait à des crises de nerfs de plus en plus fréquentes. C'était finalement devenu la seule manière de s'exprimer. Retourner la violence contre elle-même. Elle en venait à s'arracher des plaques entières de cheveux et cela lui faisait du *bien*.

Jusqu'à la toute dernière nuit où, engloutie par le désespoir, le cuir chevelu en sang, Kate avait hurlé :

— S'il vous plaît, je ferai tout pour être épargnée ! *Tout !*

L'homme avait ri, comme ça lui arrivait parfois, d'un rire cruel et tout autant empli de curiosité malsaine.

— Peut-être qu'au bout du compte il y en aura une de moins pitoyable que les autres ?

Ensuite, il s'était approché et Kate avait récolté une gifle puissante, suivie d'une deuxième. Elle avait pris des coups jusqu'à ce qu'elle se recroqueville contre le mur, percluse de douleur.

— Mais ça n'a pas l'air d'être toi, avait ajouté l'homme en versant sa part de bouillie d'avoine à même la fange nauséabonde.

La vérité, c'est qu'Alya n'était pas morte tout de suite, comme Kate avait bien voulu le laisser entendre.

Ni du fait de sa blessure. Loin de là.

Cela faisait des jours que les trois prisonnières attendaient dans le froid et l'humidité. Chaque fois que l'homme revenait, il leur semblait plus agité. Comme si le scénario qu'il avait imaginé pour elles ne se déroulait pas selon ses attentes. Alors le fouet claquait, découpait des zébrures écarlates sur leurs dos. Les insultes fusaient.

— Vous croyez que vous tenez bon, mes petites truies ? Vous durez plus longtemps que les autres et vous imaginez que ça suffit ? Pauvres connes !

Les trois prisonnières ne lui répondaient pas, elles avaient appris que c'était la seule solution pour éviter davantage de corrections.

Ce n'était pas non plus ce qu'il semblait attendre d'elles. Sa fureur ne diminuait pas, pareille à l'orage qui avait éclaté cette nuit-là et dont le déluge martelait les ardoises de la toiture avec de plus en plus de violence.

— Putain, mais vous n'avez donc pas envie de vivre ? Vous allez vous laisser mourir comme ça, sans résister ? Ou vous allez vous décider à me montrer que vous en avez dans le ventre ?

L'homme beuglait à pleins poumons pour couvrir le bruit de la pluie torrentielle, marquant chacune de ses phrases d'un grand claquement de fouet.

— J'en veux qu'une, à la fin ! C'est tout ce qu'il me faut ! La seule petite truie qui se sera montrée digne d'intérêt !

Comme, de toute évidence, ses prisonnières ne semblaient pas saisir la portée de ses paroles, il fit claquer le fouet une dernière fois avant de préciser :

— Celle qui éliminera les autres. Ça, ça me fera *vraiment* plaisir. Le choix est entre vos mains.

Encore une fois, Kate avait cru mal comprendre. S'affronter ? S'entretuer ? C'était bien ce qu'il leur demandait ? Elle avait jeté un regard aux deux autres captives apeurées, chacune blottie dans son coin, qui, elles aussi, la contemplaient en silence.

L'homme avait quitté l'enclos. Son visage fin, sardonique, se colla entre les barreaux. Au-dehors, le tonnerre faisait trembler la campagne.

— Je vous regarde. Ce sera laquelle ?

Jamais, avait songé Kate. Non, jamais elle ne pourrait faire ça.

Elle scrutait toutefois Alya. Cette si frêle silhouette. Elle était déjà terriblement affaiblie par sa blessure. Ses jours n'étaient-ils pas comptés, de toute manière ? Contre sa volonté, Kate sentit les pensées inqualifiables s'insinuer en elle. *Ce serait si facile...*

Elle entendit Juliette qui, émergeant subitement de sa catatonie, lui murmurait, comme en écho à sa propre bassesse :

— L'autre, là, elle est presque morte, c'est vrai après tout...

Prise de stupeur, Kate avait dévisagé Juliette, son visage tuméfié, ses cernes, ses cheveux noirs collés par la crasse. Elle n'aurait su dire quand son air avait changé à ce point, le regard de la jeune femme était désormais d'une inquiétante fixité.

— Juliette, non, avait-elle supplié.

Mais Juliette avançait déjà à quatre pattes vers leur infortunée camarade.

— Il veut du sang, Kate. Il a raison. Il faut lui en donner.

— Juliette, implora à son tour Alya, d'une voix à peine perceptible. Ne fais pas ça...

— C'est la seule solution, articula Juliette d'un timbre sauvage. J'aurais dû comprendre plus tôt.

Et, avec un râle résigné et terrible, elle s'était jetée sur Alya pour la saisir à la gorge. Leurs deux corps s'enchevêtrèrent dans la fange, un amas de bras et de jambes qui s'agitaient. Leurs gémissements hachés accompagnaient les crépitements de la pluie. Leur spectateur, ravi, les acclamait derrière la barrière. Kate hurlait pour qu'elles arrêtent, par pitié, qu'elles ne lui donnent pas ce plaisir.

Elles n'arrêtèrent pas.

Pas avant que le corps d'Alya ne s'immobilise, tête plongée dans le lisier. Juliette à califourchon sur elle, les mains toujours nouées autour du cou d'Alya, les traits illuminés d'une jouissance extatique tandis que les éclairs soulignaient leurs silhouettes en lueurs violentes.

— C'était elle ou moi ! Et ce sera moi ! MOI !

L'interrompant dans sa liesse prématurée, Alya fut secouée d'une nouvelle convulsion, brutale, désespérée. Juliette saisit la gamelle en métal à côté d'elle et frappa le visage de la jeune femme, à plusieurs reprises. Des craquements affreux retentirent.

— Tu vois ? MOI ! C'EST MOI !

Juliette s'était relevée. Elle était couverte de paille, de purin, de sang.

Elle fixait Kate avec des yeux aux pupilles dilatées. Deux gouffres de pures ténèbres.

— Bien ! exultait l'homme derrière les barreaux. Enfin ! Et maintenant, qui de vous deux sera la plus belle petite truie ?

Kate avait hurlé non, elle ne se battrait pas.

Juliette lui avait foncé dessus.

Elles avaient dérapé, s'étaient emmêlées sur le sol bourbeux. Elles s'étaient griffé le visage, arraché les cheveux, donné de furieux coups de tête jusqu'à saigner du nez toutes les deux.

Juliette déployait une énergie impressionnante. Elle cherchait à étouffer Kate, comme elle l'avait fait à Alya. Kate se défendait sauvagement. *Juste ça*, se répétait-elle.

De la légitime défense.

Mais elle savait que ce n'était pas entièrement vrai.

Après avoir roulé l'une sur l'autre, s'être envoyé des coups de genou dans les côtes et le bas-ventre, avoir rampé maladroitement dans les flaques, Kate avait réussi à empoigner la chevelure de Juliette et lui avait frappé le crâne contre le mur de l'enclos. Plusieurs fois. De toutes ses forces.

Il y avait eu davantage de sang. Celui de Juliette. Kate en avait reçu jusque dans les yeux. Juliette se débattait encore, vociférant comme une possédée, mais Kate refusait de la lâcher. Plus maintenant. Plus jamais.

Elle avait mordu le cou de Juliette. Elle avait senti la peau qui se déchirait et l'afflux brûlant et salé qui giclait entre ses dents.

Elle avait continué de serrer la peau glissante comme une anguille de Juliette, refusant de lui laisser la moindre chance.

Laissant les flots de sang se répandre sur elles.

Jusqu'à ce que le corps de Juliette s'affaisse entre ses bras. Que Juliette s'effondre enfin, face dans la boue, et ne respire plus du tout.

Alors Kate avait hurlé. Comme elle n'avait jamais hurlé, sous le concert chaotique de l'orage, des grognements des cochons et des applaudissements frénétiques de son tortionnaire.

— Tu vois que ce n'était pas si difficile ! Mon Dieu que c'était beau !

Il avait ouvert la barrière de bois pour la rejoindre.

— Ma petite truie sauvage ! Tu aimes vraiment ça, hein ?

Kate avait recraché le sang de Juliette. Elle s'était sentie défaillir quand l'homme était venu la prendre dans ses bras. Quoi qu'il puisse se passer dans le cerveau malade de ce monstre, cela ne l'atteignait pas. Ne l'atteindrait jamais. Elle se l'était promis.

Une promesse de plus.

La suite, elle l'avait racontée telle qu'elle s'était déroulée : comment elle avait trouvé la force de le repousser, gagnée par une sauvagerie instinctive qui la dépassait, la transformait en monstre elle-même. Comment elle avait arraché son couteau à la ceinture de Raphaël Mazars, comment elle l'avait poignardé à maintes reprises. Comment elle avait laissé son cadavre dans la boue, s'imaginant s'échapper de l'enfer une fois pour toutes.

Kate avait pleuré, à mesure que les souvenirs remontaient et qu'elle les formulait avec des mots, recroquevillée dans son fauteuil de thérapeute. Elle avait fini submergée par les sanglots, en pensant à tout ce qu'elle ne racontait pas et qui la lacérait de l'intérieur.

Cheryl s'était levée et l'avait serrée contre elle.

19

Parfois le hasard décide du cours des choses, ou de les changer entièrement. Un détail anodin entraîne des effets dévastateurs, telle une étincelle jetée sur une flaque d'essence. Après quoi il ne peut y avoir de place que pour l'incendie. Kate ne rêvait même plus de pouvoir un jour retrouver son ravisseur. Elle avait abandonné toute recherche. Elle parcourait simplement les annonces sur le site Airbnb en quête d'une location pour ses vacances. Pourquoi pas le Portugal, s'était-elle dit, elle n'y était jamais allée. Par curiosité, elle faisait défiler les images partagées par les utilisateurs.

Elle avait brusquement cessé de respirer quand ses yeux s'étaient posés sur la photographie. Le bonnet gris, la rose rouge brodée.

Elle avait cliqué pour agrandir. Démultiplier la preuve jusqu'à ce qu'elle crève les yeux, qu'elle lui transperce le cœur de part en part. L'homme se trouvait à l'arrière-plan. Sans aucun doute possible. C'était *lui*, déambulant le plus naturellement du monde dans la rue du village médiéval quand les touristes avaient pris leur photo souvenir. Un clin d'œil du destin, assurément.

Le visage de cet homme, Kate ne pouvait l'oublier. Cette mine d'ange au sourire vicieux.

C'était le bourreau. *Son* bourreau, qui l'avait séquestrée pendant un mois entier. Qu'elle avait déjà tué une fois.

Raphaël Mazars.

Il n'était pas mort. Pas mangé par ses cochons, comme les policiers l'avaient supposé pour justifier leur absence de résultats. Il était là. Il n'avait pas changé du tout. Il s'était juste laissé pousser la barbe. Il avait même conservé son putain de bonnet.

Kate avait senti tous ses repères s'effondrer.

Ses pieuses promesses de renaissance et d'acceptation avaient commencé à s'effriter.

Remplacées par d'autres. Inavouables encore.

Kate s'en était ouverte à Cheryl, sa désormais confidente. La jeune femme maîtrisait l'univers numérique mieux que quiconque, elle s'était déjà vantée de savoir décrypter toute information mise en ligne, à peu d'exceptions près.

Cheryl avait donc cherché. Elle avait sondé toutes les ressources se rapportant à cette région du Portugal. Les montagnes. Les maisons d'hôtes. Les fermes labellisées agriculture biologique. En quête d'un indice, d'un nom, d'une preuve.

Elle l'avait localisé. Avec une facilité déconcertante.

À la réunion suivante du groupe, Kate avait observé ses camarades. Elle avait préparé un discours, l'avait oublié.

— Nous avons retrouvé l'homme qui m'a enlevée et torturée, leur avait-elle finalement annoncé. Il est toujours vivant.

— Vous, qui ? avait aussitôt voulu savoir Farrah.

— Cheryl et moi. Enfin, c'est Cheryl qui l'a trouvé en fouillant sur le Web, vous connaissez ses talents.

Les regards avaient glissé sur la jeune femme au crâne rasé. Cheryl leur avait souri.

— C'est plus facile qu'on l'imagine, vous savez. Dès qu'on sait ce qu'on cherche, il suffit de suivre les bonnes arborescences. Ce type vit au Portugal depuis trois ans. Il a falsifié ses papiers et racheté un domaine abandonné pour une bouchée de pain.

— On peut encore faire ça, en 2021 ? s'était étonnée Tanya.

— Qu'est-ce que tu crois ? avait soupiré Cheryl. Personne ne vérifie jamais rien. Il suffit de remplir correctement les formulaires en ligne et de ne pas faire de vagues. Raphaël

Mazars ne s'est même pas embêté tant que ça. Il s'est contenté de reprendre le nom de sa mère, Calmels. En plus, j'ai vérifié à quoi ressemblait le coin où il s'est installé. La serra da Estrela, c'est le désert. Aucun voisin à des kilomètres de la propriété. Personne qui risquerait de s'intéresser à son cas de trop près.

Kate avait repris la parole :

— Cette propriété, il l'a aménagée en élevage de porcs noirs locaux. Autrement dit, il a repris exactement la même vie. Sans être inquiété. Par *personne.*

Silence.

Regards.

Anticipation.

Kate avait poursuivi :

— Évidemment, Cheryl peut transmettre ces informations à la gendarmerie, de façon anonyme. Dans ce cas, je n'aurai plus qu'à espérer que les autorités fassent le lien. Espérer aussi que quelqu'un de compétent ait les moyens d'enquêter. Espérer que l'enquête soit menée à terme, et ensuite espérer que les deux pays s'accordent sur une extradition. Parce que, vous le savez, ce genre de choses met du temps à être mis en place. Des années, parfois.

Cheryl était intervenue, le visage plus sérieux que jamais.

— Pour info, j'ai fait mes recherches à ce sujet. Cette procédure est strictement encadrée par la Constitution portugaise. Je vous passe les détails, mais le Portugal l'accorde une fois sur dix à peu près, quand ils jugent que la sanction ne sera pas dégradante ni incompressible pour l'accusé.

Kate avait repris son souffle, comme après une longue apnée.

— Quand bien même, imaginons que tout cela aboutisse. Alors il y aura un procès. Cela durera des années de plus. Je devrai témoigner pour convaincre le juge. Il faudra reprendre toutes les expertises depuis le début. Aller à la pêche aux preuves dans son ancienne ferme et aussi dans la nouvelle, avec tout ce que ça impliquera de complications administratives entre les deux pays. Mais imaginons encore que Mazars finisse par être condamné…

Les trois filles la fixaient sans rien dire.

Kate avait redressé nerveusement sa posture.

— Vous voulez les statistiques ? Il y a aujourd'hui, en France, plus de 60 % de peines prononcées qui ne sont jamais exécutées. En d'autres termes, deux criminels sur trois n'ont jamais aucune punition. Quant à ceux pour lesquels ces condamnations sont appliquées, ils bénéficient tout de même d'aménagements de peine, de remises diverses. Certains arrivent même à obtenir des remises sur une remise. Il suffit qu'ils pleurent suffisamment, que leur avocat fasse son travail un tant soit peu consciencieusement. Une petite poignée d'années derrière les barreaux comme sanction pour des féminicides avec actes de barbarie. Comment voulez-vous que ça dissuade qui que ce soit ?

— Nous savons cela, avait fini par l'interrompre Tanya, la voix serrée. Mais qu'est-ce que tu proposes d'autre ?

— Parce que tu as l'intention de faire quelque chose, n'est-ce pas ? avait ajouté Farrah.

Kate avait hésité. C'était le moment de confession. Plus intime encore que toutes les précédentes.

— J'y pense.

Elle avait marqué une nouvelle pause. Le penser était une chose. Projeter de le *mettre en action* en était une autre.

— Vous savez mieux que quiconque ce que ce genre d'individu fait, et vous savez également ce que la justice ne lui fera jamais. Moi, j'ai pris ma décision. Je vais réserver un billet d'avion pour le Portugal.

— Je t'aiderai à en trouver un pas cher, dit Cheryl. Je m'assurerai que ce soit un achat du genre discret.

S'enfonçant dans le fauteuil, elle avait instinctivement replié ses jambes devant sa poitrine avant d'ajouter :

— D'ailleurs, je vais en prendre un pour moi aussi. Je ne te laisserai pas toute seule. Je t'aiderai à faire tout ce qu'il y a à faire. Je dis bien *tout.*

Kate avait hoché la tête.

— Merci, Cheryl. Il n'y a aucune obligation pour autant.

— Personne ne nous oblige à être ici non plus. Nous ne faisons que ce que nous choisissons.

Toutes deux s'étaient tournées vers les autres, attendant une réaction qui n'avait pas tardé.

— Moi, je choisis de vous suivre, avait annoncé Tanya.

— Vous croyez quoi ? avait marmonné Farrah en soufflant sur la pointe d'un de ses ongles au vernis impeccable. Évidemment que j'en suis.

Toutes avaient ce sourire nouveau. Juste au coin des lèvres.

L'incendie qui approchait.

20

Raphaël Mazars serait le premier. La toute première flamme de leur carnage vengeur.

Il fallait pour cela aller le cueillir dans sa tanière.

C'était le mois de septembre 2021, alors que les restrictions et le cortège de mesures liberticides qui avaient accompagné la pandémie devenaient peu à peu un souvenir, désagréable certes, encore proche, mais bientôt effacé. La libération du monde avait commencé.

Pour les quatre jeunes femmes, elle serait définitive.

C'était au cœur des montagnes portugaises, dans un élan nouveau, grisant et quelque peu inquiétant. Les roues du véhicule tout-terrain suivant les sinuosités des routes bordées de lacs cristallins et de forêts épaisses.

Elles avaient su se préparer et s'organiser d'instinct, sans jamais avoir besoin de nommer ce qu'elles s'apprêtaient à commettre. Comme si le but terrible de leur voyage était déjà écrit, une fatalité de leur destin qu'il ne servait à rien d'essayer de repousser. Comme si elles avaient déjà l'habitude de conduire ce genre d'expédition. Arriver à Lisbonne par quatre vols différents et avec quatre compagnies aériennes distinctes, afin qu'aucune autorité ne puisse facilement croiser les données. Dans ses affaires de toilette, Tanya s'était chargée d'emporter de l'anesthésique vétérinaire particulièrement puissant ainsi que plusieurs seringues hypodermiques. Quant à Cheryl, elle avait utilisé un faux nom pour réserver un appartement dans le quartier de l'Alfama, et un autre encore pour la location de leur voiture.

Elles étaient parties vers les collines verdoyantes au fil de routes serpentant entre des champs d'oliviers et des hectares de vignoble. Elles avaient dépassé des maisons traditionnelles aux murs de pierre et aux toits de tuiles rouges. Les montagnes de la serra da Estrela se dessinaient à l'horizon, les sommets couverts de neige. Le décor se désertifiait à mesure que le 4 × 4 avalait les lacets de la piste, jusqu'à ce qu'il n'y ait plus que des forêts de chênes verts et de pins à perte de vue.

La ferme de Mazars se trouvait nichée dans le massif montagneux, à plus de mille mètres d'altitude. Nulle âme qui vive à des kilomètres. *Aucun témoin.*

Tanya, qui avait tenu le volant depuis Lisbonne, stoppa le 4 × 4 devant les palissades hérissées de barbelés qui délimitaient la propriété.

— On y est, les filles.

Le soir déposait ses rayons dorés sur les clôtures et les abris à cochons qui se profilaient au bout du chemin. Une limite symbolique au pied de laquelle elles étaient enfin arrivées, cernées par les forêts et les pâturages.

— C'est ouvert, les avertit Farrah en désignant le cadenas qui pendait sur le côté.

Elles sortirent pour faire pivoter les deux pans du portail, les repoussèrent une fois le véhicule passé.

— On va garer la voiture entre les cabanes à porcs. À cet endroit, on est sûres que personne ne pourra nous repérer.

Elles avaient déjà étudié la topographie des lieux grâce à Google Earth. Tanya se rangea donc comme convenu derrière un des abris en pierre, à l'écart du chemin qui menait au corps de ferme. Kate contemplait ses mains posées sur ses genoux. Elle s'était crue prête. Elle s'était crue déterminée. À présent, elle doutait. *Si elle se trompait ?*

Elles attendirent que la nuit tombe, que l'ombre les grignote peu à peu. À chaque minute qui passait, le doute grandissait dans le cœur de Kate.

— On va pouvoir y aller…

— Voiture ! alerta Cheryl.

Elles se tétanisèrent. Des phares balayèrent le chemin. Un 4 × 4 dévalait la pente depuis la maison, filant droit dans leur direction.

Elles le regardèrent approcher.

Le 4 × 4 passa devant elles sans que le conducteur tourne la tête.

— Il ne nous a pas vues, souffla Tanya tandis que le véhicule continuait de foncer vers la clôture.

Kate ne dit rien. *Elle*, elle avait eu le temps d'observer le profil de l'homme au volant, toujours coiffé de son bonnet gris.

Le monstre qui l'avait enlevée quatre ans auparavant et qui l'avait appelée sa petite truie.

Elle serra les mains sur la matraque télescopique qu'elle avait achetée à Lisbonne dans un surplus de l'armée. Elle avait un couteau de chasse dans son fourreau attaché à la ceinture, ainsi qu'une puissante bombe lacrymogène dans l'une des multiples poches de son pantalon. Plus rien ne pouvait l'arrêter.

Elle sortit de la voiture. Ses pieds s'enfoncèrent dans un tapis d'herbe humide.

— Il va revenir et on sera là. Avant cela, je veux voir à quoi ressemble son installation.

Elle poussa la porte de l'abri. L'odeur de purin, écœurante, l'agressa aussitôt. C'était le même mélange, remugles de paille, d'ammoniaque, de puanteurs porcines suffocantes, comme remontant du passé. Les grognements infernaux n'avaient pas changé, ne s'étaient jamais *arrêtés*. Les deux enclos, côte à côte, étaient identiques à ceux installés dans l'Aveyron. L'un plein de cochons noirs. L'autre vide. Des traces de sang sur les murs. Des gamelles abandonnées dans la boue. Et une barrière aux épais barreaux en bois entre les deux.

Les souvenirs asphyxièrent Kate. Elle eut la réponse à sa question, d'une brutalité qui la ramena au réel. *Non*, elle n'était pas prête. Elle ne savait pas à quoi elle s'était préparée, mais pas à en revenir à ça. Pas comme ça.

Elle planta le couteau dans le mur, par réflexe, le planta encore, et encore. Un sifflement dans ses oreilles. Une aura noire dans sa vision.

— Ça va ? s'inquiéta Farrah.

Kate arracha le couteau, le glissa dans le fourreau.

— Il a recommencé. De la même manière. Il doit déjà y avoir eu des victimes… des pauvres filles qu'il a…

Cheryl posa la main sur le bras de Kate.

— Pas la peine de te faire du mal. On va explorer la maison, maintenant.

— Oui, dit Kate.

À la lueur de la lune, elles remontèrent l'allée jusqu'à une grande cour intérieure décorée de palmiers. Des tuiles d'azulejos scintillaient dans l'ombre, décorant les murs de la maison. Certain de ces carreaux de faïence bleue et blanche représentaient, non sans ironie, la Vierge Marie. La porte d'entrée n'était pas verrouillée, les quatre femmes pénétrèrent dans un intérieur dépouillé aux murs chaulés de blanc.

— Lampes.

Elles allumèrent leurs Maglite, illuminant le hall de quatre fins rayons. Carrelage brut. Vieilles étagères, commodes en bois plutôt délabrées. Le mobilier devait faire partie des murs quand Mazars avait acquis la ferme.

Les lieux étaient déserts.

Elles passèrent devant une armoire qui s'élevait jusqu'au plafond. Trop grande pour ce hall d'entrée, elle était posée là, probablement dans l'attente d'un futur aménagement.

— Escalier, indiqua Kate en braquant le rayon de sa torche vers les marches.

Elles montèrent à pas de loup.

Une balustrade en fer forgé terminait l'escalier, surplombant le hall. Au-delà, un large corridor, carrelé comme au rez-de-chaussée du même ocre grossier, distribuait plusieurs chambres de part et d'autre.

Elles poussèrent les portes, éclairant des chambres vides.

Kate appréhendait ce qu'elle pouvait découvrir ici. Tout au fond d'elle. Tout aussi sûrement qu'elle redoutait d'affronter le passé.

Il fallait en passer par là.

Elle l'avait suffisamment expliqué aux autres.

Pourtant, quand elle ouvrit la porte de la pièce tout au bout et qu'elle illumina une jeune femme dénudée sur le lit, qu'elle vit les jambes de cette pauvre fille dépassant d'un côté comme si la malheureuse s'était désespérément contorsionnée avant de se figer ainsi, dans une rigidité qu'on aurait dit cadavérique, Kate s'étrangla et crut qu'elle allait défaillir pour de bon. Elle fit un pas en arrière. Tanya passa devant, dirigea le rayon de sa torche sur les menottes qui reliaient le frêle poignet à la structure métallique du lit ancien. *Une prisonnière.*

Même à cette distance, Kate devinait le visage abîmé de la fille. Le sang séché sur son front. Elle aperçut la gamelle en métal tordu à même le plancher.

Tout se fondait. Passé et présent. Réalité et cauchemars.

Et tout était pire. Le monstre avait changé son mode opératoire, en fin de compte. Désormais, il abusait sexuellement de ses victimes. Kate avait parfaitement conscience de ce que signifiait une telle aggravation d'un point de vue clinique. *Escalade dans la perversion, la désensibilisation, la barbarie.*

Kate détourna le regard, mais sa vision continuait de se troubler. Elle s'accrocha à l'encadrement de la porte et lutta de toutes ses forces contre l'évanouissement qui fondait sur elle.

21

— Je ne peux… pas…

C'était tout ce que Kate avait réussi à articuler. Pétrifiée et haletante. Ses nerfs la lâchaient et elle n'y pouvait rien. Pénétrer dans cette chambre, s'approcher de cette fille inanimée couverte de sang lui était tout simplement impossible.

Elle sentit la main de Cheryl frôler son épaule, comme pour lui dire « ne t'en fais pas », et elle ne put que regarder, statufiée, ses trois amies qui s'approchaient de la silhouette écartelée sur le lit. Elle entendit Cheryl murmurer quelque chose qu'elle ne comprit pas.

L'espace d'un instant, Kate ne put s'empêcher de se demander si cette fille attachée là était morte, et si oui, depuis combien de temps.

L'instant suivant, la prisonnière fut agitée par un sursaut brutal. *Vivante*. L'agitation se mua en spasmes violents. La fille hurla, se tordit en tous sens, comme si elle craignait que les nouvelles venues lui fassent du mal.

Kate colla son dos contre le mur du couloir. Des larmes inondèrent ses yeux. Elle sentit les tremblements gagner tout son corps.

Elle entendit Tanya parler à son tour, et cette fois elle perçut ses mots plus distinctement :

— Nous sommes là pour vous aider. Vous comprenez ? Vous aider.

— *Me…. ajude…* balbutia la femme.

— Oui, oui. *Ajudar.*

Braquant de nouveau le rayon de sa Maglite, Kate aperçut Tanya qui essayait de faire coulisser la menotte au niveau de l'armature du lit, ce qui était évidemment impossible. Elle vit également que Cheryl avait déjà fait le tour de la pièce, et s'emparait d'une clé abandonnée sur la coiffeuse.

— Essaie donc ça !

— Putain, c'est la bonne, confirma presque sans y croire Tanya.

La clé tourna. La pince de métal s'ouvrit. Le poignet de la captive fut libéré. La jeune femme ne se calma pas pour autant. Elle se recroquevilla et recommença à crier en portugais, refusant qu'elles la touchent et même qu'elles s'approchent d'elle.

— Nous sommes là pour vous aider, réessaya Cheryl. Mademoiselle…

La femme poussa des cris plus stridents encore.

— MAIS FAITES-LA TAIRE PUTAIN ! brailla Kate.

Ça lui avait échappé. Ses camarades tournèrent vers elle des visages stupéfaits. Kate eut honte de sa réaction, sentit le vertige la comprimer de plus belle, la broyer de l'intérieur. Elle s'écarta sans rien ajouter, se replia dans la première pièce qui se présenta à elle. Lit, commode, une autre chambre. Probablement même celle de Mazars. Même ici, les cris de la femme lui parvenaient avec netteté. Ce qui signifiait qu'on devait l'entendre de loin. Certes, les autres essayaient de la calmer, mais cela ne semblait pas fonctionner du tout. Pas assez vite. Cela les mettait en *danger.*

— Putain, gémit Kate entre ses dents. Pourquoi…

Elle prit place sur le lit pour essayer de ralentir les pulsations de son cœur. Elle continuait de grelotter. Sans réfléchir, elle empoigna ses cheveux et tira dessus, par coups secs, en saccades irrépressibles. *Comme elle faisait dans l'enclos, attendant qu'il revienne…* La douleur lui fit prendre conscience qu'elle tenait une mèche entre ses doigts crispés, elle poussa un cri de pure honte et elle se donna des gifles pour reprendre ses esprits, espérant que ses camarades ne la voient pas agir ainsi. *Comme une cinglée.*

Ne craque pas.

Réfléchis bien à ce que tu as sous les yeux.

Elle se frotta fébrilement les mains pour les débarrasser de ses cheveux emmêlés. Pour un peu, les injonctions que son esprit lui lançait lui auraient donné envie de rire. *Réfléchir ?* Elle n'en avait pas besoin. Mazars avait drogué cette fille. Il utilisait sans nul doute la même drogue pour bétail que par le passé. Même si son modus operandi avait quelque peu évolué, les bases demeuraient les mêmes. La force des habitudes.

Le regard de Kate se posa sur une forme serpentine, sur la commode. *Le fouet de Mazars.* Plus loin, au fond de la pièce, un meuble bas, rectangulaire. Elle ralluma sa torche. C'était un coffre en bois.

S'il a conservé ses habitudes, alors…

Prise d'une intuition, elle se releva, traversa la pièce à la hâte. *Se souvenir, oui.* Kate se remémorait parfaitement ce que lui avaient expliqué les gendarmes, à l'époque. Quand ils avaient perquisitionné la ferme de Mazars.

Le bonhomme était bien armé, lui avaient confié les officiers. *Pas moins de cinq fusils de chasse dans un coffre.* Probablement pour achever certaines de ses victimes, car on avait retrouvé des cartouches vides dans la boue de l'enclos.

Kate ouvrit le coffre.

À l'intérieur, plusieurs fusils soigneusement alignés.

Comme avant.

TOUT comme avant.

Kate empoigna le premier fusil. C'était une belle arme, pourvue de deux canons superposés, d'une crosse en bois verni. Il y avait également des boîtes de munitions dans le coffre, que Kate s'empressa de saisir et d'ouvrir.

Fille de chasseur, elle avait hérité d'une connaissance rudimentaire des armes. Les manœuvres de base n'étaient pas bien compliquées. Vérification du cran de sûreté. Basculement du canon à l'extrémité de la crosse. Insertion d'une première cartouche dans la chambre du haut, d'une deuxième dans la chambre du bas. Fermeture de la bascule. *Clic.*

Elle se demanda si elle devait remettre le cran de sûreté.

Un cri la sortit de sa torpeur.

— Voiture !

Kate s'empressa de couper le rayon de sa torche. Canon du fusil pointé vers le sol, elle revint en tâtonnant auprès de Farrah postée à une fenêtre.

À l'extérieur, le halo puissant de phares crevait l'obscurité, remontant le chemin dans leur direction.

— Il revient, murmura Tanya en s'approchant à son tour.

— Où tu as trouvé ce truc ? s'exclama Farrah à la vue de l'arme que tenait Kate.

— Nous sommes bien venues pour ça, non ? lui renvoya Kate, d'une voix enrouée par l'adrénaline, ou le dégoût, elle n'aurait su dire.

Les yeux brillants dans la pénombre furent une réponse très claire à sa question.

— Très bien. Suivez-moi…

Elle se hâta vers l'escalier et s'arrêta derrière la rambarde en fer forgé. La jeune femme dans la chambre avait heureusement cessé de geindre.

— Il faut se poster en bas, décida Tanya en redescendant déjà les marches sur la pointe des pieds.

Kate voulut lui crier de revenir, qu'il valait mieux attendre au premier étage, mais un simple murmure s'échappa de ses lèvres. Farrah avait suivi Tanya. Kate les vit toutes deux se faufiler dans l'espace vide derrière l'armoire monumentale. Seule Cheryl restait avec elle.

— Tiens-toi bien en retrait, lui chuchota-t-elle.

Elle se mordit les joues jusqu'au sang.

Il fallut moins de trente secondes au 4 × 4 de Mazars pour arriver dans la cour. La lueur des phares transperça les fenêtres du rez-de-chaussée. Il y eut le crissement des pneus tout près de la porte. Le moteur fut éteint. La portière ouverte, puis claquée.

Quelques instants plus tard, la porte d'entrée grinça.

Plusieurs lustres, disposés le long du hall, s'illuminèrent en même temps, baignant d'un coup les lieux d'une lumière crue.

Kate leva le fusil avec mille précautions. De là où elle se trouvait, à l'abri de la rambarde, elle bénéficiait d'une vue imprenable sur le rez-de-chaussée.

Elle entendit le sifflotement de l'homme avant de l'apercevoir. La même mélodie que dans ses cauchemars. La *Sarabande.*

C'était bien lui. Qui apparaissait maintenant en contrebas.

Seul, comme Kate l'avait espéré de toute sa rage.

Il s'engagea sur les marches.

À présent, Kate pouvait discerner le visage d'ange de Raphaël Mazars. Le temps n'avait pas eu de prise sur lui, en dépit des blessures qu'elle lui avait infligées.

Elle ajusta son tir.

Derrière elle, depuis le fond du couloir, les hurlements aigus de la femme reprirent, faisant sursauter Kate.

Mazars s'immobilisa à la moitié de l'escalier.

Les yeux posés sur elle. Sur le fusil qu'elle braquait droit vers lui.

Kate lut une stupéfaction terrifiée sur le visage de son bourreau.

Il eut le temps de prononcer son nom :

— Kate…

Il s'en souvenait.

Elle pressa la détente.

La détonation fut beaucoup plus forte qu'elle l'avait anticipée. Le canon du fusil se redressa brutalement, lui meurtrissant le biceps.

Le plâtre du mur explosa derrière l'homme en un nuage de poussière.

Elle l'avait manqué.

Mazars bondit en arrière, trébucha, dégringola les dernières marches. Kate vit du sang projeté sur le mur. Non, elle ne l'avait pas entièrement manqué. Seulement, elle ne l'avait pas *assez* touché. L'homme dérapa sur le carrelage du hall, peinant à se redresser pour fuir.

Kate pressa la détente une nouvelle fois.

La visée ne fut guère plus précise. Les carreaux de faïence ocre éclatèrent. Mazars fut plaqué au sol, sa hanche se couvrit de sang.

Il hurla de douleur, mais avança néanmoins à quatre pattes, avec une rapidité stupéfiante, pour se mettre à couvert le plus vite possible.

Il avait parcouru deux mètres à peu près avant que Tanya ne surgisse de derrière l'armoire où elle s'était cachée, une seringue hypodermique à la main. Mazars hurla encore, roula sur lui-même pour s'écarter.

Farrah apparut de l'autre côté, lui bloquant le passage.

Elle tendit une bombe lacrymogène, projeta le jet sifflant sur le visage de Mazars.

Mazars se recroquevilla en hurlant de plus belle.

De son autre main, Farrah brandit sa matraque télescopique et le frappa, une fois, deux fois, sans cesser de le gazer.

Jusqu'à ce que Tanya puisse s'approcher et lui plante l'aiguille dans la nuque.

Mazars continua de se tordre sur le carrelage pendant une dizaine de secondes à peu près, après quoi il cessa de crier, puis de bouger.

Elles n'entendirent plus que les hurlements de la femme dans la chambre, à l'étage, et à nouveau Kate ne put s'empêcher de supplier mentalement qu'elle se taise, mais sans oser l'exprimer à haute voix, cette fois.

22

Kate avait juré de ne pas reproduire l'erreur qu'elle avait commise en Aveyron.

Plus jamais.

Alors elle avait traîné Mazars, inconscient, au-dehors. Les filles l'avaient aidée. Ensemble, elles l'avaient fourré dans le 4 × 4, puis l'avaient amené dans l'enclos à cochons, là même où il torturait ses victimes.

Elles l'étendirent dans le lisier gluant au milieu des bêtes qui se bousculaient en mastiquant.

Elles lui attachèrent le poignet à la barrière, comme il avait attaché la pauvre fille à l'étage de sa maison.

Kate avait attendu qu'il revienne à lui. Qu'il la voie. Debout au-dessus de lui. Victorieuse.

— Ce n'est pas encore fini, articula-t-il, la voix rendue pâteuse par l'anesthésique.

Kate avait levé le canon.

— Ça va l'être.

L'homme essaya de tirer sur la menotte. Cracha dans la boue. Ses yeux allaient et venaient, observaient les autres jeunes femmes qui attendaient en retrait derrière les barrières de bois.

— Combien êtes-vous ?

— Beaucoup plus que toi.

Alors, pour une raison qui glaça Kate, Mazars se mit à sourire. Un sourire las, de résignation. Presque de soulagement.

— Tu y as pris goût, hein ? fit-il d'une voix tellement douce qu'elle ne collait d'aucune façon à son visage ensanglanté et aux soubresauts de sa poitrine en quête d'oxygène. Ma jolie petite truie, je te l'avais dit, ou pas ? Je savais que tu avais ça en toi. J'étais même sûr que tu finirais par me retrouver…

— La ferme, connard !

— T'as pas pris ton pied, quand tu as senti son corps cesser de gigoter dans le purin ? Allez, ose me dire le contraire ! Je parie que, pour toi aussi, ça doit te sembler être juste hier, pas vrai ? La manière dont tu lui as déchiré la gorge avec tes…

Kate le fit taire en pressant la détente.

Cette fois elle avait visé le visage. L'homme fut repoussé en arrière aussi vivement que s'il avait été frappé par une batte.

Kate avança d'un pas, tira la deuxième cartouche. Même endroit. Davantage de sang. L'immobilité totale. Enfin. Il n'y avait plus aucune expression sur le visage de Mazars car Mazars n'avait plus de visage du tout.

Kate recula précautionneusement.

Elle l'avait fait. Elle avait tué son tortionnaire.

Pour la deuxième fois.

Elle referma la barrière alors que les cochons formaient un cercle grouillant autour du cadavre de Raphaël Mazars.

Elle attendit toute la nuit. Contrairement à ce qu'elle avait fait quatre ans auparavant, cette fois elle regarda tout. Jusqu'au bout.

23

Restait la prisonnière, dans la chambre, qui ne devait rien comprendre à ce qui se passait. La toute dernière victime d'un monstre qui, jamais plus, ne pourrait en faire d'autres.

Kate refusa de retourner dans la maison. Elle laissa ses camarades se rendre à l'étage, pour constater que la captive était toujours étendue sur le lit, mais inconsciente et en état critique, à en juger la bave qui moussait entre ses lèvres. La jeune femme respirait difficilement, par saccades, avec des gémissements fiévreux.

— On ne peut pas la laisser comme ça, s'inquiéta Tanya. Je ne sais pas avec quelle drogue ce fumier l'a chargée, mais son cœur va finir par lâcher si elle ne reçoit pas des soins très rapidement.

— On ne peut pas non plus donner nos identités à qui que ce soit, lui rappela Farrah. Pas après ce que nous venons de faire.

— On n'en a pas besoin, trancha Cheryl. J'ai mon ordi dans la voiture. Je vais faire le nécessaire pour qu'une ambulance arrive ici au plus vite et s'occupe d'elle.

Elle prit une longue inspiration avant de conclure :

— Après qu'on aura effacé toutes nos traces, évidemment.

Leurs billets de retour étaient prévus trois jours plus tard. Elles restèrent donc dans le pays durant tout le week-end, un alibi crédible, au cas où quoi que ce soit pointe vers elles. Comme des touristes, elles se rendirent à la petite ville côtière de Sintra. Elles visitèrent le palais de Pena. Elles explorèrent les jardins féeriques de la Quinta da Regaleira. Elles mangèrent des pastéis de nata à Belém, dans la célèbre pâtisserie Pastelaria. Le soir, elles sortirent dans les quartiers animés de Lisbonne. Elles quittèrent le pays au terme du troisième jour sans qu'aucune nouvelle de ce qu'elles avaient fait ne filtre dans la presse portugaise. Tout au plus Cheryl détecta, sur un blog d'information local, la mention d'un « énième drame agricole » survenu dans la serra da Estrela. Le très bref article faisait état d'un fermier attaqué par ses propres cochons et avançait des « interrogations légitimes » le reliant potentiellement à plusieurs disparitions suspectes de jeunes femmes dans la région. Des drames qui resteraient à coup sûr autant de mystères en raison de l'absence de preuves matérielles et de l'insuffisance de moyens mis à disposition des forces de police.

Aussi dur à croire que ce soit, l'impossible *était* possible.

C'était même terriblement *facile.*

Pour ce voyage, Farrah et Kate avaient réservé le même avion. Leurs sièges étaient côte à côte. C'était la première fois d'un étrange rituel qui allait s'installer entre elles.

Farrah avait attendu le décollage. Elle avait pressé ses lunettes de marque avec son index contre son nez comme pour se donner une contenance. Elle s'était tournée vers Kate.

— Maintenant qu'on peut parler, je veux savoir.

— Quoi ?

— Tu sais quoi. Qu'est-ce qu'il voulait dire ? Au tout dernier moment ? Quand tu as mis un terme à votre, disons… *discussion* ?

Un silence. Long. Kate avait essayé d'esquiver maladroitement.

— Je ne comprends pas de quoi tu me parles.

Farrah lui avait donné une tape sur la cuisse, assez fort pour lui faire mal.

— Je ne suis pas une débile, Kate. Je n'ai pas voulu l'aborder en présence des autres pour ne pas créer de drame, mais je sais ce que j'ai entendu. Il t'a dit que tu avais pris goût à ce genre de choses. Que tu avais…

Elle baissa la voix.

— … Que tu avais déchiré la gorge de quelqu'un, Kate. Je veux savoir de qui il parlait.

Kate soutint son propre reflet dans les verres noirs de sa camarade. Elle se trouva livide.

— Ce type était dingue. Il a cru qu'il pouvait me déstabiliser en racontant n'importe quoi. Je n'ai aucune idée de ce qu'il voulait dire.

— Tu me jures que tu me dis la vérité ?

— Bien sûr que je te le jure, Farrah.

Farrah avait souri. Un sourire terriblement triste.

— Tu avais pourtant promis. Pas de mensonges entre nous, Kate. Je savais que ce n'étaient que de belles promesses. Ça l'est toujours.

Kate avait dégluti, mais n'avait pas jugé bon de poursuivre la discussion. Toutes deux n'avaient plus prononcé un mot de tout le vol.

Juste en descendant de l'avion, Farrah lui avait dit, en guise d'au revoir :

— Je finirai par le découvrir, tu sais.

III

FARRAH

2022

(un an auparavant)

24

Paris,
7 janvier 2022

Nu devant le miroir de sa chambre d'hôtel, Paul Talabot contemplait son corps parfaitement sculpté.

Une personne ordinaire ne verrait que cela. Ce physique galbé, dessiné partout où il le fallait, un pur fantasme d'influenceur de fitness.

Paul, lui, voyait surtout le feu qui habitait en lui. C'était un feu vivant, un feu éblouissant, qui ne s'éteignait jamais. Où qu'il se trouve. Quoi qu'il fasse. Paul sentait les flammes dans les fibres de ses muscles, il les devinait dans les contours de son reflet, gonflant ses veines, striant ses pectoraux et ses biceps comme s'ils allaient éclater. Paul devait vivre avec cet incendie qui le consumait en secret.

Jusqu'ici, il y parvenait à peu près correctement.

Il était revenu à Paris la nuit précédente, après quatre jours passés à l'autre bout du monde. Il disposait de trois jours complets de repos avant sa prochaine « mission », comme il aimait appeler ses rotations. Il avait donc pris une chambre dans cet hôtel où il avait ses habitudes, notamment parce que l'établissement abritait une salle de gym très bien équipée. Comme chaque matin, Paul y avait passé une heure entière, à suer sur les machines, à dépasser ses limites, jusqu'à frôler l'évanouissement. C'était, pour l'instant, une des manières les plus efficaces de contenir son feu intérieur, cette bête éternellement inassouvie.

Ainsi nu et cambré, ses muscles saillants, Paul se sentait puissant, plus grand que nature. Il contracta méthodiquement les abdominaux, puis les pectoraux, savourant l'image que le miroir lui renvoyait de lui-même.

Au meilleur de sa forme.

Dans une vie qui ne lui apportait aucune saveur.

C'était la cruelle vérité, et son paradoxe personnel : plus les années passaient et plus il voyageait aux quatre coins du monde, plus il peinait à trouver la moindre excitation dans son quotidien.

Paul pouvait le voir sur son visage. Son expression fermée, amère.

Frustration.

Dépression.

Ses brefs instants de répit étaient toujours de courte durée. Paul avait besoin de vibrer en permanence. Il lui fallait se sentir en danger pour exister, pour oublier la fadeur du monde.

De la colère maintenant.

Comme souvent. Si souvent.

Le feu, inassouvi. Réclamant de l'attention.

Paul serra le poing droit. Son biceps se redressa, se durcit. Paul s'imagina au cœur de l'action. La sueur. La poursuite. Les coups…

Si seulement il pouvait y retourner. Tout de suite. Aller au contact avec détermination et…

La sonnerie de son téléphone interrompit ses pensées. Sur l'écran, il reconnut l'indicatif du Portugal.

Curieux, Paul effleura l'icône pour accepter l'appel et plaça l'appareil contre son oreille, attendant que l'interlocuteur se présente.

Il reconnut instantanément la voix dans l'écouteur. Ce timbre le ramena brutalement en arrière, et avec lui surgissaient des dizaines de questions. Il n'aurait jamais dû entendre cette voix à nouveau. C'était bien ce qu'ils avaient décidé. Il s'agissait de la règle absolue quand il effectuait ce genre de service. Cependant, il écouta attentivement.

Il finit par demander :

— En quoi ça me concerne, ces histoires ?

L'explication lui fut donnée. Elle fut brève, mais suffisamment détaillée pour qu'il ressente le besoin de s'asseoir sur le lit. Paul regarda par la fenêtre. La silhouette de la tour Eiffel se découpait sur un ciel anthracite.

— Tu as des preuves de ce que tu avances ? Que c'est aussi grave que ça ?

Davantage d'explications.

— Très bien.

Paul ferma les yeux.

— Dans ces conditions, évidemment que je suis d'accord.

Il raccrocha sans autre formalité.

Quand il se redressa, il fit de nouveau face au miroir. Contempla sa silhouette bronzée et parfaite. Il constata que cette discussion avait suffi à modifier les traits de son visage. Une esquisse de sourire. Un éclat au fond de ses yeux. Il sentit son cœur battre plus vite.

Là.

L'excitation.

Elle revenait.

On venait de lui proposer un défi inattendu. Auquel il n'aurait jamais pensé.

C'était un pari insensé. Dangereux, même.

Mais cela convenait au feu en lui. C'était exactement tout ce dont le feu avait besoin.

Il contracta ses abdominaux à nouveau. Son ventre se creusa de carrés magnifiques. Il serra les mâchoires en se regardant droit dans les yeux.

Puissant.

Imbattable.

— Donc elles sont quatre, murmura-t-il à son reflet.

Il gonfla ses pectoraux, ses biceps. Il serra les poings. Les veines se dessinèrent sur ses avant-bras. Son cœur accéléra tellement ses pulsations qu'il en devint assourdissant.

La frustration se mua en impatience.

La dépression en jubilation.

Comme souvent depuis qu'il avait cessé de prendre ses médicaments.

25

Évidemment qu'elle finirait par savoir.

S'il y avait une qualité que Farrah Duhamel possédait, plus chevillée au corps que toute autre, c'était la détermination. Après la perte de son œil, après être passée si près d'une mise à mort qui la glaçait encore d'effroi chaque fois qu'elle y repensait, elle s'était juré que plus personne ne lèverait jamais la main sur elle, mais pas seulement. Plus personne ne la *tromperait*. Plus personne ne lui *dirait quoi faire*. Plus personne ne lui *mentirait*.

Farrah travaillait dans l'immobilier de prestige. Une activité dans laquelle elle débutait encore, mais qui l'amenait à voyager sans cesse, y compris hors de la Côte d'Azur. De rendez-vous en terrasses d'hôtels de luxe à des évaluations de résidences de riches industriels, son quotidien consistait à séduire et à convaincre. Convaincre de négocier. Convaincre d'acheter. Elle savait se servir de son sourire, tant pis si aucun des nigauds pleins de fric avec qui elle faisait affaire ne pouvait comprendre que la superbe jeune femme n'était qu'apparence et rancœur.

Elle profita d'un de ses déplacements pour visiter le village d'Espalion, perdu entre les rives du Lot et les denses forêts aveyronnaises. Les effectifs de la gendarmerie y étaient réduits. Farrah n'eut aucune difficulté à apprendre qui était présent durant cette nuit d'été 2017, lors de la découverte de la « ferme de l'horreur », ainsi que l'avait surnommée la presse. Elle croisa certains de ces hommes, s'arrangea pour parler à l'un et l'autre, au détour de commerces, de rencontres opportunes. Elle comprit qu'elle n'apprendrait rien de leur côté, avant de trouver son point d'entrée idéal.

Benoît Lescuyer était son nom. Trente-sept ans. Un bien brave type, de l'avis unanime de ses ex-camarades, si ce n'est que ses problèmes de dépression et d'alcoolisme l'avaient déjà sérieusement abîmé. Il avait fait partie de la cellule chargée de s'occuper de l'affaire, à l'époque, avant de devoir effectuer un séjour en désintoxication et, surtout, l'homme s'était retrouvé muté à Rodez en toute discrétion, relégué depuis près de quatre ans à du travail exclusivement administratif. *Placard*, si on devait employer le terme exact.

Farrah ne prépara pas outre mesure sa tentative pour le rencontrer. Elle savait s'y prendre. Elle n'avait eu aucun mal à localiser son logement de fonction à quelques centaines de mètres de la caserne Béteille. Le vendredi soir venu, le gendarme sortit seul pour aller boire un verre. Farrah put constater qu'il était bien tel qu'on le lui avait décrit. Début d'embonpoint, calvitie avancée, paupières rougies et sourire sympathique dans lequel, pour peu qu'on sache observer, on pouvait deviner la tristesse mal dissimulée. Une cible facile. Farrah le suivit dans les rues piétonnes jusqu'à une brasserie qui s'annonçait également comme café-brocante. Dès l'instant où la jeune femme avait poussé la porte de l'établissement, moulée dans une petite robe courte couleur crème et ses cheveux frisés tombant sur ses épaules délicates, Lescuyer n'avait eu d'yeux que pour elle. Il était venu lui parler, tout comme elle le voulait, lui demandant si elle était seule. Il lui avait proposé un verre. Elle avait choisi son cocktail préféré. Lynchburg Lemonade. Tout s'était déroulé comme elle l'avait prévu. Farrah laissa le gendarme lui expliquer son métier, joua les groupies fascinées par l'uniforme. Elle gloussait abondamment au moindre de ses traits d'humour. Temps du deuxième verre. Ils migrèrent du bar à une banquette. Musique lounge agréable, murs rouges, décor cosy ajouré d'étagères, de livres et de vieux disques… Farrah devait le reconnaître, l'endroit était à des lieues des tripots minables dans lesquels elle avait imaginé les soirées du bonhomme.

— Tu n'enlèves jamais tes lunettes ? avait-il fini par lui demander alors qu'il déposait devant elle son troisième Lynchburg de la soirée.

— Tu me trouverais moche, si tu me voyais telle que je suis vraiment.

— Tu ne serais pas en train de te moquer de moi, surtout ? Je parie que tu es mannequin. T'es ici incognito, avoue.

— On n'est pas encore assez intimes pour que je te dise tout ça, avait-elle avancé, son sourire empli de sous-entendus.

Suçotement de sa paille, jusqu'à ce que l'homme frémisse de manière perceptible. Elle recentra la conversation sur sa priorité :

— Reparle-moi plutôt de ton travail, toi, Benoît. Tu dois en voir, de ces choses…

Gonflement de torse. Gorgée de bière brune.

— Quinze ans sur le terrain. T'as pas idée des affaires sur lesquelles j'ai travaillé. De quoi ôter le sommeil à des gens ordinaires.

Suçotement plus intense. Elle tripota ses cheveux avec une lenteur calculée.

— Rien de pire que ce qui s'est passé à Espalion, quand même ? J'avais suivi l'histoire à la télé, à l'époque. Un truc de dingue, cette ferme de l'horreur.

Le regard de Lescuyer s'était illuminé. Là encore, comme elle l'avait anticipé.

— De toi à moi, laisse-moi te dire que la télé n'a pas raconté la moitié de l'histoire. La vérité est bien plus sordide.

— Vraiment ?

— J'en sais quelque chose, j'étais sur l'enquête ! C'est même moi qui ai auditionné la survivante, la nuit où elle s'est enfuie. Elle a débarqué à la brigade en plein orage, trempée jusqu'aux os et dans un de ces états, la pauvre ! Toutes ces horreurs se sont déroulées juste à côté de nous, pendant si longtemps. Ça me fait encore mal au cœur rien que d'y repenser, tiens.

— La survivante ? avait demandé Farrah en se penchant vers lui, pour qu'il puisse respirer son parfum *Rose Absolue*. Parle-moi donc de cette survivante.

26

À voix basse, collés épaule contre épaule sur la banquette de la brasserie qui se vidait peu à peu, Lescuyer lui avait confié tout ce dont il avait été témoin. Il racontait les faits tantôt avec une fierté amusante, à croire qu'il avait porté la brigade de recherche tout entière à bout de bras, tantôt avec une plus grande nervosité et le regard égaré des personnes qui, quoi qu'elles en disent, en ont trop vu, de trop près, et resteront hantées à vie par leurs expériences. Il n'était pas vraiment autorisé à communiquer ce genre de détails à n'importe qui, crut-il utile de préciser. Mais comment résister à une telle beauté, à cette robe affolante et cet irrésistible mystère derrière les lunettes noires ? Le sourire fasciné de Farrah donnait l'impression au petit gendarme rondouillard d'être l'homme le plus important de la terre, n'était-ce pas bien tout ce qui comptait en cet instant ?

Il lui avait donc décrit l'arrivée de Kate Morrigane à la brigade d'Espalion, au beau milieu de la nuit. Tout le sang et la merde de porcs encore incrustés dans ses vêtements et ses cheveux, en dépit de la pluie qu'elle avait traversée. Tous ses propos à peine cohérents qu'il avait recueillis pour le procès-verbal. Toutes les péripéties de la perquisition de la ferme à cochons, toute la confusion et la difficulté de rassembler les bêtes éparpillées dans la nature, et bien sûr la découverte de fragments de corps disséminés sur les lieux. Des faits que Farrah connaissait déjà, mais que Benoît Lescuyer, les yeux emplis d'étoiles et d'alcool, lui narrait avec une candeur presque touchante, soulignant qu'il tenait ses informations de première main, car il les avait vécues en direct. Il avait travaillé sur le recensement des traces biologiques. La moindre analyse lui était passée entre les mains pour qu'il la verse au dossier. Comme tout le monde le savait maintenant, l'enquête s'était avérée bien plus compliquée qu'elle ne l'aurait dû, les animaux avaient fait le ménage et, pour le reste, l'acidité de la terre avait déjà contribué à effacer la plus grande partie des preuves. Cependant, le gendarme demeurait catégorique sur une chose, qu'il était semble-t-il le seul à avoir remarquée : ce qu'ils avaient découvert dans la ferme de Raphaël Mazars ne confirmait que partiellement – et quelque peu étonnamment – le récit que lui avait fait Kate.

— Vraiment ? Elle n'aurait pas dit toute la vérité ?

— Intuition d'homme, ma beauté. Le flair, si tu préfères. Enfin, je dois garder tout ça pour moi, malheureusement. L'affaire est débranchée depuis longtemps. Sur le moment, j'ai pourtant bien essayé d'en référer à mes supérieurs, mais ces cons m'ont fait comprendre qu'il valait mieux laisser tomber.

— Je ne comprends pas. Ils ne t'ont pas laissé faire ton travail ?

Un flottement. Regard tout à coup fuyant.

— Bon, faut dire que je traversais une séparation un peu compliquée. Je n'étais pas le mieux vu dans la brigade pour me la ramener avec des théories.

Farrah avait simplement continué de sourire. Là encore, elle était déjà parfaitement au courant du peu d'estime que sa hiérarchie portait au garçon, de son problème de boisson et du coup de frein brutal mis à sa carrière. Elle comprenait qu'il n'ait pas envie de s'en vanter devant elle.

— Une séparation qui s'est bien finie, j'espère ?

— Pas vraiment, non. Mais c'est loin tout ça, il faut savoir enterrer le passé, n'est-ce pas ?

— Voilà des mots de sagesse, avait-elle approuvé en lui présentant son verre pour trinquer.

Quand il avait tenu à commander encore, « le dernier, promis », elle l'avait laissé faire, non sans un certain amusement. En échange, minauda-t-elle en feignant une ébriété qu'elle était loin de ressentir, elle voulait en savoir plus sur cette histoire. Elle voulait comprendre ce qu'il voulait dire quand il évoquait son « intuition d'homme », ou quand il sous-entendait que sa hiérarchie n'avait rien voulu savoir. Elle trouvait cette histoire si passionnante, il lui en fallait plus.

Lescuyer avait approché ses doigts de ceux de Farrah, et la jeune femme lui avait saisi la main. Aucune hésitation. Leurs doigts avaient joué. Encouragement silencieux. L'homme s'était livré.

Il était entendu qu'il ne pouvait prouver la moindre de ses suppositions. Aucune enquête ne serait jamais menée en l'absence de nouveaux éléments et après tout ce temps. Quand bien même, personne ne lui ôterait de l'esprit que Kate Morrigane avait, au mieux, omis certains événements dans sa déposition. Si elle s'était bien battue, et il n'y avait aucun doute sur ce point, ce n'était pas uniquement avec Mazars. L'examen clinique réalisé par le médecin comme les retours des prélèvements biologiques, tout attestait la présence de l'ADN des autres victimes partout sur elle, sous ses ongles et sur ses dents. Au fond de lui, Lescuyer *savait* ce que la jeune femme avait commis. Il ne se l'expliquait pas, sur pression de sa hiérarchie il n'avait pas été autorisé à creuser cette piste, mais il n'en démordrait jamais, c'était ainsi.

Finalement, Farrah se rendit compte que ce gendarme à l'air si gentil, avec ses joues roses, n'était pas si naïf qu'il le semblait.

Pas aussi inintéressant qu'il lui avait paru au premier coup d'œil.

— Quoi qu'il en soit, avait-il achevé en finissant sa pinte, ça ne change pas grand-chose à ce qu'elle a subi, la pauvre.

Farrah afficha un sourire pensif.

— Peut-être pas, non. Peut-être pas.

À cet instant, elle s'était dit qu'elle aurait de sérieuses choses à mettre au point avec Kate. Mais ce serait plus tard. Quand elle aurait eu le temps de réfléchir, d'absorber tout ce qu'elle venait d'apprendre. Dans l'instant présent… elle avait obtenu tout ce qu'elle désirait, n'est-ce pas ? À son tour, elle avait achevé les dernières gouttes de son cocktail Lynchburg au goût de bonbon, mi-sucré, mi-acidulé, à l'image des pensées qui s'agitaient en elle.

Le gendarme s'était rapproché gauchement.

C'est elle qui l'avait embrassé la première.

Cela faisait plus de deux ans que Farrah n'avait couché avec personne. Pas même le moindre baiser, pas depuis la perte de son œil et la trajectoire chaotique qu'avait pris sa vie. Elle avait fini par – presque – s'habituer à cette abstinence subie plus que désirée. Elle n'aurait su dire pourquoi elle avait fait ça cette nuit-là, avec cet homme pas si beau, plus si jeune, et bien éméché. Pourquoi elle l'avait suivi chez lui, pourquoi elle avait fait l'amour avec lui. Pourquoi elle s'était surprise à *apprécier* cette situation absurde.

Ou enfin, peut-être que si.

Farrah ne peut pas nier qu'elle y avait réfléchi, en son for intérieur. Elle aimait ce sentiment de contrôle-là. Cette sécurité-là. Benoît Lescuyer lui avait été dévoué corps et âme dès le premier regard, elle l'avait senti, et cela l'avait emplie d'un sentiment rassurant. Quand elle avait enfin baissé ses lunettes et qu'il avait vu la pellicule blanchâtre sur son œil, ses cicatrices, il n'avait pas froncé les sourcils, pas reculé. Plus tard, alors qu'ils roulaient en s'embrassant dans son lit, il avait gémi de bonheur en parcourant son corps soyeux et effilé, lui avait murmuré combien elle était belle et combien il avait de la chance qu'elle soit là entre ses bras.

Cela suffisait à Farrah.

Pour le moment.

Quand elle se réveilla le lendemain matin, étonnée elle-même d'être restée jusque-là, elle découvrit Lescuyer au seuil de la chambre, les cheveux ébouriffés et l'air radieux, un plateau avec deux cafés dans les mains.

La réalité revenait, un peu brutalement.

Après ce qu'elles avaient commis au Portugal, Kate leur avait fait promettre de ne jamais, *jamais* entrer en contact avec les forces de l'ordre, sous quelque prétexte que ce soit. Farrah avait juré qu'elle s'y tiendrait. Mais Kate lui avait quant à elle juré qu'elle ne mentait pas sur sa propre histoire. Qu'elle n'avait pas assassiné des innocentes de ses propres mains.

— Dis-moi, Benoît…

— Oui, beauté ?

Farrah s'était enroulée dans les draps qui sentaient le sexe.

— Je pensais… Tu as accès aux dossiers des personnes condamnées, non ?

Le gendarme avait déposé le plateau sur le lit.

— Tu es encore sur ces histoires ? Mon Dieu…

Il prit place à côté de Farrah, tout sourire et tout attendri. Il n'était vêtu que d'un caleçon et rentrait consciencieusement le ventre, même si cela ne dissimulait en rien ses kilos en trop. Une expression d'une incrédulité un peu enfantine se peignait sur son visage tant il semblait, encore maintenant, fasciné par ce corps à la beauté magnétique allongé devant lui.

— Tu veux parler du TAJ ? Le fichier de Traitement d'antécédents judiciaires, pour être précis. C'est une base de données où on enregistre toutes les informations sur les personnes mises en cause, pour tous les crimes et délits auxquels tu pourrais penser. Les greffes des tribunaux s'en servent et l'alimentent pour le suivi des procédures, ils ont leur propre application pour ça. Donc oui, bien sûr que j'y ai accès, dans le cadre des enquêtes en cours.

Farrah se tordit un peu plus dans les draps. Courbes félines.

— Et en dehors d'une enquête en cours ?

Le gendarme caressa le galbe parfait de ses fesses.

— En vrai ? Notre hiérarchie ne contrôle rien. On a déjà du mal à obtenir des stylos, alors, tu t'imagines bien, je fais un peu ce que je veux dans mon bureau. Pourquoi tu me demandes ça ? Il y a quelque chose en particulier que tu aimerais savoir ?

Farrah avait souri. Elle s'était redressée, avait déposé un baiser sur son épaule.

— Peut-être bien.

Lescuyer lui avait caressé les cheveux avec une tendresse infinie.

— Ça aurait un rapport avec ton œil ?

Décidément moins naïf que son apparence et ses grandes tirades prétentieuses.

Farrah l'avait longuement fixé, puisant dans son courage pour trouver les mots.

— Je vais te raconter une histoire, Benoît…

27

Nice,
Juin 2020
(trois ans auparavant)

Dans les souvenirs de Farrah...

Les mains de son petit ami autour de sa gorge, tandis qu'il la frappait contre le mur. Les cris de rage de cet homme. Elle n'était qu'une traînée, il en était convaincu, quoi qu'elle prétende pour sa défense. Toujours à allumer tout le monde, à ne lui parler que de son foutu boulot de représentante au lieu de penser à lui, de s'occuper de lui, de faire ce qu'il lui demandait. Mais elle allait crever. Oui, il allait se la faire, ici et maintenant, pour toutes les autres fois où elle lui avait fait honte.

Éric Gilard. L'homme à qui elle avait tout donné, toujours tout pardonné. Cette affreuse nuit-là, elle était passée près de la mort, oui, mais depuis combien d'années avait-elle supporté les brimades, les coups, tous les ouragans de violence surgis de nulle part ?

Éric était si beau, pourtant. Toujours si propre sur lui, si poli quand il parlait aux voisins. Et même quand ses crises de colère étaient passées, quand il s'excusait, il avait l'air si sincère et si penaud que Farrah ne pouvait pas vraiment lui en vouloir. Elle se persuadait qu'elle devrait avoir honte de le juger, que ce serait la dernière fois, forcément.

Quand ils s'étaient connus, ils avaient à peine vingt ans. Éric travaillait comme agent de sécurité au centre Carrefour

Tnl. Farrah était encore en BTS professions immobilières. Jusqu'au jour où Éric s'était fait licencier pour suspicion de vol dans les stocks. Depuis deux ans, il ne passait plus ses journées que vautré sur le canapé, à se défoncer, à jouer aux jeux vidéo et à se plaindre du monde entier. Les substances qu'il consommait lui étaient gracieusement fournies par ses deux plus vieux amis d'enfance, Djibril et Kaïs, qui avaient depuis un moment déjà intégré le réseau de deal du quartier. De fil en aiguille, fatalement, Éric avait fini par s'y joindre lui aussi. Il conservait des stocks de marchandise dans le faux plafond de la salle de bains. *Nourrice.* Trois fois rien, quand on y réfléchissait, mais surtout, un « travail » qui permettait de survivre plus que correctement dans la cité. D'ailleurs, Éric était de moins en moins capable de comprendre pourquoi Farrah s'accrochait à son emploi dans une minuscule boîte immobilière, qu'il jugeait inutile. Surtout que la jeune femme gagnait peu à peu en responsabilités, elle rentrait plus tard le soir, et *ça*, cela commençait à devenir inacceptable pour Éric, comme il savait le lui montrer avec sa brutalité toujours soudaine et vicieuse.

Jusqu'au jour où, comme cela devait finir par arriver, sous l'emprise d'un produit mal coupé, il s'en était pris à sa compagne avec plus de violence que d'ordinaire. Habituellement, après quelques bonnes gifles, après l'avoir poussée plusieurs fois contre les étagères et avoir envoyé voler une grande partie de ses bibelots hideux de gonzesse, il l'abandonnait en pleurs sur le sol et s'en retournait à sa console de jeux et à ses traces de poudre sur la table basse. Pas cette fois. Cette fois, il était pris d'une frénésie inédite. Il était possédé, il hurlait à Farrah qu'elle n'était qu'une pute et une traîtresse. Et les cris et les pleurs de Farrah, qui lui jurait sur sa vie qu'il se trompait, qu'elle travaillait tard parce qu'elle voulait évoluer dans son travail, ne changeaient rien aux coups qui pleuvaient sur elle. De quel droit s'imaginait-elle *évoluer* ? Elle voulait le *quitter*, c'était donc ça, comme il l'avait toujours prédit ?

Éric avait saisi un couteau de cuisine. Il avait vociféré qu'elle l'avait cherché, que cette fois il allait l'égorger pour de bon. Elle s'était dégagée au tout dernier moment. La lame du couteau n'avait pas atteint sa gorge, mais avait bien touché son œil, tranchant au passage, une incision nette, profonde, un gouffre de douleur intense.

Lacération de la cornée. Farrah n'avait jamais ressenti pire souffrance de sa vie. L'espace d'un instant, elle était devenue aveugle, s'était peut-être même évanouie, avant que la réalité revienne, floue et en noir et blanc, et que Farrah comprenne qu'elle était allongée sur le sol, du sang plein le visage.

Djibril et Kaïs avaient fait irruption à ce moment-là.

Un instant, comme une imbécile, Farrah s'était imaginé qu'ils venaient la sauver.

Son homme, son Éric, avait aboyé à ses acolytes qu'il ne voulait plus de cette traînée chez lui. Qu'elle était même une pute à flic, qui pouvait savoir. Ils n'avaient qu'à l'emmener avec eux, en faire ce qu'ils voulaient tant qu'ils s'en débarrassaient, qu'il ne la revoyait plus de sa vie.

Hurlant au secours à s'en déchirer les cordes vocales, Farrah avait été entraînée par les deux sbires goguenards, tout aussi chargés de produits que l'était Éric. Ses cris désespérés avaient résonné dans le silence absolu des couloirs de la cité, devant les volets fermés et les têtes baissées des guetteurs.

Elle était seule.

À jamais.

Djibril et Kaïs l'avaient traînée jusqu'à l'épave d'une voiture, au fond du parking. Ils l'avaient plaquée contre la carrosserie défoncée.

— On va bien te baiser ! lui avait promis Djibril en lui arrachant la manche de son chemisier.

— Et après on va te faire un barbecue ! avait ajouté Kaïs. Ça apprendra le respect aux autres !

Farrah se vit déjà enfermée dans le coffre du véhicule abandonné. L'essence, les flammes, la mort atroce. C'était un genre d'exécution redevenu très à la mode depuis que les guerres de territoires de deal avaient repris. La police venait souvent dans le quartier à cause de ces incendies, menait ses investigations, sans jamais être en mesure d'identifier un seul suspect.

Le chemisier en lambeaux, la jupe baissée, la douleur infernale dévorant son œil gauche, Farrah s'était crue morte. Tout au fond d'elle, elle *était* morte.

Elle avait cessé de lutter.

Quand subitement des invectives viriles s'étaient élevées dans leurs dos.

L'homme avait plus de soixante ans. Farrah ignorait son nom, elle savait juste qu'il travaillait dans la boulangerie du quartier. Il avait surgi pour s'interposer. Une matraque à la main, il vociférait qu'il allait appeler les flics s'ils ne lâchaient pas leur victime tout de suite.

L'hostilité des deux dealers s'était instantanément reportée sur le nouveau venu. Ils avaient foncé sur lui, l'avaient désarmé sans la moindre difficulté avant de le tabasser avec sa propre matraque. Ils avaient laissé le vieil homme pour mort sur le parking tout en se marrant comme des hyènes.

Heureusement pour Farrah, ils étaient trop bêtes pour penser à surveiller leur victime initiale. Elle s'était enfuie, avait couru le plus vite de sa vie, jusqu'aux portes du CHU où elle avait perdu connaissance sitôt atteint l'accueil des urgences.

Quand elle s'était réveillée, on lui avait annoncé la perte définitive de son œil.

Elle avait porté plainte à la police, bien sûr.

Une enquête avait été ouverte. « Avec la plus grande fermeté », entendit-elle souligner un ministre à l'air très motivé, l'unique fois où l'affaire avait été évoquée dans les médias. « La lutte contre les violences faites aux femmes est, et restera, une priorité du gouvernement. » Voilà les mots exacts qui avaient été prononcés.

Les faits avaient eu lieu deux ans auparavant. *La plus grande fermeté ?* Son ex-petit ami n'était même pas encore passé en jugement pour tentative de féminicide. *Calendrier judiciaire surchargé. Audiences reportées.* On avait simplement placé Éric sous contrôle judiciaire strict, assorti de diverses obligations plus ou moins absurdes qui ne changeaient en définitive rien à la vie du jeune homme. Quant à ses deux camarades, ils avaient bien été écroués pour la tentative de meurtre sur le vieil homme. Les faits avaient été requalifiés en violences aggravées pour une réponse judiciaire plus rapide. Comparution immédiate au terme de leur garde à vue, procès expédié en une journée, au vu de « la sauvagerie inacceptable des actes » selon les termes du préfet lui-même. Prison ferme prononcée par le juge. « Un exemple bienvenu, afin de montrer que la barbarie n'a pas sa place dans notre société », avaient applaudi les spécialistes des plateaux de télévision. En tout et pour tout, Djibril et Kaïs avaient effectué seize mois derrière les barreaux avant d'être équipés de beaux bracelets électroniques et renvoyés bien au chaud dans leur cité, où ils avaient dû retrouver leur « emploi » dans le réseau. Un bien bel exemple, en effet.

Farrah, pour sa part, avait déménagé à Toulon dès sa sortie d'hôpital. Elle s'était trouvé un bien meilleur poste, spécialisé dans les biens haut de gamme, qui lui offrait davantage de responsabilités. Alors que la crise immobilière mettait à genoux les petites agences, jamais le business des villas de luxe ne s'était aussi bien porté. Farrah devait parfois revenir dans les environs de Nice pour évaluer des propriétés d'exception avec leur vue imprenable, mais elle n'avait jamais osé s'aventurer près de son ancien quartier.

Il était temps que cela change.

28

Carcassonne,
Mars 2022

Le visage de Kate avait perdu toute couleur. La thérapeute crispait les mains sur son bureau. Elle luttait pour conserver un calme de façade et cela se voyait. Même avec un seul œil.

— Qu'est-ce que tu cherches, Farrah ? Tu veux toutes nous envoyer en prison ? Parce que c'est là qu'on finira, si tu te confies à un flic.

— Gendarme. Ne panique pas comme ça, je ne lui ai raconté que des choses publiques. Il les aurait très probablement découvertes par lui-même. C'est bien toi qui nous as encouragées à dire la vérité, à ne rien garder sur le cœur, non ?

Farrah s'était installée sur le fauteuil tout au bout de la pièce. Elle recroisa ses jambes gainées de collants et lissa consciencieusement sa jupe. Elle était arrivée sans prévenir. Elle avait sonné, Isaac Bloch lui avait demandé si elle avait rendez-vous. Farrah lui avait expliqué qu'elle était une amie de Kate. Isaac l'avait laissée entrer.

— Bon sang, Farrah, nous étions toutes d'accord ! Parler de nos histoires aux forces de l'ordre, après ce que nous avons fait au Portugal…

Kate était tellement sur la défensive qu'elle en transpirait à grosses gouttes. Cela arracha un sourire à Farrah.

— Je suis venue parler de ce que tu as fait, justement. Ce sur quoi tu nous as menti.

Kate se leva, explosant.

— Mais je ne vous ai *pas* menti ! J'ai créé ce groupe pour que chacune d'entre nous puisse s'exprimer comme elle en ressentait le besoin, justement ! QUAND elle s'en jugeait capable !

Farrah inspira. La pièce vide entre elles semblait plus vaste qu'elle ne l'avait jamais été.

— Je t'avais posé la question, dans l'avion. Tu m'as menti, Kate. J'ai insisté, et tu as continué à me mentir, les yeux dans les yeux. Il ne s'agit pas d'une simple omission dans ton histoire. Tu as assassiné deux sœurs de captivité.

— Seulement Juliette, répliqua Kate. Elle venait de tuer Alya de ses mains. Mazars nous a forcées à devenir comme des bêtes. C'était de la légitime défense.

— Tu es douée avec les mots, hein ?

Kate regarda au plafond pendant quelques instants. Elle était si pâle qu'elle semblait sur le point de s'évanouir. Elle reprit place derrière le bureau.

— Je te jure que c'est la vérité, Farrah. Si je ne m'étais pas défendue, je serais morte. Tu crois que ça ne me hante pas ? J'y pense tous les jours. Je ne voulais pas tuer cette fille. Je n'aurais jamais *dû* la tuer. J'aimerais tellement pouvoir remonter le temps. Trouver une autre solution…

Farrah se rencogna dans le fauteuil.

— Tu nous as tellement rabâché qu'ici, entre nous, on n'aurait plus à redouter les mensonges et l'hypocrisie. En fin de compte, c'est du flan, comme toujours. Si la situation se reproduisait, tu referais la même chose, Kate.

— Mais bien sûr que non ! Jamais plus je ne ferai du mal à une victime comme moi, comme nous…

— Même pas pour sauver ta vie ?

— Plus *jamais*, Farrah.

Les cheveux de la jeune femme à la peau sombre retombaient devant ses lunettes noires. Elle les plaça derrière son oreille avec délicatesse, son expression toujours figée, ses mâchoires contractées.

— Encore une fois, je vais devoir faire semblant de te croire, Kate.

Kate la dévisagea d'un air désespéré.

— Puis-je au moins avoir ta parole que tu n'en parleras pas aux autres ? C'est mon histoire, je veux pouvoir leur raconter moi-même.

— Tu es lâche à ce point ?

— Je te le demande, Farrah. Ne m'oblige pas à te supplier.

Hochement de tête.

— J'attendrai. Si j'ai ta promesse.

— Merci, souffla Kate.

— En échange, sache que je compte revoir Benoît.

Une pause.

La gêne, le ressentiment, saturant l'air jusqu'à le rendre irrespirable.

— Ton gendarme ?

— Oui.

Kate se prit la tête dans les mains.

— Mon Dieu, Farrah ! Tu veux vraiment jouer avec nos vies ? Tu ne peux pas comprendre une chose aussi simple ?

— Selon toi, Kate. Selon tes angoisses personnelles.

— Non ! C'est du bon sens, putain !

Farrah soupira.

— Reste polie, s'il te plaît. Je le suis avec toi, et je crois qu'au vu des circonstances c'est surtout à toi de faire le point avec ta conscience, plutôt que de donner des conseils de bon sens aux autres.

Kate la fusilla du regard. Farrah croisa les bras avant de reprendre :

— Tu veux une preuve que personne ne se soucie de nous ? As-tu entendu reparler de l'histoire de la ferme au Portugal ?

— Quoi ?

— Quelqu'un a-t-il cherché à savoir, Kate ? Cheryl a-t-elle trouvé *quoi que ce soit* au sujet de ce que nous avons fait ? Tu as assassiné un homme. Tu lui as tiré plusieurs cartouches en pleine tête et tu l'as donné à manger à ses cochons. Cela fait des mois maintenant. Il aurait dû y avoir une enquête, quelque chose, non ?

Nouvelle pause.

Nouvel affrontement silencieux.

— Non, consentit enfin Kate. Il n'y a rien eu du tout.

— Tu vois ? Personne n'a cherché à savoir.

— Parce que nous avons eu de la chance. C'était à l'étranger. Nous n'avons laissé aucune trace.

— Je t'accorde une chose. Tu as eu de la chance. Tu as retrouvé ton bourreau sur le Net, c'était le hasard le plus total.

— Un signe du destin, approuva Kate. C'est comme ça que je l'ai vu.

— Je suis d'accord sur ce point aussi.

— Alors ?

— Alors, cette chance ne se reproduira pas toute seule. Pour la suite, nous devons agir.

— La suite… murmura Kate.

Farrah s'humecta les lèvres.

— Il reste les autres salopards. Les *nôtres*.

— Je t'écoute.

— C'est un domaine dans lequel Benoît nous sera utile. Il peut consulter les dossiers des individus condamnés. Nous avons commencé pour toi, Kate. Nous allons continuer pour nous. Pour nous toutes. Nous sommes d'accord sur ce point, non ?

Kate était restée immobile un long moment. Plongée dans des pensées visiblement peu agréables. Le groupe n'avait encore jamais abordé le sujet. Pourtant, elles le savaient déjà toutes. Évidemment, que ce qu'elles avaient fait n'était que le début. Que cela ne pourrait pas s'achever tant que le moindre des porcs qui leur avait fait du mal était encore de ce monde.

Elle avait fini par capituler. Elle avait parlé à voix basse :

— En effet, nous sommes d'accord. Mais Cheryl est parfaitement capable de récupérer toutes les informations nécessaires.

— Tu es bien sûre de ça ?

Kate fronça les sourcils.

— Pourquoi en douterais-je ? Elle sait s'infiltrer partout. Tu as bien vu comment elle a localisé Mazars.

— Elle s'est contentée de trouver une adresse. Sans remettre en question les compétences de Cheryl, pourquoi n'a-t-elle pas été capable de te percer à jour, à ton avis ?

— Tu me perds. Va droit au but, Farrah.

— Ce que j'essaie de te faire comprendre, c'est que l'informatique ne résout pas tout. Parce que tous les détails ne sont pas toujours consignés dans les rapports. Parfois, c'est même le plus important qui n'y figure pas. C'est là qu'une vraie personne devient un atout vital.

Kate secoua la tête.

— Pas un atout. Une faille. Je t'assure que c'est trop risqué de passer par lui pour ce genre de choses.

— Et moi je te dis que c'est non négociable, Kate. On va réunir les filles. Les prochaines ordures dont on va s'occuper, ce sont les miennes. Il y en aura trois, cette fois.

29

Leur deuxième fois avait donc été pour Farrah.

Elle avait été encore plus facile.

C'était arrivé durant la nuit du 12 mai 2022.

Personne ne les avait vues entrer ni repartir de la ville. Cheryl avait étudié chaque caméra de l'agglomération, déterminant leur cheminement précis. Tanya avait fourni l'anesthésique vétérinaire dont elles avaient besoin. Kate s'était chargée de la logistique.

Farrah avait fait le reste.

Elles étaient toutes les quatre déjà loin lorsque, au milieu de la nuit, la police avait retrouvé les corps calcinés de Djibril Mansour et de Kaïs Safi, deux individus bien connus de leurs services et tous deux équipés de bracelets électroniques, enfermés dans le coffre de la BMW appartenant à Kaïs. *Barbecue.* La BMW avait été incendiée et les deux jeunes hommes prisonniers du coffre, eux-mêmes aspergés d'essence, avaient fini fondus l'un contre l'autre, emmêlés, indissociables. C'est à leurs bracelets qu'on avait pu identifier les deux délinquants.

Le lendemain, c'était leur camarade de longue date et associé notoire, Éric Gilard, que les forces de l'ordre avaient découvert à son domicile, attaché sur le canapé avec du Scotch industriel.

La cause de sa mort était des plus évidentes : deux couteaux de cuisine – un pour chacun de ses yeux – enfoncés jusqu'au manche dans son crâne.

On ne trouverait aucune empreinte, aucune trace biologique. Farrah avait pris soin d'asperger tout l'appartement d'eau de javel. Personne dans l'immeuble n'avait rien vu, rien entendu.

« Trafic de stupéfiants : nouveaux règlements de comptes barbares à Nice » avaient annoncé les bandeaux des chaînes d'info. « Énième épisode d'une guerre de territoires entre trafiquants de drogue. » « Nice, la nouvelle Marseille ? » Les plateaux se succédaient. Les spécialistes venaient y commenter le triple assassinat. Les journalistes évoquaient le besoin de retour à l'ordre.

Une minuscule agitation médiatique qui avait duré moins d'une semaine en tout et pour tout. Ensuite, une vague de manifestations contre le président de la République et ses réformes impopulaires avait occupé la totalité du temps d'écran.

Balayant toute autre actualité.

Effaçant des esprits ce qu'elles avaient commis.

Quand elles s'étaient de nouveau réunies, toutes les quatre, dans le cabinet de thérapie, plusieurs semaines avaient passé. Dans la rue, les mobilisations de tous bords criaient toujours leur détestation du gouvernement. Les partis politiques n'étaient pas en reste, s'écharpant à la moindre occasion comme des enfants dans une cour de maternelle. Plus rien d'autre ne comptait, aux yeux des médias, que l'audimat assuré par ce désolant spectacle.

— J'ai fait le tour de tous les sites web, leur confirma Cheryl. La disparition de nos petites ordures n'intéresse personne. Les flics sont bien assez occupés à couvrir leurs propres bavures et il y a déjà trop de colère ailleurs, croyez-moi.

Elle paraissait encore plus mince que d'habitude, dans son pantalon cargo qui dissimulait mal la finesse de ses jambes et son haut échancré à motifs camouflage.

— Tu es sûre que nous ne devons nous inquiéter de rien ? avait insisté Kate, depuis sa place habituelle derrière son bureau, les mains jointes devant elle, la mine sévère.

— De la part de la police, tu veux dire ? Rassure-toi, Kate. J'ai pu jeter un œil sur le serveur de la préfecture, la PJ de Nice a ouvert des dossiers simplement parce qu'elle est obligée de le faire, elle s'en tiendra au minimum syndical. Tout le monde est unanime, c'est un épisode de plus à déplorer dans les guerres des gangs de narcotrafiquants, d'autant plus que, depuis, il y a eu deux fusillades dans le même quartier. Je vous assure que jamais personne ne sera capable de remonter jusqu'à nous.

Les jeunes femmes s'étaient regardées en silence.

Farrah, installée le plus en retrait, jambes croisées, avait laissé tomber l'écran impénétrable de ses lunettes, mais conservait les yeux rivés sur sa nouvelle paire d'escarpins vernis. Il lui avait fallu un moment pour comprendre que sa vue était floue car elle pleurait.

— Les meurtres ne sont jamais punis. Quels qu'ils soient. Les leurs, les nôtres.

— Ce que nous faisons, ce n'est pas des meurtres, ne put s'empêcher de relever Cheryl. C'est de la légitime défense, Farrah.

— J'ai déjà entendu ça quelque part, oui, renvoya-t-elle avec un regard de biais à Kate.

Kate se contenta de s'éclaircir la gorge.

— Comment te sens-tu maintenant ?

Farrah essuya ses joues. *Comment elle se sentait ?* Elle avait l'impression qu'une électricité intérieure parcourait sa peau. Elle était tour à tour saisie de bouffées de chaleur et de difficultés à respirer.

— Je ne sais pas, Kate. J'ai pas la moindre putain d'idée de *comment* je me sens ! Je devrais être soulagée, non ? J'ai enfoncé des lames dans la cervelle de cette raclure de chiottes qui a détruit ma vie. Je l'ai regardé crever exactement comme j'en rêvais. J'ai écouté les hurlements de ses petits copains pendant qu'ils cramaient. Mais c'est comme…

Sa voix se brisait à mesure qu'elle parlait.

— … comme s'ils n'existaient pas vraiment, je n'ai même pas l'impression que c'était *moi* qui faisais ça. Est-ce que ça m'a apporté du plaisir ? De la honte ? Est-ce que ça m'a seulement fait *quelque chose* ?

Un halètement à présent. Davantage de larmes.

— Et vous, hein ? Est-ce que vous dormez bien ? Est-ce que vous vous sentez *mieux*, maintenant que vous avez versé le sang ? Ou est-ce qu'on est toutes vides à ce point à l'intérieur ?

Ses camarades la contemplaient sans oser l'encourager.

— Est-ce que vous aussi, vous vous demandez ce que c'est en train de faire de nous ?

30

Nice,
6 juin 2022

Le capitaine Séverin Léandre aimait prendre son café sur le toit du Méridien, le grand hôtel surplombant la promenade des Anglais et offrant, depuis son rooftop, une vue imprenable sur l'horizon chatoyant de la mer Méditerranée.

Il s'installait confortablement, toujours un peu à l'écart du bar, à un endroit où il pouvait apercevoir les allées et venues de tout le monde. Une déformation professionnelle, caricaturale, Séverin en avait conscience. Tout comme il avait conscience que c'était ce genre de réflexe, précisément, qui lui avait maintes fois sauvé la mise.

Visage serein, il contemplait l'horizon.

Les nuances de bleu huileux à perte de vue.

La baie des Anges scintillant sous le soleil.

À cette heure matinale, il n'y avait pas encore grand monde sur la terrasse. La majorité des clients de l'hôtel s'entassaient pour l'instant dans l'espace de restauration pour le petit déjeuner. Le rooftop ne se remplissait que plus tard, à l'heure de l'apéritif.

Séverin aimait ce qu'il faisait. Comme il aimait sa chemise et sa veste sur mesure, ses chaussures Church's, modèle Diplomat. Il aimait savoir que sa coiffure était impeccable et que les autres hommes le regardaient toujours avec jalousie, qu'elle soit consciente ou non. Cela décuplait son assurance naturelle, déjà formidable. Cela lui donnait encore plus envie de manger le monde à pleines dents.

Il reposa sa tasse de café vide. Un autre client arrivait en contournant la piscine. Cheveux très courts, visage carré, allure athlétique. L'homme était habillé comme un touriste, jean et chemise. Bien coupés toutefois, remarqua Séverin, qui avait l'œil pour ce genre de détails. Il lui adressa un signe de la tête pour se signaler, avant de héler la serveuse à l'air maussade qui attendait au bar.

— Monsieur ? lui demanda-t-elle en s'approchant.

— Je vais reprendre un double espresso. Vous pouvez en apporter un deuxième pour mon ami, s'il vous plaît.

Le nouveau venu arriva devant lui, l'air prudent. Dans son regard brûlait une lumière fiévreuse, que peu de gens devaient déceler, mais que Séverin ne connaissait que trop bien. Et pour cause, il avait ce même feu invisible en lui.

— Bonjour, Paul.

— Bonjour, Séverin.

La voix de l'homme était basse et grave. En harmonie avec son apparence de bodybuilder endimanché. Paul Talabot incarnait les clichés jusqu'au bout, et c'était tant mieux. Séverin afficha un sourire sincère, désigna le fauteuil en plastique blanc face à lui.

— Installe-toi donc, mon vieux. Tu encaisses le décalage horaire ?

— Vol long-courrier Asie, confirma Paul en s'asseyant et en faisant craquer sa nuque. On est arrivés dans la nuit. Mais c'est bon, je ne dors jamais plus de quelques heures. Ça me maintient sur la brèche.

La serveuse revenait déjà avec leurs deux boissons.

— Merci beaucoup, mon petit, lui dit Paul.

Séverin se contenta d'envoyer un clin d'œil à la jeune femme qui repartit avec un sourire poli mais clairement agacé.

— Génération Z, soupira Paul. Je te parie qu'elle préfère les filles.

— Moi j'aime bien les filles qui aiment les filles, commenta Séverin avec un rictus lubrique.

Les deux hommes éclatèrent de rire. Paul but une gorgée de café avant de reprendre, un ton plus bas :

— T'es toujours aussi surprenant, en tout cas.

— Dans quel sens ?

Paul reposa sa tasse, le mouvement générant un frémissement le long de ses biceps galbés. Il dévisageait Séverin des pieds à la tête.

— Tu ressembles tellement pas à un flic, mec.

Séverin épousseta la manche de sa veste de luxe non sans fierté.

— Cher collègue, notre époque a délaissé l'élégance au profit de la médiocrité. Permets-moi de prendre ça comme un compliment.

— C'en était un, ne t'en fais pas. Il ne te manque plus qu'à t'inscrire à une salle de gym et on pourra presque faire quelque chose de toi.

Ils rirent encore. Après quoi Séverin ouvrit sa sacoche en cuir.

— Puisqu'on parle de boulot de flic…

Il sortit trois photos qu'il déposa sur la table. Sur chacun des clichés figurait un jeune homme différent.

— Les trois vainqueurs que tu vois là ont un point commun. On appellera ça un certain manque de bol.

Paul esquissa un sourire entendu.

— Exécutés comme des chiens aux Moulins, tu veux dire ? Tu penses bien que j'ai vu passer ça aux infos. Du beau travail.

— Tout juste. Ils se sont fait dézinguer le même soir, mode vendetta. Du travail de pro. Les collègues de la PJ se sont contentés de tout balancer dans le dossier des guerres de gangs, autant dire qu'ils s'en lavent les mains. Je ne les blâme pas, entendons-nous bien. On nage dans le milieu du deal, pourquoi se prendre la tête avec ces cas sociaux, hein ? Si on ne sait pas ce qu'on cherche, on ne risque pas de trouver.

— Nous, on sait, releva Paul, le regard brillant.

Séverin fit claquer ses doigts.

— Exactement ! En l'occurrence…

Il piocha une dernière photographie dans sa sacoche. Sur celle-ci figurait une très jolie jeune femme à la peau mate et aux cheveux frisés.

— … ils n'ont pas pris en compte le lien entre ces gugusses et la petite dame que voici.

— Quel genre de lien ?

— Elle a été leur victime, à tous les trois. Le tocard sur cette photo-là, d'abord. C'était son petit ami. Il lui a crevé un œil et a failli la tuer.

— Failli ?

— Ce débile a cru malin de la refiler à ses potes, que tu vois ici et là, pour qu'ils s'amusent un peu, l'idée étant qu'ils achèvent la fille quand ils en auraient fini avec elle.

— Dans la cité, c'est ce qu'on appelle un mardi, ironisa Paul.

— Sauf que leur petite fête a tourné court, poursuivit Séverin. Nous avons une sacrée veinarde.

— Une survivante…

— Tu comprends où je veux en venir ?

Paul bomba le torse.

— Et comment ! Ça veut dire qu'on a l'identité d'une autre d'entre elles.

— Tout juste.

Séverin posa l'index sur la photo de la jeune femme.

— Je te présente Farrah Duhamel.

L'éclat sauvage dans le regard de Paul s'intensifia. Il joignit les mains et fit méthodiquement craquer ses articulations.

— Donc, avec Kate Morrigane, ça nous fait deux.

— C'est ça.

— Plus que deux autres à démasquer. Si elles sont bien quatre, comme on le suppose.

Séverin lui décocha un grand sourire.

— Ce n'est qu'une question de temps. Et puisque nous en sommes là, j'ai décidé qu'une nouvelle recrue nous sera bien utile dans l'équipe.

— Tu veux dire qu'on intègre un autre membre ? Le boss est au courant ?

— Évidemment, qu'est-ce que tu crois ? C'est quelqu'un que j'ai formé moi-même, ce dont je ne suis pas peu fier. Je te préviens, ce n'est pas le couteau le plus aiguisé du tiroir, mais plutôt mon couteau suisse à moi. Il suivra les consignes sans jamais discuter, je m'en porte garant.

Il fit un geste amusé de la main.

— D'ailleurs, le voilà justement qui arrive.

L'homme qui traversait le rooftop vers eux était aussi grand qu'il était maigre. Il portait une casquette kaki enfoncée sur son crâne rasé, d'énormes lunettes de soleil et une petite moustache comme un fin trait de crayon sur sa bouche. Il avait beau être vêtu d'une chemise brune à manches longues, ses tatouages verdâtres ne pouvaient pas se manquer, leurs entrelacs émergeaient sur ses mains, remontaient jusque dans son cou et sur ses joues.

— Mon cher Paul, je te présente Grégoire Couture, un collègue de Nantes. Je te le répète, on peut se reposer sur lui. Nous travaillons ensemble depuis un an, en toute confiance.

Paul détailla l'homme des pieds à la tête avant de se lever et de lui serrer virilement la main.

— Eh bien, mes cadets, toi non plus, tu ressembles pas à un flic !

— Il manquerait plus que j'en sois un, tiens !

Ils échangèrent de nouveaux rires entendus avant de héler à nouveau la serveuse.

31

Durant les mois qui suivirent, les quatre jeunes femmes décidèrent de ne plus se voir. Toute communication interrompue.

Cela leur laissait le temps de réfléchir. De déterminer en leur âme et conscience ce qu'elles choisiraient de faire ensuite.

Farrah ne se faisait pas d'illusions à ce sujet. Elles s'étaient débarrassées du bourreau de Kate et ensuite des siens. Ceux de Tanya et de Cheryl étaient encore là. L'un derrière les barreaux et l'autre introuvable, mais là tout de même. Des souvenirs insupportables pour elles, des menaces potentielles pour tant d'autres.

La question ne se posait même pas. Elles ne pouvaient que continuer ce qu'elles avaient commencé.

S'occuper de ces salopards afin qu'eux non plus ne puissent plus jamais faire de victimes.

Farrah n'avait aucun problème avec cette idée. Au contraire, c'était tout ce qu'elle *désirait* vraiment, intensément. Peut-être que cela finirait par supprimer la douleur. Et même si cela n'y changeait rien, elle aurait au moins la satisfaction d'avoir fait *justice*.

Dans l'immédiat, elle était bien forcée de faire profil bas. Autant ne plus y penser. Elle était revenue voir son gendarme, son Benoît, et pour une raison qu'elle avait du mal à s'expliquer, elle s'était sentie bien dans ses bras. Elle aimait son regard d'émerveillement perpétuel sur elle. Elle aimait ses attentions naïves, son physique aux rondeurs rassurantes, sa passion pour les documentaires animaliers insipides. Ils passèrent le week-end au lit, à faire l'amour et à discuter de banalités sur le changement du climat. Ce n'est que le lundi matin que Benoît, après lui avoir apporté le petit déjeuner, lui annonça d'une voix hésitante :

— Je suis au courant de ce qui est arrivé à Nice, tu sais.

Farrah conserva un visage parfaitement neutre, feignant de ne pas comprendre de quoi il voulait parler.

— Que s'est-il passé à Nice ?

Benoît détourna le regard, comme si aborder le sujet et la contempler en même temps était impossible.

— Tu voulais des informations sur ces types. Et moi, je t'ai tout donné, Farrah. Le moindre détail de leurs dossiers. J'ai outrepassé mes habilitations, j'ai violé tous mes serments… Tout ça pour t'impressionner, pour me sentir important…

— Je ne saisis pas…

— Ces hommes sont morts, la coupa-t-il sans la moindre violence dans la voix, mais sans se laisser manipuler pour autant. Ils ont été *assassinés*, Farrah. Tu t'imaginais que je ne m'en rendrais pas compte ?

Farrah déglutit. Sa salive lui semblait s'être muée en béton. En effet, elle avait naïvement espéré ne plus avoir à penser à tout cela.

— D'accord, j'en ai vaguement entendu parler aux informations, avança-t-elle. Ces hommes étaient des dealers, Benoît. Les dealers passent leur temps à se faire la guerre, ils se tuent entre eux. C'est terrible, mais ça arrive presque tous les jours.

Le gendarme tourna enfin le visage vers elle. La détresse dans son regard transperça Farrah plus douloureusement qu'une lame en plein cœur ne l'aurait fait.

— Ne me prends pas pour un idiot, s'il te plaît. Ils n'ont pas fini comme les victimes habituelles des gangs. Un enfant comprendrait ça.

Farrah essaya de lui sourire, comme elle le faisait à longueur de journée, à tout le monde, de sa manière artificielle et séductrice. Pour la première fois, elle n'y parvint pas. Au contraire, à son grand désarroi, elle se sentait se décomposer, tout au fond d'elle.

— Je ne te prends pas pour un idiot, Benoît.

À présent qu'il avait osé ancrer son regard dans le sien, Benoît refusait de le décrocher, et c'était maintenant elle qui luttait pour ne pas détourner les yeux. Il lui répondit :

— Bien sûr que si, Farrah. Depuis le premier soir. C'est pour ça que tu m'as choisi.

— Tu crois que je les ai assassinés ? C'est ça ? Tu crois que je suis…

Elle chercha des mots qu'elle ne trouva pas.

— Comme ces types ? Ces putains de monstres ?

Sa gorge se resserrait. Elle luttait avec chaque syllabe :

— Qu'est-ce que ça change pour toi ?

Benoît lui prit les mains. Son visage demeurait d'une sérénité absolue. Seuls ses yeux luisaient de cette profonde tristesse.

— Farrah, écoute-moi bien. J'ai consulté des dossiers qui ne me concernaient pas. J'ai téléchargé des informations confidentielles sans en avoir le droit. Si pour une raison ou pour une autre mes accès sont contrôlés, même le dernier des guignols fera tout de suite le lien. J'aurai des ennuis, et toi aussi.

— Efface les traces de tes accès, alors.

— Ce n'est malheureusement pas possible. Je me suis connecté à mon ordinateur avec ma carte professionnelle, durant mes heures de service. C'est horodaté, enregistré, vérifiable à tout instant.

— Mais tu m'as dit que tu faisais ce que tu voulais dans ton bureau…

Il sourit. Et la douceur qu'il dégageait perforait Farrah. Elle aurait préféré des injures, des menaces. Pas cette bienveillance accusatrice qui lui retournait l'estomac.

— Je t'ai dit beaucoup de choses, beauté. Il y en a aussi beaucoup que je ne t'ai pas racontées. La vérité, c'est qu'on m'a gentiment placé bien au fond de la caserne avec un intitulé bidon pour m'oublier, et que surtout je ne puisse plus participer à rien. Parce que mes supérieurs aussi, ils me prennent pour le dernier des idiots. Mon seul job, et jusqu'à la fin de ma carrière, se limitera à transmettre les procédures extérieures pour poursuites d'enquêtes. Ça peut aller des vols de voitures au gars qui dépose plainte contre son voisin parce que son mur est trop haut. En d'autres termes, je me contente de faire passer des papiers. Je n'ai pas le dixième des pouvoirs dont je me suis vanté. Si tu m'as vraiment cru, c'est que tu es encore plus bête que moi.

Farrah sentit une larme rouler. Benoît approcha la main, il caressa doucement sa joue pour la sécher.

— Tu vas faire quoi, alors ? murmura-t-elle.

Il ne dit d'abord rien. Il porta ses doigts mouillés des larmes de la jeune femme à ses lèvres, et plissa les yeux comme si lui aussi allait se mettre à pleurer.

— Il n'y a pas de raison pour que ce genre de choses se reproduise, n'est-ce pas ?

L'esprit de Farrah était douloureux. Aspiré par le vide. Par tous les jugements qu'elle avait toujours faits sur les autres.

— Bien sûr que non, Benoît. C'était… un très mauvais rêve. Il est fini maintenant. Il est derrière moi. Ce que j'ai pu faire…

Elle se mordit les lèvres en lui disant :

— Je te jure que ça n'arrivera plus. Plus aucun mauvais rêve comme celui-là.

Il riva longuement son regard dans le sien.

— Il y a une chose que je sais, Farrah. C'est que je ne peux pas me passer de toi. J'ai déjà fait des erreurs que je ne me pardonnerai jamais. Je me suis juré de ne pas les reproduire. *Plus jamais.*

Farrah n'osa rien dire. Le monde lui semblait tourbillonner autour d'elle.

Elle le laissa la prendre dans ses bras, la serrer un peu trop fort. Dans le creux de son oreille, il chuchota :

— Alors *plus jamais* nous n'en parlerons, parce qu'il n'y aura *plus jamais* de raison d'en parler. Et si un jour on me pose des questions, sur ce… *mauvais rêve*, je n'aurai jamais rien su. Vous avez tous raison, je suis un imbécile. Je ne serai jamais capable de deviner quoi que ce soit de moi-même.

Là encore Farrah resta silencieuse.

Elle serra simplement plus fort son gendarme.

32

Tout n'est jamais question que de promesses et de mensonges. La frontière entre les deux reste fragile, pour peu qu'on examine sérieusement leur nature profonde. Une seule chose peut être sûre : les conséquences des unes comme des autres sont identiques. De la déception, de la souffrance.

Farrah avait retrouvé Benoît le mois suivant, pour passer le week-end avec lui. Elle était revenue celui d'après. Puis deux fois au mois d'avril. Elle ne passait chez son amant qu'une nuit, deux, trois parfois, ce qui semblait convenir à Benoît. Il lui disait qu'il était l'homme le plus heureux du monde quand elle était là, dans ses bras, qu'elle lui revenait de temps en temps. Farrah, elle, ne disait rien.

Tout comme elle ne parla plus jamais à Kate ni aux autres de cette relation aux contours flous qu'elle-même n'assumait pas pleinement.

La seule occasion où sa camarade l'interrogea à ce propos – quand vint le tour de s'occuper du bourreau de Tanya et que se posèrent les questions sur leur sécurité –, Farrah la regarda simplement dans les yeux et déclara :

— Je ne fréquente plus le gendarme dont je t'avais parlé. Ce sujet est clos.

Kate lui renvoya son habituel détachement.

— C'est une promesse, ça ?

Farrah grimaça furieusement et réajusta ses Versace.

— On ne va pas passer la journée sur ma vie. On est là pour Tanya et pour déterminer comment on procède, OK ?

Benoît Lescuyer, pour sa part, fit exactement ce qu'il avait promis. Il ne parla plus à Farrah de ses angoisses. Il ne lui posa jamais la moindre question sur sa vie loin de lui, sur ses fréquentations ou sur ses démons secrets.

Ne pas répéter ses erreurs.

Ne jamais raviver cette douleur-là. Cette atroce culpabilité-là.

Benoît avait terriblement conscience de ne pas être le mieux placé pour juger la jeune femme. Il ne lui avait, lui non plus, rien confié de son histoire personnelle. Farrah ne lui avait pas posé de questions, il ne voyait pas où était le mal.

Il ne s'était pas étendu sur ses problèmes de dépression. Sur les raisons exactes qui l'avaient entraîné tout au fond de la bouteille et loin de la brigade de recherches d'Espalion.

Il ne s'était pas vanté de la façon dont ses supérieurs l'avaient envoyé en maladie, à l'époque des faits. Ce qui était leur manière tordue de lui bloquer tout espoir d'évolution de carrière. Plus jamais de montée en grade pour lui.

Il avait seulement mentionné à Farrah qu'il était en pleine séparation pendant les événements de la ferme de l'horreur.

Ce qui était tout à fait vrai.

Il ne lui en avait évidemment pas expliqué la raison, ni l'issue.

Tout comme Farrah avait ses fantômes, Benoît avait les siens. La souffrance silencieuse de la mémoire.

Benoît avait eu une femme. Elle s'appelait Jennifer. Ils se connaissaient depuis l'enfance. Ils s'étaient mariés alors que Benoît était infirmier dans l'armée et Jennifer encore étudiante.

Tout ce qui lui restait d'eux, aujourd'hui, étaient les souvenirs de Jennifer lui tournant le dos, Jennifer refusant de lui adresser la parole, et au fond de lui la stupéfaction de ne jamais avoir *deviné* le problème, au fil du temps et de tous les indices qui crevaient pourtant les yeux. Sans doute que Benoît n'était pas suffisamment présent dans son propre foyer pour s'en rendre compte. Il n'avait pas posé de questions quand Jennifer avait démissionné de son emploi à la coopérative agricole. Il avait fait comme s'il ne voyait pas les sommes d'argent de plus en plus importantes disparaître de leurs comptes bancaires. Comme s'il n'avait jamais *voulu* comprendre que son épouse, l'amour de sa vie, lui préférait un amant secret depuis longtemps. Un amant chatoyant, sinueux et impitoyable qu'elle s'injectait dans les veines et qui nécessitait sans cesse de nouveaux versements en espèces.

Benoît avait bien dû le faire. Annoncer à Jennifer qu'il venait de tout découvrir.

Il lui avait assuré qu'il était là pour elle quoi qu'il arrive.

Elle l'avait accusé de fouiller dans son intimité.

Il lui avait fait remarquer que c'était elle qui avait oublié de se déconnecter de son compte e-mail. Qu'il était tombé sur ses messages par hasard, jamais il n'avait eu l'intention de les lire, il se jurait encore aujourd'hui qu'il n'avait pas voulu, pas cherché. Il avait pourtant découvert les dettes terrifiantes de son épouse et le chantage abject que son dealer exerçait sur elle. Il avait répété à Jennifer qu'il l'aimait, qu'elle avait simplement besoin d'aide, qu'il était gendarme, qu'il trouverait des solutions, qu'il ferait tout ce qu'il faudrait.

Elle lui avait répondu que c'était elle qui allait faire ce qu'il fallait.

Elle avait demandé le divorce. Elle lui avait annoncé qu'elle voulait la maison, la voiture et la totalité de leur épargne. Que s'il refusait, elle le détruirait. Il n'avait jamais connu Jennifer si cruelle et si vindicative que dès lors qu'il avait tenté de lui porter secours.

Les mois de procédure – de guerre véritable – avaient commencé.

Benoît avait cru vivre la plus grande torture de sa vie. Qu'il ne pouvait y avoir pire. Jusqu'à ce que *pire* arrive.

Le 1er février 2018, il y avait quatre ans presque jour pour jour, Jennifer Lescuyer, après une énième engueulade et d'énièmes menaces, avait pris le volant totalement défoncée. Sa route s'était achevée en bas d'une falaise, définitivement. La procédure de divorce n'aurait plus à se poursuivre, car il fallait rester deux pour divorcer.

Alors oui, Benoît avait plongé dans la boisson et il ne pouvait pas dire qu'il le regrettait un seul instant, en dépit de tous les jugements que ses collègues avaient pu porter sur lui. Aucun d'entre eux ne pouvait comprendre ce qu'il traversait. Et oui, lorsqu'un soir il s'était préparé avec soin et qu'il était allé casser la gueule à un revendeur d'héro nouvellement débarqué dans la région, parce qu'il s'était connement convaincu que c'était cet homme qui approvisionnait sa femme, il ne le regrettait pas non plus. Il était apparu qu'il aurait bien pu tuer le petit enfoiré. Il s'était également avéré que le jeune n'avait jamais rien vendu à Jennifer, en fin de compte.

Cela n'avait même plus vraiment d'importance. Tout ce qui comptait, tout ce que Benoît savait, c'est que si Jennifer n'était plus là, c'était en partie à cause de lui. Parce qu'il l'avait poussée à bout. Parce qu'il avait fourré son nez où il ne devait pas, parce qu'il avait voulu réparer ce qui ne peut l'être.

Bien sûr ce n'était pas entièrement vrai. Le séjour en désintoxication et les mois de thérapie le lui avaient bien fait entrer dans le crâne, à la fin. Ce n'était pas totalement sa faute. Rien n'était jamais si simple. Sans doute pas.

Benoît savait toutefois ce qu'il avait appris.

Il savait que, parfois, perdre ceux qu'on aime est pire que mourir soi-même. Et surtout, il savait qu'il serait prêt à accepter *n'importe quoi* pour que cela n'arrive plus.

Une seule fois, il craqua. À l'automne, quand les médias évoquèrent un curieux décès en forme d'exécution dans une unité psychiatrique pour malades difficiles, Benoît se connecta de nouveau au fichier de Traitement d'antécédents judiciaires. Il consulta également la liste des interventions consignées sur la base du centre opérationnel.

Il s'en voulait terriblement, le sentiment d'irrépressible culpabilité lui donnait le vertige, néanmoins il ne pouvait s'empêcher de disséquer et de compiler les informations contenues dans ces dossiers. L'homme interné, qui avait été abattu au nez et à la barbe de tout le monde, était à l'origine un dangereux criminel. Il avait été impliqué dans une sordide chasse à l'homme dans les Pyrénées, des années auparavant.

Le fichier des antécédents judiciaires conservait les détails sur les victimes des infractions tout autant que sur leurs bourreaux. En l'occurrence, Benoît nota qu'une seule personne avait survécu à la tuerie. Une jeune femme du nom de Tanya Flamant. La pauvre avait perdu en une seule nuit les personnes les plus proches d'elle.

Benoît se félicita d'avoir pris ses dispositions, se gardant d'utiliser son propre ordinateur pour ses recherches d'informations. Il savait que sa collègue, la toute jeune gendarme Élise Galtié, omettait fréquemment de se déconnecter de son profil utilisateur quand elle quittait son bureau. Il en avait donc profité pour se glisser dans la pièce en son absence et avait utilisé son poste de travail.

Il se jura que c'était la dernière, toute dernière fois qu'il se risquait à ce jeu où on ne gagne jamais.

Une promesse de plus.

Un mensonge supplémentaire.

Benoît ne mentionna jamais à Farrah ce qu'il avait appris. Après tout, cela lui suffisait que la jeune femme continue de lui revenir, une fois par mois, parfois même davantage. À lui, le moins-que-rien. Il était bien assez heureux de pouvoir la serrer dans ses bras, d'avoir le droit de respirer le parfum intoxicant de sa peau. Il ne voulait rien savoir d'autre. Il ne *fallait pas.*

Tant pis si, tard dans la nuit, quand elle dormait paisiblement à ses côtés et qu'il sentait la chaleur de son corps parfait contre le sien, il était incapable de trouver le sommeil. Il savait garder pour lui les souffrances et les non-dits. Il avait eu suffisamment de temps pour apprendre à s'y faire.

33

À l'autre bout de la France, dans un bureau de PJ désert, après les heures de travail, le capitaine Léandre était concentré sur l'écran de son ordinateur, comme tous les soirs, pour son enquête très spéciale et très personnelle.

Captivé par l'e-mail qu'il venait de recevoir.

Il avait demandé l'information à un vieil ami de l'inspection générale, qui lui avait transmis ce qu'il voulait sans discuter. Un passe-droit parmi d'autres, qu'il n'hésitait pas à s'octroyer quand il le fallait. La fin justifie les moyens. *En fichier joint, un document Excel contenait une série d'horodatages et de numéros de postes.*

Ou, en l'occurrence, deux numéros qui lui faisaient arquer les sourcils.

La première série de consultations remontait à l'affaire de Nice et avait été effectuée par un sans-grade relégué au classement des soit-transmis. La plus récente émanait de l'ordinateur d'une autre gendarme, à la même caserne.

Rodez.

Ou bien un groupe entier s'était constitué sur l'affaire, ou était sur le point de se constituer, ou alors le petit fouineur d'origine, de son propre chef, avait cru malin d'utiliser le poste de sa collègue pour jouer les voyeurs sur une affaire qui le dépassait.

Séverin ne doutait pas qu'il s'agissait de la deuxième option. Il avait toutefois conscience que la situation pouvait déraper si cet homme aidait les vilaines filles qu'il avait en ligne de mire.

Il devait passer l'appel avant d'entreprendre quoi que ce soit. Il détestait les liens de subordination, mais n'avait pas le choix.

Il n'était que le numéro 3 dans cette chaîne et il l'avait accepté dès le départ. Il décrocha son téléphone personnel.

— Bonjour, boss. Il y a du nouveau sur la surveillance. Si je n'étais pas aussi intelligent que je le suis, je penserais qu'elles ont une autre équipe sur le dos.

— Ton humour te perdra, mon cher Séverin. Cette autre équipe, elle peut entraîner des complications concernant ce qu'on a commencé ?

Il s'éclaircit prudemment la gorge.

— Je le crains, malheureusement. On a peut-être une taupe chez les gendarmes de Rodez.

Une pause. Puis la voix reprit. Un chuchotement presque.

— Quelque chose que tu peux régler, ou je dois déléguer à quelqu'un d'autre ?

Au tour de Séverin d'hésiter.

Il amena la souris sur le document Excel pour le refermer.

Réfléchissant vite.

— Je vais trouver une solution. Je tiens à m'en occuper tout seul. C'est mon domaine.

— À la réflexion, il vaut mieux que tu attendes. J'ai vu comment tu règles les problèmes, Séverin.

Il tiqua.

— Tu as entendu ce que je t'ai dit ? Des demandes sur nos cibles émanent de la caserne de Rodez. Et nous, on ne fait rien ?

— Tu l'as dit, NOUS. Nous ne pouvons pas nous permettre d'attirer leur l'attention. Sous aucun prétexte. Tu fouilles sur cette taupe, mais en toute discrétion. Tu ne prends pas contact. Tu ne joues pas les kamikazes.

— Je comprends. Mais quand le moment sera venu…

— Tu me fais rire, Séverin. Évidemment que, le moment venu, tu feras ce qu'il faut comme tu en as envie. Mais avant cela, tu n'oublies pas qui est le boss, comme tu dis.

IV

TANYA

Juin 2023

34

Après Bordeaux…
… sur l'autoroute en direction de Saint-Germain-en-Laye

Tanya roule vite, absorbée dans ses ruminations.

Elles y sont arrivées, finalement.

Elles les ont tous tués. Jusqu'au dernier.

Elle ne peut s'empêcher de revoir ses flèches perforant le corps de José Gaubert. Ressent-elle de la délivrance ? Du *plaisir* ?

Elle entend encore les mots acides de Farrah. *Ce que c'est en train de faire de nous ?*

Des guérisseuses. Envers et contre tout. Qui empêchent le cancer de se propager et de faire davantage de victimes, se récite-t-elle, tout en repensant à la fumée qui s'élevait de l'immeuble quand elles se sont éclipsées. Elle imagine les flammes monter, se contorsionner, effacer tous les péchés. Elle se martèle que oui, elles n'ont fait que le bien, et que maintenant leur victoire est *absolue*.

Alors, pourquoi se sent-elle aussi *coupable* ? Pourquoi ce sentiment ne fait-il que grandir, à chaque nouveau monstre retiré du monde par leurs mains ?

Où est l'apaisement ? Le sentiment de justice ? Ont-elles seulement jamais réfléchi aux conséquences possibles de leur fureur ? Les émotions de Tanya se poursuivent dans une boucle malsaine tandis qu'elle bataille pour conserver le contrôle. Cramponnée au volant. Radio Classique en toile de fond. Régulateur à 130 km/heure. *Respirer. Faire le vide.*

Les sorties d'autoroute se succèdent.

Ne plus y penser.

Tanya est habituée à ces doutes vicieux qui la traversent. Ils vont passer. Jusqu'ici, ils sont *toujours* passés, aussi dévastateurs soient-ils. Elle a simplement besoin d'un peu de temps.

Mais COMMENT ne plus y penser ? Comment oublier ce corps sans vie à la bouche tordue, à la chair écarlate ? Et tous ces regards, de tous ces passants sans visage, qui ont glissé sur elles tandis qu'elles s'enfuyaient loin de la scène de crime ? De LEUR crime. Il y avait tellement de monde dans les rues de Bordeaux. Jusqu'à quel point peuvent-elles espérer que personne ne se souviendra de les avoir vues ? Comment être certaines qu'aucune caméra ne se trouvait sur leur chemin, malgré toutes les qualités de Cheryl ?

Inspire. Tout va bien. Tu rentres à la maison.

Tanya songe à sa petite Zoé, à son mari Fabien qui doit être en train de l'attendre.

Ce que nous avons fait, nous devions le faire. Je l'ai fait pour ma famille autant que pour moi. C'était BIEN.

Des mots. Qu'elle s'est répétés si souvent. Qu'elle se répète encore, ne sachant quoi faire d'autre, une incantation.

Environs de Tours. Flash info. Les informations mentionnent l'incendie à Bordeaux, pas encore la découverte d'un corps. Prise d'une pulsion, Tanya change d'autoroute, bifurque sur l'A28 en direction du Mans. Des champs, la campagne s'assombrissant alors que la nuit s'installe. Elle emprunte une sortie au hasard. Davantage de prés calmes. De désert enténébré.

Nous devions éliminer ces hommes pour pouvoir avancer sereinement. Nous devions assainir les fondations de nos existences. Afin de pouvoir reconstruire dessus une vie plus belle. Une vie qui sera la nôtre.

De belles justifications.

Elle roule encore un moment, jusqu'à arriver sur le parking d'une pompe à essence en rase campagne. Elle achète une canette de Red Bull qu'elle boit adossée au Kangoo.

En face d'elle, des grilles délimitent un chantier de construction.

Tanya observe avec curiosité les grands engins verts et gris, immobiles à cette heure. Elle aperçoit une bétonnière, des coffrages en bois où scintille le béton fraîchement coulé plus tôt dans la journée.

Elle ne peut s'empêcher de méditer sur sa vie et sur ses choix. De se demander si elle a *réellement* assaini ses propres fondations.

Ou si elle se contente de dissimuler ce qu'elle ressent réellement, depuis tout ce temps. Elle ment à son mari. Elle ment à ses amis. Elle ment à ses sœurs de tragédies. Elle se ment même à elle-même.

Suis-je prête à laisser partir ce passé ? s'interroge-t-elle, captivée par le large rectangle luisant qui évoque la surface d'une piscine anthracite. Une fois ce béton séché, plus rien ne sera capable d'ébranler la dalle. La construction pourra se reposer dessus sans crainte et faire face à l'éternité.

Un éclair de lucidité traverse Tanya. Il lui suffirait de se glisser dans ce chantier. Elle n'aurait qu'à grimper par-dessus les grilles et aller jeter son arbalète dans ces fondations. Faire disparaître toute trace de ses péchés. Ce serait facile.

Non. Tu ne peux pas faire ça. Pas cet objet-là.

Tu dois t'en débarrasser, pourtant. Réfléchis un peu.

La foutue voix paternaliste de son esprit refuse de la laisser tranquille. *Maintenant que tout est fini, il faut t'en séparer.*

Je ne peux PAS.

Elle ne saurait dire pendant combien de temps elle reste plantée là, quand un vigile, Maglite à la main et grand sourire satisfait, marche vers elle en lui lançant une réflexion salace.

Tanya tourne les talons sans répondre, claque la portière du Kangoo.

La route. Encore. Elle arrive en Île-de-France après minuit. Autoroute A86, direction Versailles. Même aussi tard, sans surprise lors d'un vendredi soir, les voies sont saturées de véhicules. Tanya se rend compte que son ouragan intérieur ne cesse pas, contrairement à son habitude.

Parce que c'était la dernière fois. La dernière flèche.

Elle traverse Louveciennes, Le Port-Marly. Ligne droite. Elle est revenue en territoire familier. Elle est calme. Elle *s'ordonne* d'être calme.

Le dernier mort. Le dernier regret.

Sa ville. Sa rue. Son pavillon, tel qu'elle en avait toujours rêvé, où l'attend sa famille idéale, son métier de vocation, tout ce qu'elle a réussi à reconstruire, petit bout après petit bout. La porte de garage automatique s'élève sans bruit, illuminée par les phares du Kangoo. Tanya fait taire sa guerre intérieure, se gare méthodiquement, un peu plus lentement que nécessaire.

Son homme l'attend, rayonnant, à la porte de l'escalier. Lycra moulant, tee-shirt technique. Tanya déduit qu'il doit avoir fait du sport. En sortant du véhicule, elle constate qu'elle ne s'est pas trompée : la peau de Fabien est couverte d'un voile de transpiration. Il se précipite néanmoins pour la serrer dans ses bras musclés.

— Désolé, je colle un peu. Je viens de finir ma séance de CrossFit, comme tu le vois…

— Mon petit junkie du sport, se moque Tanya en écrasant ses lèvres sur les siennes. Et dégueu ! Va te doucher pendant que je monte mes affaires !

S'échappant à son étreinte, affichant une désinvolture feinte, elle contourne son véhicule pour aller récupérer son sac. Elle se sent ailleurs. Pas encore prête.

Tout va bien se passer. Joue ton rôle.

Évidemment, son mari la suit tandis que le coffre du Kangoo se relève en chuintant. Son flot de paroles enthousiastes ne tarit pas.

— En fin de compte, mes parents se sont proposés pour récupérer Zoé à l'école. On est tous allés au parc pour qu'elle se dépense un peu. Après, ils l'ont emmenée avec eux pour le week-end. Ça nous laisse deux jours en amoureux, je me suis dit que ça te ferait plaisir…

Tanya se concentre sur ses gestes. Sac. Veste. Se retourner. Sourire.

— Évidemment que ça me fait plaisir. Zoé a la chance d'avoir des grands-parents formidables.

— Quant à ton repas, il t'attend au chaud. Je t'ai préparé ta pizza préférée, entièrement faite maison, avec les tomates du jardin de mes parents… Laisse, je vais t'aider…

Fabien se penche dans le coffre du véhicule. Tanya met un instant de trop à réagir, elle est trop épuisée, trop *ailleurs*.

— Pas besoin, j'ai tout, chéri.

— Mais le sac, là…

Avant qu'elle ne comprenne, il a empoigné l'étui de l'arbalète, que comme une débutante elle avait oublié de glisser dans ses coffres médicaux.

— Non, Fabien… S'il te plaît…

Trop tard. Son mari s'est figé. Il contemple ce qu'il tient dans les mains. Il comprend, évidemment.

— Qu'est-ce que c'est que ça ?

Il fallait bien que ça arrive. Elle aurait aimé que ce soit un autre jour. Elle peine à prendre un air désinvolte.

— Ma vieille arbalète, c'est tout. Allez…

— Tu m'as dit que tu l'avais revendue. Que tu avais résilié ton adhésion au club de tir. Que tu ne supportais plus ce genre d'armes après ce qui t'est arrivé…

— Je… enfin… mais oui. Évidemment que oui.

Le regard de Fabien change. Imperceptiblement.

— Alors qu'est-ce que ça veut dire ? C'est illégal et c'est morbide, chérie.

Tanya lui arrache presque l'étui des mains.

— Ce n'est pas le moment, Fabien. Tu m'as parlé de pizza, non ?

La pizza est parfaite. Comme toujours. Tanya se force à l'avaler, la gorge serrée en dépit de tous ses efforts. Fabien est allé se doucher. Il a pris soin d'installer sur la table des bougies que Tanya n'a aucune envie d'allumer.

Elle ne cesse d'entendre le sifflement de ses flèches traversant le vide. *Le bruit humide quand elles transpercent la chair des porcs. Elle peut humer l'odeur de leur peur, de leur sang, la même que celle des animaux qu'elle chassait jadis.*

Elle se répète que c'était la toute dernière fois. Qu'elle doit se débarrasser de cette arbalète maintenant. Pour de bon.

Son sourire revient dès que son mari apparaît, enveloppé dans son peignoir et embaumant le gel douche parfumé. Après l'incident du garage, Fabien, son merveilleux Fabien, n'a plus fait la moindre allusion à ses mensonges. Elle a toutefois du mal à le regarder en face.

— Tout va bien, mon amour ? lui demande-t-il.

— Évidemment, gros bêta. C'était délicieux. Tu m'excuses, je dois aussi passer dans la salle de bains, d'accord ?

— Ça te fera du bien, tu as eu une longue journée. Laisse tout sur la table, je vais m'occuper de remplir le lave-vaisselle.

Elle le remercie d'une onomatopée, lui glisse au passage un baiser dans le cou.

Fuir se cacher. S'enfermer dans la salle de bains. S'ébouriffer les cheveux, sécher des larmes qui ne cessent de couler sans raison.

35

Carcassonne

Le sifflotement réveille Kate.

La jeune femme ouvre les yeux, écoute, immobile dans ses draps moites. Ses bras se couvrent de chair de poule en dépit de la tiédeur ambiante. *A-t-elle seulement entendu ce qu'elle s'imagine ?* Pendant quelques secondes, elle cherche à comprendre d'où lui vient cette sensation terrible qui lui coupe la respiration. Elle comprend qu'elle s'est endormie avec la fenêtre ouverte. Elle se remémore avoir contemplé la lune depuis son lit, retournant les événements de leur journée à Bordeaux dans ses pensées. Elle s'est endormie sans s'en rendre compte.

Un rêve.

Un cauchemar, corrige-t-elle mentalement. *Rien de grave.*

Un son s'élève dans le silence nocturne.

Des crissements, réguliers. *Des pas ?*

Kate effleure son téléphone. La luminosité de son écran a beau être tamisée, ses yeux la perçoivent comme une vive agression. Kate a besoin de plusieurs secondes pour distinguer l'heure exacte.

4 heures du matin.

Le bruit de pas a stoppé à l'instant où la lueur du téléphone s'est élevée.

C'est plus fort qu'elle : Kate quitte le lit, s'avance jusqu'à la fenêtre. Juste à temps pour apercevoir une personne debout sur le toit d'en face.

Tout ce qu'elle peut deviner de la silhouette est qu'elle porte un bonnet.

Des giclées de panique affluent dans ses veines.

Kate se plaque contre le mur. Elle ouvre le tiroir de sa commode où elle conserve un taser flambant neuf.

Avec mille précautions, elle risque un nouveau regard par la fenêtre.

Le toit de l'immeuble est désert.

Tu deviens folle.

Elle lutte contre l'envie irrationnelle d'appeler les autres, tout de suite. De rompre toutes les règles qu'elle a elle-même édictées et de les avertir que quelque chose ne va pas. Elle sent bien que quelque chose ne va pas du tout.

Arrête.

Tu sais très bien ce qui se passe.

Elle referme la fenêtre.

Elle retourne dans son lit. Tout son corps frémit. Ses vertiges deviennent si forts qu'ils lui donnent la nausée. Elle perd ses repères, s'imagine chuter.

Sueur froide. Tachycardie. Tu fais simplement une crise d'angoisse.

Ce n'est pas la première fois.

Ce ne sera pas la dernière.

Cesse de t'imaginer des choses et concentre-toi sur ta respiration. Tu es psy, bon sang.

Des secondes, des minutes passent.

Jusqu'à ce que, de l'autre côté de la rue, une porte s'ouvre. La silhouette s'avance sur le trottoir. Elle observe l'étage, la fenêtre de Kate Morrigane désormais close, son appartement plongé dans le noir.

L'écho des pas reprend tandis que la silhouette s'éloigne.

Sifflotant un air connu.

La *Sarabande* de Haendel.

36

Saint-Germain-en-Laye

5 heures du matin. Tanya fixe le plafond de la chambre. Ses yeux la brûlent. Ses pensées refusent de la laisser tranquille.

Tu ne dois plus les revoir, lui rabâche la voix accusatrice de son esprit. *Plus aucune d'entre elles. C'est la seule solution.*

À côté d'elle, Fabien ronfle doucement. Ce mari extraordinaire qui ne lui pose jamais de question. Qui n'a plus cherché à lui parler de son arbalète. Son homme toujours présent pour lui offrir le réconfort de ses bras et de son cœur indéfectible.

Elle a conscience qu'elle lui a fait du mal. Au fond d'elle, la sensation d'étau est lancinante, jusqu'à l'asphyxie.

Tu as un mari parfait. Tu as une fille parfaite. Tu as refait ta vie comme tu te l'étais promis. S'il te plaît, ne gâche pas tout ça. C'est le moment ou jamais de reprendre le fil de ton existence, une fois pour toutes.

Plus de mensonges.

Plus de violence.

Plus de MEURTRES.

Tanya ne sait que faire pour repousser ce poids étouffant. Elle se souvient que Kate les avait rassemblées pour réparer leurs naufrages. Pour qu'elles puissent s'exprimer sans réserves entre elles. Et pour quel résultat ? Davantage de morts, davantage d'amertume.

Notre vengeance est totale, pourtant.

Tout devrait être fini. Tout devrait aller mieux.

Au lieu de ça…

Tanya coupe court à ses pensées. Elle se tourne vers l'horloge lumineuse. 5 h 30. Elle se lève pour aller boire un verre d'eau dans la cuisine. Elle pousse machinalement la porte de la chambre de Zoé, avant de se souvenir que sa fille est chez ses beaux-parents.

Ce qui n'est pas plus mal, médite-t-elle.

Elle redescend dans le garage sur la pointe des pieds.

Qu'est-ce qui te prend ?

Elle ouvre le coffre du Kangoo. Elle contemple l'étui de l'arbalète, comme elle l'a fait si souvent sans que son mari ne se doute jamais de rien.

Juste pour vérifier. Pour me rassurer.

C'est plus fort qu'elle. Tanya sort l'arme et l'assemble sur l'établi. Elle admire pensivement les deux arcs, les lignes souples, quasi animales, tout en carbone et aluminium. Un outil froid de précision, de radicalité. Entre ses mains, cette arbalète n'a jamais manqué sa cible. Pas une seule fois.

Depuis la toute première.

Deux traits envoyés presque à bout portant.

À présent, Tanya ouvre l'étui renfermant les flèches. Douze magnifiques traits de carbone, maintenus en place dans les crans en mousse, leurs pointes à lames triangulaires, conçues pour provoquer une hémorragie instantanée, soigneusement rangées à part. Si légères. Si fatales.

Tout ce sang.

Toutes ces morts.

Elle repense aux mots de Fabien quand il a découvert l'arme dans son coffre.

Illégal. Morbide.

Fabien ne sait rien. Il ne peut rien comprendre. Même si, en dépit de tout ce qui palpite dans les pensées de Tanya, malgré tous ses traumas indéracinables et ses besoins désespérés, c'est lui qui a raison, comme d'habitude.

Comment pourrait-elle lui avouer que c'est *justement* à cause de ce qui lui est arrivé qu'elle n'a jamais réussi à se défaire de cette arbalète, qu'elle lui voue une fascination malsaine qui la dévore ?

Elle ne l'a même pas avoué à ses camarades du groupe.

Cette arme, elle lui doit la vie.

37

Pas du Mouné,
Septembre 2015
(huit ans auparavant)

Dans les souvenirs de Tanya…

Ils étaient trois couples alors, toujours ensemble, s'imaginant qu'ils seraient éternellement présents les uns pour les autres.

Huit ans déjà…

Il y avait l'adorable Mathis, le petit ami de Tanya, rencontré durant ses études vétérinaires. Il y avait Robin, le frère de Tanya, et son épouse l'exubérante et volubile Nora. Et il y avait leurs amis Maxence et Enzo, qui ne devaient pas avoir passé un seul jour séparés l'un de l'autre depuis qu'ils avaient commencé à se fréquenter, sur les bancs du lycée.

Cette année, leurs vacances respectives tombaient en même temps. La rentrée avait été chargée, ils avaient eu l'idée de louer un chalet dans la forêt. Plateau de Lannemezan, vue imprenable sur la chaîne des Pyrénées et jacuzzi quatre étoiles, précisait l'annonce Airbnb. Leur décision avait été instantanée et unanime, cela leur ferait le plus grand bien de passer un week-end de détente, en totale déconnexion.

La location était décrite comme sans voisinage, en pleine zone forestière. En réalité, elle jouxtait le domaine des Pradel, une famille qui vivait recluse et dont tout le monde, dans la région, connaissait les orientations survivalistes plus que clairement revendiquées. Il était généralement admis qu'il valait mieux se tenir éloigné de ces énergumènes-là, qui ne juraient que par la chasse, les armes et l'autosuffisance. Mais qui aurait pu se douter que Marius Pradel et son épouse Thérèse étaient en réalité décédés depuis plus d'un an ? Il apparaîtrait, après le drame, qu'ils avaient fini par s'entretuer, lors d'une dispute qui s'était achevée, à la manière dont le couple avait tout réglé dans son existence marginale et paranoïaque : à coups de fusil. Leurs enfants, Léon et Jules, respectivement seize et dix-sept ans, s'étaient retrouvés livrés à eux-mêmes, et, fidèles à leur éducation, déterminés à ce que les choses restent ainsi. Les deux frères avaient enterré leurs parents sur leur propriété sans avertir qui que ce soit. Ils avaient ensuite commencé leur spirale meurtrière, sans que personne fasse encore le moindre lien avec la vague de disparitions de touristes, de Bagnères-de-Bigorre jusqu'à Cuguron.

Pourquoi ces deux jeunes hommes en étaient-ils venus à chasser des proies humaines ? Était-ce la conséquence de leur isolement social maladif ? De la haine du monde extérieur enfoncée dans leur tête par leurs parents ? Ou seulement de l'entassement d'armes et de munitions dans l'attente du grand effondrement ?

Tout ce que Tanya sait, c'est ce qu'elle a perdu durant cette nuit-là, de la main de ces hommes-là.

Ils s'étaient introduits dans la maison à 2 heures du matin, se déplaçant sous le couvert du tonnerre. Maxence et Enzo furent leurs premières victimes, surpris en pleins ébats et égorgés dans leur lit. Maxence et Enzo n'avaient rien vu venir, rien compris à ce qui leur arrivait. Ils étaient les plus chanceux.

Tanya était venue toquer à leur porte, sans doute pour récupérer son cordon de téléphone, elle ne se rappelle même plus. Ce dont elle se souvient, c'est de la vision brutale du massacre, des corps de ses amis figés dans des draps écarlates. Elle revoit les assassins encore penchés sur leurs victimes, ces deux hommes harnachés dans leurs tenues intégrales de chasse en camouflage forestier. Le premier – son nom était

Léon, apprendrait-elle plus tard – était affublé d'un bob kaki, il avait une fine moustache et deux traits de peinture verte sur les joues. Le visage de l'autre – Jules – était recouvert d'une cagoule à motifs camouflage ne laissant apparaître que ses yeux, deux abîmes insondables braqués sur Tanya.

C'était comme si le temps s'était suspendu, pendant quelques secondes. Tanya avait vu leurs couteaux encore gluants de sang, elle avait vu les fusils à lunettes qu'ils portaient en bandoulière, elle avait vu l'arbalète à la hanche de Léon Pradel, et les flèches mortelles alignées dans le carquois latéral de l'arme.

Elle avait hurlé alors qu'ils s'élançaient vers elle, elle avait Dieu sait comment réussi à leur échapper en renversant les meubles et en claquant les portes, s'enfermant de pièce en pièce à mesure que les deux déments enfonçaient les obstacles comme les parois d'un château de cartes.

Il y avait eu l'intervention de ses amis. Il y avait eu les premières déflagrations des fusils de chasse, et Mathis, blessé à l'épaule, qui perdait son sang contre le mur de la chambre. Il y avait eu les hurlements et la confusion, et les téléphones mobiles qui ne captaient pas en zone blanche. Et à la fin il y avait eu quatre proies fuyant sous la pluie dans une forêt qu'ils ne connaissaient pas.

La chasse avait commencé.

Tanya se souvient des détonations, si près qu'elle sentait l'odeur de la poudre. Elle se souvient de son petit ami, touché une deuxième fois, qui dévalait en hurlant une pente au milieu des hêtres et des pins, avant de finir brisé sur des roches acérées en contrebas. Elle se souvient des cris de Nora dans son dos, qui l'appelait à l'aide alors qu'elle rampait sous les fougères pour s'éloigner autant qu'elle le pouvait, aussi vite que possible, et de cet instant précis où les cris s'arrêtèrent, et de toute la honte et de toute l'impuissance qu'elle avait ressenties.

Elle avait retrouvé Robin dans un défilé rocailleux où coulait un maigre ruisseau. Frère et sœur avaient couru ensemble le long du cours d'eau, à l'aveugle, au travers des dénivelés et des sentiers broussailleux de la forêt.

Ils s'étaient accrochés longtemps. Durant des heures, ils avaient fui, leurs prédateurs sur leur piste, toujours tout près. La pluie s'arrêtait, reprenait, la végétation sauvage et l'obscurité de la nuit leur interdisant tout repère.

Vers 5 heures du matin, ils atteignirent une aire de loisirs dans une clairière. Ils découvrirent des tables de pique-nique, des bacs de poubelles et même un petit bâtiment abritant des toilettes.

Un espoir fou les galvanisait. Il y avait un sentier ici, et ce sentier menait obligatoirement à un village.

La flèche surgit de nulle part. Robin avait été projeté, transpercé de part en part par le trait mortel. Tanya avait hurlé tandis que le sang de son frère l'éclaboussait. Le souvenir de sa chaleur ne la quitterait plus jamais. Le souvenir de cette odeur de fer et des cris d'agonie de Robin.

Le souvenir de la deuxième flèche de carbone, qui lui était destinée, mais qui lui entailla seulement le flanc, la manquant de quelques millimètres.

Le souvenir de s'être effondrée, d'avoir fait semblant d'être morte.

Attendre que les chasseurs se montrent.

C'était l'homme au bob, Léon Pradel, qui était apparu, et il était seul. Il avait ôté son couvre-chef, s'était essuyé le visage avec, étalant son maquillage, goguenard.

— Et les deux derniers ! avait-il crié. C'est moi le meilleur !

Son frère Jules n'avait pas répondu. Il n'était peut-être pas à portée de voix. Tanya était restée allongée, immobile, s'interdisant de respirer.

La chance décide parfois du destin d'une personne. Tanya avait eu la chance que l'individu manque son tir, elle eut également celle qu'il recharge son arbalète, mais choisisse de ne pas l'utiliser tout de suite. Au lieu de cela, Léon Pradel s'était approché de Robin. Il devait s'imaginer que la fille ne représentait aucun danger.

Tanya avait puisé dans ses dernières forces. Elle se sentait prête. Elle avait vu l'homme déposer son arbalète au sol, avant de s'accroupir au-dessus de Robin.

La chance, encore.

Pour elle, en tout cas.

Robin avait gémi quand le chasseur l'avait secoué. Incapable de bouger, de se défendre.

Léon Pradel l'avait saisi par le torse pour le forcer à se redresser, l'avait plaqué contre lui et d'un seul geste avec son couteau de chasse cranté, il l'avait égorgé jusqu'à l'os.

Submergée par une sensation électrique qui n'était même plus de la peur ni du dégoût, une urgence qui allait au-delà de toutes les émotions qu'elle était *physiquement* capable de ressentir ou d'envisager, Tanya s'était jetée sur l'arme laissée au sol. Une seule évidence en tête. Une seule issue possible.

Elle avait saisi l'arbalète. Une Excalibur à double coup, lunette de visée avec réticule lumineux. Tanya savait se servir de ce genre d'engin. Elle était inscrite au club de tir depuis ses douze ans. Et maintenant, elle vivait l'instant où cet entraînement prenait son sens.

Elle avait mis en joue le garçon en tenue de camouflage, sans lui laisser le temps de se redresser.

Le premier trait s'était envolé, avait perforé son épaule, l'emportant en arrière. Léon Pradel était tombé sur le dos en poussant un glapissement aigu.

Tanya s'était approchée. Elle avait épaulé l'arbalète, qui empestait la crasse et la putréfaction. Face à elle, sur le visage encore enfantin de Léon, dans ses yeux emplis de vide, elle avait toutefois lu la surprise, l'incompréhension. Et surtout, la détresse absolue.

— Pitié, avait-il imploré, tout en la fixant de ce regard insondable qu'aucun sentiment n'avait jamais habité.

Tanya avait pressé la détente. Le deuxième trait s'était élancé vers la cervelle du garçon, l'avait traversée en faisant éclater l'arrière de son crâne et le clouant au sol.

Tanya n'oublierait jamais ce moment. Il était resté gravé en elle plus profondément qu'une scarification, à chaque seconde des huit années écoulées depuis. Elle se souvient que le tonnerre avait grondé, comme pour approuver son geste, et que l'orage avait repris, plus féroce encore, transformant la nuit en chaos infernal sous des trombes d'eau illuminées par la foudre.

Elle n'était pas restée pour pleurer son frère. Cela viendrait après. Elle n'aurait que trop de temps pour ça. L'intégralité de ses jours.

Elle avait fouillé les affaires du chasseur à la recherche d'autres munitions et avait compris que les deux flèches engagées dans l'arbalète avaient été les dernières.

Afin d'éviter que l'autre type s'empare de cette arme quand il arriverait, elle avait cherché un endroit pour la dissimuler. Le bâtiment qui servait de toilettes était pourvu d'une toiture de tuiles, avec un intervalle en dessous. Tanya avait d'abord essayé d'y glisser l'arbalète, avait constaté que cet interstice n'était pas assez important et avait failli abandonner, avant que tout un pan du toit ne se soulève sous ses doigts. Elle s'était empressée de cacher l'arbalète dans cet espace providentiel et l'avait hermétiquement refermé.

Elle n'avait emporté avec elle que le couteau de Léon Pradel et sous la pluie battante avait foncé sur le sentier.

Elle avait couru.

Dans son dos, plus fort que les rugissements du tonnerre, elle avait enfin entendu le hurlement sauvage du deuxième chasseur découvrant le cadavre. Un frère pour un frère.

Tanya avait crié aussi, sans pouvoir se contrôler, emportée par l'effort et la douleur.

Ensuite le chemin était devenu une route, Tanya était revenue dans la vallée, un panneau indiquait la direction d'un village appelé Esparros. Elle avait foncé vers la première habitation perdue dans la végétation, et fait irruption dans une cuisine où un homme et une femme, qui prenaient leur petit déjeuner, poussèrent des cris de surprise.

— Aidez-moi, se souvient-elle d'avoir eu la force d'articuler, avant de s'écrouler et de perdre toute notion de temps.

38

L'antenne GIGN et la brigade de gendarmerie au complet avaient interpellé Jules Pradel le matin même, le samedi 26 septembre 2015, alors qu'il enterrait son frère à côté de leurs parents derrière leur maison. Les restes des corps des touristes disparus avaient été retrouvés, pour partie. Ils avaient été soigneusement découpés et placés dans des bacs en plastique emplis de sel, empilés dans le cellier avec le reste des produits de la chasse.

Il était évident que le jeune homme souffrait d'une pathologie sévère. La procureure évoqua une emprise familiale mortifère, des mécanismes délirants, des hallucinations. Jules Pradel fut interné d'office en unité pour malades difficiles. Tanya ne le vit qu'à une occasion, le jour de sa seule audition au tribunal de Tarbes. Elle découvrit ainsi, pour la première fois, le chasseur sans son masque : un visage d'adolescent boutonneux et échevelé. Il ne ressemblait en rien à son frère Léon, mais portait la moustache lui aussi, ainsi qu'une folie identique dans ses yeux dénués de lumière. D'un ton monocorde, il avait évoqué les voix de ses parents qui lui donnaient des ordres, et tous les animaux dégénérés qui envahissaient leur propriété et dont il fallait se débarrasser. C'était ainsi qu'il désignait les touristes que Léon et lui avaient méthodiquement massacrés. Ce n'était pas sa faute, se défendait-il, les voix les forçaient à continuer de faire tout ce qu'on leur avait toujours inculqué. *Chasser pour ne pas être remplacés.*

Tout le temps qu'il s'exprimait, Jules fixait Tanya avec un sourire figé. Et Tanya le fixait en retour, sans émotion.

Tanya savait qu'il la voulait morte. Comme les autres animaux dégénérés qui, selon sa logique tordue, avaient voulu envahir son territoire. Qu'un jour ou l'autre il reviendrait, inchangé.

Sans surprise, les experts invoquèrent les facteurs multiples de ses troubles, l'endoctrinement familial, la déscolarisation, l'alcoolisme. Ils décrétèrent une abolition du discernement de Pradel.

Irresponsable pénalement.

Après avoir décimé près d'une vingtaine de personnes. Après avoir dépecé des gens et les avoir mis en salaison.

Les experts judiciaires avaient pourtant tranché. Il n'y aurait pas de procès en cour d'assises. Il n'y aurait aucune punition. Seulement des médicaments, du personnel à son service, des excuses. Jules Pradel devrait rester en milieu psychiatrique fermé, du moins jusqu'à ce que quelque technocrate, un beau jour, ne finisse par décider de le relâcher dans la nature, par idéologie naïve, par vil calcul politique ou simplement par très prosaïque manque de place. Cela prendrait dix ans, d'accord, ou peut-être quinze, mais ce n'était qu'une question de temps.

Tanya préférait ne pas y penser. Pas tout de suite. D'abord, elle assista aux funérailles de son frère et de ses amis. Elle resta enfermée chez sa famille. Ce n'est qu'à la fin de l'été suivant qu'elle avait repris sa voiture et était retournée dans les Pyrénées, à l'endroit où elle avait abattu Léon Pradel. Durant les audiences, à aucun moment elle n'avait mentionné avoir mis l'arbalète à l'abri, l'arme avait été considérée comme perdue dans les bois. Les toilettes de l'aire de pique-nique avaient été fouillées pendant l'enquête, bien sûr, mais personne n'avait pensé à démonter le toit. Tanya passa ses doigts le long de l'interstice comme elle l'avait fait cette nuit-là, retrouva l'endroit où le pan se décrochait, tira. Les tuiles se soulevèrent avec un craquement, et elle fut presque surprise de retrouver l'arbalète là où elle l'avait laissée. Et en même temps, tout au fond d'elle, sans se l'avouer, c'était exactement ce qu'elle avait espéré. Elle avait rapporté l'arme chez elle, l'avait nettoyée. Il va sans dire qu'elle l'avait cachée avec soin à ses parents.

Elle ignorait ce qu'elle attendait vraiment, mais cela brûlait patiemment dans ses tripes.

Comme ses cours de tir au club, durant son adolescence. Tout avait un but, à la fin.

Des années plus tard, quand le groupe des filles s'était créé et qu'elles avaient commencé à faire ce qu'elles avaient fait, c'est cette arbalète que Tanya avait utilisée.

Cheryl s'était renseignée pour elle, en s'introduisant dans le réseau intranet de l'unité hospitalière. Les journées de Jules Pradel étaient planifiées à la minute près. Cour de promenade. Réfectoire. Ergothérapie. Il avait même droit à plusieurs activités physiques en extérieur chaque mois.

Le choix de Tanya se porta sur le jardin thérapeutique.

C'était l'endroit le moins surveillé de l'établissement. Des angles morts partout. Il était fermé, mais la clôture, une simple grille, n'avait rien à voir avec le dispositif de sécurité d'une véritable prison. Cheryl avait neutralisé les caméras sans difficulté. Tanya s'était hissée au sommet d'un arbre, de l'autre côté de la route. Elle avait visé la tête de Pradel par-dessus le grillage.

Elle savait qu'aucun personnel soignant ne se trouvait à proximité. Pour la bonne raison que l'établissement était en sous-effectif et tous les infirmiers assignés à d'autres tâches à cet instant de la journée.

Elle avait contemplé le visage de l'homme dans sa lunette de visée. Elle avait observé son sourire ravi alors qu'il s'étirait au soleil, et son regard froid de prédateur. Elle avait su qu'il ne regrettait rien, et elle avait également su qu'elle ne ressentirait pas le moindre remords après ce qu'elle allait faire. Uniquement de la libération. *Pour sa vie détruite. Pour ses amis abattus comme du gibier.*

Personne n'avait vu d'où venait le tir.

Tanya avait d'abord visé au niveau du ventre. *Pour Maxence.* Jules Pradel avait fait quelques mètres en arrière, perforé par la flèche de carbone à tête mortelle. Le deuxième trait s'était fiché dans son épaule, le clouant au mur de l'abri de jardin. *Pour Enzo.*

Pradel avait hurlé. Aucun surveillant ne viendrait. Il était seul. Tanya avait rechargé son arme. La troisième et la quatrième flèches avaient chacune traversé une de ses cuisses et s'étaient elles aussi plantées dans la paroi du bâtiment préfabriqué. *Pour Mathis, pour Nora.*

Alors l'homme avait levé les yeux, il avait fouillé l'horizon et il l'avait aperçue. Elle est *sûre* qu'il l'avait vue et qu'il avait reconnu la personne – l'animal dégénéré, oui, celui-là – qui le tuait. Il avait compris que c'était avec l'arme de son propre frère qu'il était mis à mort.

La cinquième flèche avait brisé sa clavicule et sectionné ses veines. *Pour Robin.*

Tanya avait contemplé l'homme vomir du sang, rouge vif, abondant.

La dernière flèche lui avait crevé le cœur, transpercé la cage thoracique et était ressortie dans son dos.

— Pour moi, connard, avait-elle murmuré entre ses dents.

Avec cette arbalète.

Que Tanya tient dans ses mains maintenant, au-dessus de son établi, sans frémir. Sans rien éprouver.

Elle a tout perdu, cette nuit-là. Son frère, sa belle-sœur, son fiancé, ses meilleurs amis. Tout ce qui constituait son existence, telle qu'elle l'avait toujours conçue, s'est achevé dans ces bois, lors de la chasse à mort sous l'orage.

Mais, depuis, elle a tout retrouvé. Un mari fou d'amour qui la comble chaque jour davantage, une enfant débordant de vie. Elle a l'emploi dont elle a toujours rêvé dans une grosse clinique vétérinaire, une clientèle aisée et des conditions de travail qu'elle a personnellement choisies.

Tanya décide qu'elle ne perdra plus jamais rien.

Elle ne recontactera plus les autres filles. Elle ne répondra plus à leurs messages. Elle avancera sereinement dans sa vie. Elle ne se consacrera plus qu'à sa famille, elle oubliera les horreurs et les prédateurs qui hantent les ombres de la nuit et les sorties d'école.

Elle démonte soigneusement l'arme de chasse, range chaque élément dans sa housse. Elle referme ensuite l'étui des flèches en carbone, qu'elle fourre dans un deuxième sac.

Elle remonte le tout à l'étage. Dans la chambre d'amis, elle fait coulisser la porte miroir du placard, retire les couettes d'hiver et les coussins entreposés sur les étagères pour pousser le sac de l'arbalète tout au fond.

Elle remet les couettes à leur place.

Referme en silence la porte du placard.

Son reflet lui fait face. Sa façade souriante en toutes circonstances de femme épanouie. À force de feindre, elle finira par le devenir.

Une chose est sûre, tout ceci est derrière elle. Une fois pour toutes.

Dans la rue silencieuse, à l'abri de la pénombre de sa voiture, quelqu'un patiente. Son regard ne quitte pas la maison des Flamant, et la lueur qui s'y est allumée au niveau du garage. Au bout d'un moment, cette lueur s'éteint, une autre s'allume au premier étage, puis disparaît également. Les ténèbres avalent le pavillon.

Paul Talabot consulte l'horloge de bord : bientôt 6 heures du matin. Il sélectionne un numéro sur son téléphone et annonce à voix basse :

— La petite chipie est bien rentrée à son domicile. J'attends les instructions pour commencer l'opération.

39

Rodez,
Samedi 10 juin,
6 h 45

Les rayons de l'aube montent, baignant de rose la silhouette de la cathédrale au loin, ainsi que les blocs cubiques du musée Soulages devant lui. Benoît Lescuyer, dans sa tenue de gendarme, pantalon fraîchement repassé, veste laissant apparaître le haut de son polo bleu ciel, traverse la rue pour rejoindre la caserne. Farrah dort encore dans son logement de fonction. Elle l'a rejoint au beau milieu de la nuit, sans prévenir. Elle lui a à peine parlé, elle s'est juste présentée à sa porte, elle s'est jetée sur lui et ils ont fait l'amour, sur le canapé, puis dans le lit, jusqu'au petit matin. Ce soir, Benoît pense l'inviter au restaurant. Il se pose encore mille questions sur la nature de leur relation, sur ce que ces rencontres si brèves, une fois par mois tout au plus, mais pourtant d'une régularité qui ne faiblit pas, finiront par devenir, s'il est même possible qu'elles *deviennent* autre chose que ça, une relation épisodique. *Détachée ? Indifférente ?* Le gendarme ne parvient à le déterminer et cette incertitude le tenaille malgré lui.

Derrière les grilles, il croise ses collègues, les nouvelles recrues Élise et Véronique effectuant leur course à pied matinale. Jogging bleu. Sourires communicatifs. Il les salue au passage. Un peu plus loin sur le parking, c'est son supérieur, l'adjudant Jean-Christophe Artigues, qui supervise le gendarme adjoint lavant un véhicule de la flotte au jet.

— Bonjour, Benoît !

— Mon adjudant.

Au poste d'accueil, le maréchal des logis Zied Sassi est en train de passer le balai. Le rôle de planton lui incombe aujourd'hui. Pour Benoît, rien ne change. Il sera dans son bureau, aux pièces, dans le bâtiment du fond. Un samedi ordinaire à la caserne.

— Bonjour, Zied.

— Bonjour.

Il effectue sa halte quotidienne devant la machine à café. Le planton délaisse le balai pour venir s'adosser au mur à côté de lui.

— Alors, dis-moi, comment c'était la foire ?

Benoît hausse les épaules. Hier, le chef l'a exceptionnellement envoyé sur le stand de la gendarmerie à la foire-expo de la ville, en renfort du centre d'information et de recrutement. Il a passé sa journée à renseigner les gens, avec un succès pour le moins mitigé.

— J'ai distribué pas mal de flyers, on verra si ça ouvre des vocations, résume-t-il sans grande conviction. Et ici ? Rien d'important ?

— Pas à moins de sérieusement revoir la définition d'important, s'amuse Zied. T'as pas vu la synthèse de la nuit ? On a eu deux abandons d'épaves, et aussi la vache d'un agriculteur qui s'était carapatée, elle nous a bien fait courir. La bestiole se promenait sur la nationale. Ça aurait pu finir par causer un sale accident.

— Je vois, dit Benoît à qui l'ennui donne déjà envie de bâiller alors qu'il n'est même pas 7 heures du matin.

La porte émet un buzz. Véronique et Élise ont fini leur séance de sport et pénètrent dans le hall, suivies par Jean-Christophe qui a, lui aussi, achevé son inspection matinale. Tous se rejoignent autour de la machine à café.

— Vous ne devinerez pas qui on a croisé tout à l'heure, leur annonce Élise. Des collègues de la BR qui couraient au même endroit que nous ! Ils ont participé au démantèlement du réseau narco de Villefranche-de-Rouergue en collaboration avec le GIGN. Pour une fois que la coordination fonctionne, ça fait quand même plaisir.

Benoît déguste une gorgée de café avant d'approuver.

— J'ai suivi tout ça de loin. Mes anciens camarades d'Espalion ont eux aussi fait un joli coup, le mois dernier. Malheureusement, j'ai l'impression que ces nouveaux réseaux de deal sont en pleine explosion. Plus on en fait tomber, plus on en découvre, non ?

— Carrément, renchérit Véronique. Quand on voit tout ce qui nous passe sous le nez, c'est à désespérer. Je te parie que ces petits fumiers vont prendre trois ans, ils ne feront même pas six mois de ferme.

Élise plante ses poings sur ses hanches.

— Sérieux, Véro, tu n'arrêtes jamais de râler ? Avec mes petits neveux, hier soir, on a regardé *Vice-versa*. Tu me fais penser au personnage de Dégoût !

— Ouais, parce que toi c'est Joie peut-être ?

— Tout à fait ! s'amuse Élise en mimant une pirouette caricaturale.

Ils rient. Leur chef s'assoit sur le bord du bureau d'accueil.

— Quoi qu'il en soit, relance-t-il, vous avez vu ce qui s'est passé à Bordeaux, hier ?

— Non, quoi ? demande Véronique.

— Encore un règlement de comptes, façon film bien gore. La victime était un certain José Gaubert. Une belle petite ordure en fuite à l'étranger depuis des années. Il semble qu'il était rentré depuis peu dans notre belle patrie des droits de l'homme. Sous les radars, enfin pas pour tout le monde visiblement. Il s'est fait saigner comme un cochon et son immeuble entier a cramé.

— Purée, lâche Zied. Tu dis que c'était un mec connu ?

Le chef souffle sur son café.

— Pas qu'un peu, en plus. Un TAJ long comme mon bras. Des vieilles affaires de viols sur mineures, toujours au stade de la suspicion sans jamais aucune poursuite concrète, vous connaissez la musique. Officiellement, ils vont faire passer ça en guerre de gangs, mais si c'est vrai, c'est que les gangs ont bien changé leurs techniques d'exécution. Tout le monde voit bien que c'est du pipeau, cette histoire. Enfin, comment veux-tu faire avec les moyens qu'on nous donne…

Benoît Lescuyer ne dit rien. Il n'a pas de mot pour exprimer ce qui grandit subitement au fond de lui.

— Si je vous raconte tout ça, c'est qu'on a quand même eu une diffusion nationale au cas où. Avant de se faire attaquer, Gaubert avait tenté d'agresser une lycéenne. La gamine a été déposée devant les urgences par un groupe de plusieurs individus, mais elle ne se souvient de rien et ces personnes ont bien pris soin de rester à l'écart des caméras de surveillance. Cela dit, des sources visuelles concordantes auraient également mentionné au moins deux femmes sortant de l'immeuble de Gaubert juste avant l'incendie. Une blonde et une brune à la peau plus foncée, peut-être une métisse.

L'image de Farrah flotte derrière les yeux de Benoît. Il sent sa mâchoire se tétaniser. Il espère que ses collègues ne voient rien. Ne se doutent de rien.

— Une blonde et une brune, hein ? ricane Véronique. On va aller loin, avec ce genre de description !

— On se comprend, grogne Jean-Christophe. Quoi qu'il en soit, j'ai reçu la dif, donc je vous la transmets.

Il se tourne vers Benoît, qui demeure statufié, son gobelet serré dans son poing, son sourire figé.

— T'en fais une de ces têtes, mon petit gars ! Remarque, c'est pas toi qui vas résoudre une enquête, hein ? Tu as la meilleure place dans ton petit bureau rien qu'à toi, tu sais ça ?

Rires de tous côtés. Tempête contenue. Sourire pour la forme. La routine. Benoît peine à déglutir. Jean-Christophe balaie l'air de la main, comme si cela suffisait à chasser l'offense.

— Ça va, hein, je te taquine !

— Bien sûr, chef.

7 h 15. Benoît s'installe devant son ordinateur. Il reste absorbé par l'écran qui lui demande ses identifiants.

Depuis un an, il s'est juré de ne pas chercher à savoir. Quand bien même les doutes insupportables revenaient le torturer, il les a systématiquement chassés, il a fait de son mieux pour rester dans le noir.

Ne pas risquer que le passé se répète.

La détresse sous les mensonges. Les secrets dangereux qu'il faut être totalement stupide pour espérer découvrir sans se retrouver contaminé, aspiré, *détruit*.

Il est question de la femme qu'il aime. De toute son âme.

Mais il est aussi question de donner la mort à des hommes. Quoi que ceux-ci aient fait, quoi qu'ils aient été…

Il songe aux paroles de Zied. Il songe à la définition du mot « important ».

Il attend plusieurs minutes avant de se résoudre à taper son mot de passe pour accéder à son espace numérique. Et encore de nombreuses autres avant de se connecter au TAJ.

Les questions brûlent son cerveau.

Il craint que les réponses soient pires.

40

Toulouse,
7 h 30

Cheryl n'a pas fermé l'œil de la nuit.

Pelotonnée devant ses écrans dans la pénombre, elle triture le fin bracelet rouge à son poignet, juste en dessous de sa main recroquevillée qui recommence à lui faire mal. La plupart du temps, la douleur se tient à l'écart, pourtant. Pas aujourd'hui. Cheryl a pris des anti-inflammatoires qui ont essentiellement embrasé son estomac et tardent à procurer leur effet apaisant.

C'est surtout dans son crâne que la tempête fait rage.

Là où tourbillonnent sans répit les souvenirs de ce qu'elle a commis la veille.

La lame perforant le ventre de Gaubert. Tenue par sa main. Poussée par son bras.

Le sang. La mort. Les flammes. Le soulagement, intense, grisant.

Et maintenant ? Tu fais quoi de ça ? Tu fais quoi APRÈS ça ?

La jeune femme passe la paume de sa main sur son crâne pour y essuyer le fin voile de transpiration. *Plus aucun contact.* C'est ainsi qu'elles procèdent chaque fois qu'elles ont éliminé un de leurs bourreaux. Elles coupent toute communication le temps nécessaire pour guetter les réactions et s'assurer que personne n'a saisi ce qui s'est réellement passé. Que personne, jamais, ne pourra remonter jusqu'à elles.

Une paire de semaines pour se faire toutes petites, ne surtout pas attirer l'attention. Cela ne la dérange pas. Cheryl sait faire. Cheryl se fait toute petite chaque jour depuis sa séquestration dans l'immeuble de José Gaubert.

Elle boit une gorgée de thé bien chaud, avant de revenir aux touches lumineuses de son clavier et à ses logiciels de veille.

On les a vues, bon sang.

Cela devait finir par arriver. Cette fois, des témoins se sont manifestés aux forces de l'ordre. Témoignages parcellaires, mais concordants.

Au moins deux femmes. Une blonde et une brune à la peau plus foncée.

Kate, Farrah.

Même si, à présent, il y a peu de risques que cette information mène la police où que ce soit, Cheryl n'apprécie guère la situation. Elle préfère rester vigilante.

La bonne nouvelle, toute proportion gardée, est que la meute médiatique se désintéresse du drame, et pour cause : une agression sauvage au couteau a eu lieu dans un parc d'Annecy, à peine deux jours plus tôt. Bilan : six blessés graves, dont quatre enfants, avec parmi eux un gosse de deux ans et un autre de deux ans et demi. Antenne en direct sur toutes les chaînes. D'autant plus que l'agresseur sera présenté sous peu au juge d'instruction et que des rassemblements se préparent. Les journalistes sont en surchauffe. Cheryl n'a finalement repéré qu'une maigre dépêche AFP mentionnant « leur » fait divers. *Incendie d'origine criminelle. Une victime retrouvée.* L'immeuble était un taudis. Aucun commentaire de la part des médias.

Avec ses *autres* outils, bricolés par ses soins et beaucoup moins légaux, Cheryl s'est invitée à plusieurs reprises sur le serveur du SRPJ Bordeaux. Le service de l'identité judiciaire n'a eu aucun mal à identifier Gaubert dans le courant de la nuit. Il se trouve que le bonhomme était fiché comme personne d'intérêt par Interpol. C'est également sur ce réseau que Cheryl a lu la description de Kate et de Farrah, aperçues alors qu'elles quittaient l'immeuble. Diffusion nationale de ce signalement, à l'intention de tous les services. En fouillant un peu plus sur les boîtes, Cheryl finit par découvrir un

PV avançant par défaut l'hypothèse d'un règlement de comptes lié au deal de drogue dans le quartier du Bouscat. Plus drôle encore, l'administration recommande de ne pas communiquer sur l'affaire afin d'éviter à tout prix une « médiatisation négative ».

Tout se passe comme d'habitude. Même avec un signalement de suspectes potentielles.

Tout le monde s'en fout.

Cheryl met fin à la connexion, s'assure de ne laisser aucune trace numérique. Tout en sirotant son thé, elle se demande si cela la rassure, que personne ne prête jamais attention à leurs crimes. Car ce sont des crimes, non ? À vrai dire, elle ne sait plus ce qu'elle ressent, son tourbillon intérieur ne ralentit pas. *Chacun de ses coups de lame. Chaque jaillissement du sang de Gaubert.* Cheryl se rend compte, avec une pointe de honte, qu'elle *aime* se repasser ces instants, repenser à toutes ces sensations grisantes qui l'ont submergée, jusqu'à lui donner un certain vertige.

Durant ces deux dernières années, elle ne vivait plus que pour ça. Elle ne peut pas se mentir.

Son quotidien, en dehors de ses écrans, n'est qu'une coquille vide. Elle l'a décidé ainsi. Elle a volontairement coupé les ponts avec toutes les personnes qu'elle connaissait.

Elle ne peut pas s'empêcher de penser à Tanya, elle l'imagine dans sa famille, avec son mari parfait et sa petite à croquer, ses journées bien remplies et ses nuits heureuses. Elle imagine Farrah, si belle, à l'assurance naturelle si éclatante et à l'agenda toujours si bien rempli, de stations balnéaires en domaines de luxe. Elle imagine Kate, restée proche de ses parents à l'inverse d'elle, et par ailleurs toujours entourée de ses patients, de leurs histoires, de la chaleur satisfaisante de leurs guérisons peut-être.

Et elle alors ? Cheryl a fait le choix d'être seule, elle ne peut s'en prendre qu'à elle-même. Elle n'a plus aucune nouvelle de sa famille, restée à l'autre bout du pays. Ses seules discussions défilent en caractères verts sur fond noir, sur le Dark Web, avec des individus aussi reclus qu'elle, dont elle ne connaîtra jamais que les pseudonymes.

Elle a besoin de prendre l'air, se changer les idées. Elle enfile un pantalon de treillis, sa vieille paire de New Rock au cuir craquelé, s'empare d'un porte-clés rose au logo d'Apple et entrouvre la porte de son appartement.

Dans la cage d'escalier bourdonne le trafic de la rue. Isolation phonique minable, ce qui n'a jamais dérangé Cheryl.

Elle descend prudemment jusqu'à l'étage en dessous. L'appartement de sa voisine, Maÿlis Rosier, vingt et un ans, étudiante en cinéma. La jeune femme a demandé à Cheryl d'arroser ses plantes quand elle va chez ses parents, et cela fait justement deux semaines que Maÿlis est repartie y trouver refuge. Elle ne supporte pas la canicule dans son appartement.

Maÿlis est la seule personne avec qui Cheryl se sent bien, non pas qu'elle le lui ait jamais avoué, évidemment. Le fait que Maÿlis soit ravissante, son visage à la douceur infinie contrastant avec son regard bleu toujours étonnamment triste, n'est même pas le plus important pour Cheryl. Par bien des aspects, la personnalité de Maÿlis la rassure. Sa vie est aussi simple que la sienne, faite de passion pour les vieux films de genre, de musique vaporwave et de nourriture asiatique.

Porte entrouverte. Lueur du matin tombant au travers des rideaux. L'appartement de Maÿlis est tout petit, arrangé de manière fonctionnelle. Bureau avec installation informatique. Canapé faisant face à un écran de home cinema si grand qu'il occupe presque tout le mur. Affiche du film *Vertigo* d'Alfred Hitchcock. Dans le coin cuisine sont alignées les sauces au soja, à l'huître, hoisin, mirin, vin shaoxing, boîtes de pâte miso, de doenjang et autre dashi en poudre. Au fond, un rideau fait office de séparation vers le deuxième espace, un angle biscornu de la pièce où se trouve le lit de Maÿlis.

Cheryl emplit des bouteilles au robinet et arrose consciencieusement le grand ficus prénommé Marcus, la misère rouge, Misery, l'imposant aloe vera, Alfred. Maÿlis donne un nom à chacun de ses objets, qu'il s'agisse d'une peluche, d'une plante ou d'un outil informatique. Elle le lui avait avoué non sans une certaine gêne, de peur que Cheryl se moque d'elle. Ce que Cheryl a fait, évidemment. Ce qu'elle ne lui a pas dit, c'est qu'elle a aussi trouvé cela terriblement mignon. Jusque-là, Cheryl a toujours cru qu'elle était la seule à faire ce genre de choses.

Cheryl passe toujours un peu plus de temps que nécessaire ici, après s'être occupée des plantes. Peut-être parce qu'elle apprécie d'entrer dans l'intimité de Maÿlis. Elle effleure son clavier, évalue sa configuration qu'elle ne juge décidément pas à la hauteur, même pour du simple montage vidéo. Elle contemple les vêtements de Maÿlis pliés avec soin sur les étagères. Elle caresse le dessus-de-lit toujours impeccablement installé, le bord replié comme il se doit, elle imagine Maÿlis allongée dans ces draps.

Qu'est-ce que tu fais, là ?

Cheryl soupire. Elle ne fait rien du tout. Rien de mal.

Mais, alors qu'elle se trouve encore à côté du lit, plongée dans le tumulte de ses émotions, elle entend subitement des pas dans l'escalier. Une clé fouraille dans la serrure et Cheryl pousse un cri surpris, presque coupable, quand la porte pivote et que Maÿlis apparaît, sac à dos sur une épaule, valise à roulettes à la main.

— Cheryl ?

Cheryl se sent tellement ridicule qu'elle en balbutie.

— Salut, Maÿlis. Je viens d'arroser tes plantes. Je repartais.

Maÿlis dépose ses affaires au pied de son bureau et passe machinalement une main dans ses cheveux décolorés pour caler une mèche derrière son oreille.

— Merci beaucoup. Je croyais t'avoir prévenue que je rentrais aujourd'hui.

Quelle cruche. Bien sûr qu'elle le lui avait dit. Cheryl s'en souvient tout à coup. Elle était tellement perdue dans ses rêveries qu'elle n'y a plus pensé.

— Tu crois ? Dans ce cas, je suis tête en l'air. Au moins, tu n'auras pas à arroser aujourd'hui.

Maÿlis arque les sourcils, la dévisage.

— Tu as l'air bizarre. Des soucis ?

Je suis à ce point transparente ?

— Bien sûr que non.

Maÿlis lui renvoie un sourire irrésistible.

— Tu sais, si jamais tu as envie de sortir boire un verre dans la semaine, on peut se faire ça. Je te le dois bien, pour toutes les fois où tu me dépannes.

Cheryl ne sait que répondre. Maÿlis enchaîne :

— Ou alors, on peut aller voir un film, si tu préfères ? L'école a rentré des copies 4K restaurées de la trilogie animalière de Dario Argento. Ce sont des petits chefs-d'œuvre. Il suffit que je réserve la salle de projection.

— Je…

Cela fait un an qu'elles se croisent, qu'elles échangent sur leurs passions réciproques en matière de cinéma, d'informatique, de musique. Jusqu'ici, Cheryl a toujours trouvé des prétextes pour éviter les entrevues prolongées. Elle dissimule par réflexe sa main gauche derrière son tee-shirt oversize.

— Je dois finir un programme cette semaine, je risque d'être très prise, tu sais…

— Pas de problème, acquiesce Maÿlis.

Cheryl perçoit de la déception dans le regard de la jeune femme, avant de se persuader qu'elle a rêvé. *Qui serait déçu de ne pas avoir un tête-à-tête avec une fille aussi chiante que toi ?*

— Une autre fois ? lui dit-elle.

— Quand tu veux, répond Maÿlis en la fixant de son regard intensément bleu.

Cheryl ne sait plus où se mettre. Elle parvient cependant à sourire et à regagner la porte d'un air le plus désinvolte possible.

Escalier monté quatre à quatre. Elle s'enferme chez elle. S'écroule dans l'amas de draps et d'affaires emmêlées qui recouvre son lit, fixe les poutres au plafond, porte sa main qui lui fait si mal à ses lèvres.

— Quelle conne ! peste-t-elle entre ses dents. Mais quelle conne tu es, ma pauvre fille !

41

Rodez

— Farrah, il faut qu'on parle. Tout de suite.

La voix de Benoît, plus pressante que d'ordinaire. Il verrouille la porte en s'y reprenant à deux fois tant il est agité. Farrah a pris sa douche, elle est encore enveloppée dans le peignoir de Benoît, deux fois trop grand pour elle, une serviette autour de ses cheveux qu'elle a lavés et sur lesquels elle a appliqué un soin. Face à elle, le gendarme est livide. Elle ne l'a jamais vu ainsi bouleversé. Est-ce de l'angoisse qu'elle voit sur son visage ? *Ou du dégoût ?*

— Benoît ? Pourquoi es-tu déjà de retour ? Que se passe-t-il ?

— Ne m'approche pas !

La jeune femme se fige.

— Quoi ?

Benoît lève les mains vers elle, comme pour la repousser ou au contraire l'attirer vers lui. Son regard est tellement perdu. Il semble vouloir prendre une décision, hésiter contre sa volonté, ne pas arriver à trancher. Il finit par écarter une des chaises de la table du salon.

— Assieds-toi d'abord, s'il te plaît.

— Tu prépares un interrogatoire ou quoi, là ?

Ignorant la tentative d'humour, il prend place sur la chaise et joint les mains devant ses joues rondes.

— Ne discute pas, assieds-toi. Nom de nom, est-ce que tu as conscience que nous nous trouvons en ce moment à quatre cents mètres de la caserne ? Est-ce que tu as conscience que je SUIS un gendarme ?

Farrah resserre le peignoir sur elle en prenant place de l'autre côté de la table, comme il le lui demande. Elle lutte contre tous ses réflexes qui lui hurlent de foncer dans la chambre, de s'habiller et de fuir, tout de suite. La veille, après avoir raccompagné Kate chez elle à Carcassonne, elle est venue tout droit ici, sans même y réfléchir. Elle avait besoin de réconfort à tout prix. Le réconfort de cet homme-là, sur lequel elle a exercé un ascendant évident, sécurisant. Elle s'est toujours répété que c'était pour cela qu'elle continue de le voir. Uniquement pour ce sentiment de contrôle absolu sur leur relation qu'il lui procure. Ne pas avoir à lui rendre de comptes.

Un sentiment qui semble avoir brusquement disparu.

— Je ne comprends pas en quoi c'est important, mais tu as visiblement une mauvaise nouvelle à m'annoncer ? hésite-t-elle en essayant de conserver un ton léger.

Le visage de Benoît est crispé, son expression désespérée, pourtant son regard braqué sur la jeune femme ne tremble pas.

— Farrah, parle-moi de Cheryl Laborde.

Farrah affiche un sourire étonné qu'elle espère maîtriser, tout en sachant que ce n'est pas le cas. Elle doit juste avoir l'air *terrifiée*.

— Je devrais connaître quelqu'un de ce nom ?

— À toi de me le dire.

— Je te le répète, je ne comprends pas ce qui se passe, là…

— Je peux aussi te demander qui est Tanya Flamant, la coupe-t-il.

Elle ne dit rien. Elle sent qu'elle transpire tout à coup. Comme des épingles minuscules pénétrant dans les pores de sa peau. Même respirer lui semble plus difficile. Confronté à son silence, Benoît ajoute :

— Kate Morrigane, alors ? Tu m'as assez posé de questions sur elle, tu te souviens ?

— Benoît…

— C'est bien elle, la femme blonde aperçue avec toi hier après-midi à Bordeaux, quand vous avez quitté l'immeuble de José Gaubert ? Parce que je ne vais pas être le seul à me poser la question. Vous êtes recherchées pour meurtres. Au pluriel.

Farrah se redresse d'un bond. La serviette qu'elle s'était nouée sur la tête glisse et tombe à ses pieds. Ses cheveux se déroulent en torsades humides sur ses épaules.

— À quoi tu joues, Benoît ?

— Tu crois que je joue ?

Elle n'a jamais entendu un tel *tourment* dans la voix de son amant.

— … J'ai quitté mon poste en disant à mes collègues que je repassais chez moi parce que j'avais oublié de prendre mes médicaments, Farrah. Je ne joue pas. Je panique. Tu m'avais juré que cela n'arriverait plus, tu te souviens ? Qu'il n'y aurait jamais plus de *mauvais rêve*. Tes mots. Tes promesses. Tes mensonges.

— Je…

— On vous a *vues*, tu comprends ça ? Votre signalement a été diffusé partout dans le pays. Je sais qui tu es, j'ai une relation avec toi depuis un an, tu es en ce moment même à mon propre domicile, bon Dieu ! Quelles que soient vos raisons…

— Tu m'avais promis que tu ne chercherais pas à savoir, Benoît.

— Est-ce que tu as seulement écouté ce que je viens de te dire ?

— Tu ne sais rien, bafouille-t-elle en reculant pas à pas vers la porte de la chambre. Tu ne comprends rien.

— J'ai vérifié toutes les fiches du TAJ. Celles de ton ex et de ses potes dealers que tu as massacrés.

— Je n'ai pas… je n'ai jamais…

— Celle du chasseur arriéré qui a décimé les proches de Tanya Flamant. Celle de José Gaubert qui avait séquestré Cheryl Laborde. Je suppose qu'elle était avec vous, hier, quand vous avez réglé son compte à son ancien bourreau ? C'est comme ça que vous fonctionnez, non ?

Farrah secoue la tête, cherche désespérément une manière de réagir qui ne soit pas pathétique.

— Benoît, arrête.

— Parce que, dans chacune de ces histoires, le fait qu'une de leurs victimes leur a échappé saute aux yeux, dès qu'on commence à se poser la question. Et toi, donc, juste après avoir assassiné un homme, tu es venue ici. Tu es venue me faire l'amour, Farrah. Comme un week-end normal…

— Benoît, je vais partir maintenant.

— J'ai un bon contact à la BDRIJ, il a accès à pas mal d'infos et on s'est déjà aidés par le passé. Je l'ai appelé.

— Tu as *quoi* ?

— Je l'ai fait pour toi ! s'écrie-t-il en donnant un coup de poing sur la table.

La violence du geste fait sursauter Farrah.

Elle colle son dos au mur sans quitter le gendarme des yeux.

— Que veux-tu dire, Benoît ?

— Je lui ai demandé de vérifier les autres requêtes au TAJ concernant ces gars spécifiquement. Il y a accès dans le cadre de son travail de contrôle. Tu te souviens que je t'avais expliqué que chaque consultation est horodatée ?

Farrah hoche mécaniquement la tête, mais son cœur s'emballe. Elle a peur de comprendre, ne veut pas l'entendre. Elle a simplement envie de fuir, tellement *besoin* de fuir, tout de suite.

— Quelqu'un d'autre s'est connecté à leurs dossiers, Farrah. À chacun d'eux. Il ne l'a pas fait qu'une fois. Des *dizaines* de fois, depuis un an.

Elle inspire lentement.

— C'est quelqu'un que tu connais ?

— Non. Ce n'est pas un gendarme, mais un flic de Nantes. Police judiciaire. Il a épluché tous les rapports sur ces types, Farrah. À commencer par le tueur de la ferme de l'horreur, Raphaël Mazars. Tu sais, cette putain d'histoire que tu voulais tant que je te raconte le soir où on s'est rencontrés. Maintenant, je comprends mieux cet intérêt spécifique…

Elle secoue la tête, prise au piège. Elle veut juste nier, tout nier. Sa main tâtonne, trouve la poignée de la porte de la chambre. Elle cherche à se rappeler où sont posées ses affaires, calcule combien de temps il lui faudrait pour les enfiler et sauter dans sa voiture.

Benoît, de son côté, ne bouge pas de sa chaise. Il se contente de la fixer, et Farrah a l'impression que son regard la met à nu, parce qu'il est tellement bienveillant, tellement lucide et tellement fort, sous ses apparences de gentil garçon influençable.

— Je vais partir, d'accord ? murmure Farrah.

— Ce pote à la brigade de renseignements, il a fouillé pour moi, poursuit Benoît comme si elle n'avait rien dit. Il a trouvé des demandes récentes de ce flic. Il y avait une réquisition à ton opérateur téléphonique. La liste de tous tes contacts, de tes appels, de tes textos. Je figure partout dans ta téléphonie, Farrah. Ça me met moi aussi dans cette histoire. Que je le veuille ou pas. Tu entends ce que je te dis ?

— Et toi, tu m'entends ? Je m'en vais. Maintenant.

— La fuite ne marche jamais, Farrah. Crois-moi, je ne sais que trop de quoi je parle. Et puis, pour aller où ?

— Loin de toi, lui dit Farrah d'une voix éteinte, le cœur comprimé par une force qui lui donne envie de vomir tellement elle est douloureuse. Si tu tiens à moi, laisse-moi m'en aller, Benoît.

42

Saint-Germain-en-Laye

Tanya n'a rien vu venir.

Elle n'aurait jamais pu s'y attendre.

Elle n'a presque pas dormi. À peine s'était-elle remise au lit que Fabien s'est réveillé, et elle n'a pu s'empêcher de glisser sur lui, de le couvrir de baisers et de le serrer dans ses bras, si fort qu'il a fini par l'enlacer lui aussi, saisissant ses fesses dans ses mains. Ils ont fait l'amour comme à leurs débuts, avec une passion acharnée, alors que l'aube grandissait sans se presser au-dehors.

— Je t'aime tellement, lui glisse-t-elle au creux de l'oreille après un orgasme qui lui a secoué le corps tout entier.

— Pas autant que moi, lui chuchote-t-il en la serrant davantage. Je ne pourrais pas vivre sans toi, tu sais.

Elle scelle ses lèvres par les siennes et sans un autre mot elle chevauche son mari une nouvelle fois, longtemps.

Ensuite, quand Fabien se lève pour aller prendre sa douche, elle observe le plafond en respirant profondément, avec un calme non feint désormais. Elle peut enfin imaginer leur vie future et elle sait que celle-ci sera parfaite. Ses problèmes existentiels sont déjà oubliés. *Du passé.* En outre, Tanya se félicite que Zoé soit chez les parents de Fabien. Ils pourront en profiter pour aller faire du running dans la forêt de Marly cet après-midi. Puis soirée en amoureux. Ils feront encore l'amour, comme ils viennent de le faire, ils le feront toute la nuit, Tanya ne veut pas que ce genre de moment cesse, jamais.

Elle observe Fabien s'habiller, bermuda et chemise en lin ouverte, et elle le trouve plus beau encore que d'habitude. Quand il lui lance qu'il va préparer le petit déjeuner, elle lui répond d'une onomatopée en s'étirant dans le parfum encore flottant de leurs corps mêlés.

Elle n'entend pas la porte s'ouvrir.

Elle ne voit pas la silhouette dans le couloir.

Rien n'aurait pu la préparer à ça.

Quand le premier bruit de verre brisé éclate, elle pense d'abord que Fabien a fait tomber quelque chose.

— Mon cœur ? Tu ne t'es pas fait mal ?

Davantage de fracas. Des meubles heurtés avec violence. Des coups qui résonnent contre les murs comme si un corps y était précipité, à plusieurs reprises et avec une violence accrue.

Jusqu'à cet appel. Juste un mot. Son propre prénom.

— Tanya !

La voix de son mari. Étranglée. Pleine de souffrance. Avant que ne retentissent d'autres bruits caractéristiques de lutte, faisant vibrer toutes les cloisons de la maison.

Tanya bondit hors du lit. Elle titube en passant son mini short, attrape au passage un tee-shirt de Fabien qu'elle enfile maladroitement, accourant vers l'origine du tumulte. La cuisine, au bout du couloir.

— Mais que se passe-t…

Les mots meurent entre ses lèvres.

Un homme plaque Fabien contre l'îlot central, dans les morceaux de vaisselle brisée et les fruits répandus. Il y a du sang partout. L'homme en a sur le visage, et Fabien en a aussi, sur ses bras visiblement lacérés par des éclats de verre. Fabien haletant, maîtrisé par cet individu qui lui enserre la gorge jusqu'à l'étouffer.

L'agresseur redresse la tête. Tanya n'a jamais vu cet homme de sa vie. Il porte un luxueux costume en dépit de la chaleur estivale, sa chemise blanche désormais mouchetée de gouttes rouges. Son visage rayonne autant d'assurance que de dédain.

— Tant pis pour l'effet de surprise, alors ! Bonjour, chère Tanya. Je m'appelle Séverin.

Pour toute réponse, Tanya hurle le nom de son mari en se précipitant vers eux.

— Arrête-toi tout de suite, connasse !

Mais rien ni personne ne pourrait arrêter Tanya. Elle a saisi le premier objet à sa portée – une casserole – qu'elle lui jette au visage en visant sa tempe.

L'instant qu'il faut à l'homme pour lever une main et se protéger permet à Fabien de se dégager. Cette fois, c'est Fabien qui lui renvoie son coude dans le sternum, puis en pleine gorge. Son assaillant est projeté en arrière par l'impact et heurte le frigo, davantage de bocaux tombent, éclatent au sol. Fabien ne laisse pas un instant de répit, il lui fonce dessus et dans une mêlée indistincte tous deux reprennent leur lutte, se cognant contre chaque meuble jusque dans le salon, renversant les pots de fleurs posés le long des fenêtres.

Pendant ce temps, Tanya continue de hurler au secours, espérant qu'on l'entendra de dehors, tout en cherchant un objet qui pourrait lui servir d'arme. Elle finit par empoigner un couteau à large lame et s'élance dans le salon à la suite des deux hommes.

Elle est obligée de se figer à nouveau.

L'intrus a de nouveau réussi à maintenir Fabien devant lui en lui tordant le bras, et Fabien s'effondre à genoux à ses pieds, le visage déformé par la souffrance.

Tanya découvre que l'homme a sorti un couteau lui aussi. À la différence qu'il ne s'agit pas d'un simple couteau de cuisine, mais de la lame crantée et redoutable d'une arme de chasse.

Cette lame est pressée sous la gorge de Fabien, qui cesse instantanément de bouger.

— Toi, tu poses ton jouet tout de suite ! lance l'homme.

Il est à peine essoufflé. Son regard est aussi menaçant que son sourire est démesuré.

Tanya lâche aussitôt son arme de fortune. Fabien gémit. Le couteau de chasse se presse davantage contre sa gorge, juste en dessous de sa pomme d'Adam.

— Qu'est-ce que vous nous voulez ? s'écrie Tanya en levant les mains.

— Le rééquilibrage de la chaîne alimentaire, réplique l'homme comme s'il s'agissait d'une blague.

— Quoi ?

— Tu m'as compris, petite vilaine.

— Non, je ne comprends rien ! Laissez-le. Laissez mon mari, je vous en supplie !

Les yeux de Fabien s'agitent désespérément dans leurs orbites. Il n'ose bouger pour l'instant, mais Tanya comprend qu'il se tient prêt et qu'il guette le moindre instant d'inattention de son assaillant pour se libérer. Elle n'a que trop conscience de la dangerosité de cette lame si près de sa jugulaire…

— Vous êtes de la police, c'est ça ? finit-elle par demander d'une voix blanche.

— Tout juste, acquiesce l'individu. Je suis officier à la PJ de Nantes. Ça t'en bouche un coin, hein ?

— Mais… pourquoi vous faites ça ?

L'homme rit.

— Parce que c'est ma vocation. Et puis aussi parce qu'un flic, c'est insoupçonnable, non ?

Il enfonce le couteau dans le cou de Fabien.

D'un geste habitué, il lui ouvre la gorge de part en part.

— Le plus drôle, c'est que mon chef essaie régulièrement de me virer. Heureusement pour moi, les services au-dessus de lui sont encore plus incompétents.

Le corps sans vie de Fabien s'effondre sous les jets de sang de ses veines tranchées et les hurlements de Tanya.

43

L'espace de plusieurs interminables secondes, Tanya n'entend plus que ça : son propre cri déchirant, sa détresse absolue. Son sang lui semble se changer en glace, se figer dans ses veines. Ainsi elle est restée une victime. Ainsi elle a fini par entraîner son mari dans sa propre chute. Elle a envie de tomber à genoux. Comme Fabien. D'abandonner tout de suite. À quoi bon ?

Puis son regard se rive dans celui de cet homme en costume qui brandit le couteau de chasse luisant du sang de Fabien, ce monstre qui est venu pour tuer et qui grimace ostentatoirement de plaisir en le faisant. Tanya se retrouve tout à coup plongée dans son cauchemar désespérément familier, dans cette nuit profonde et interminable qui recommence donc encore.

Elle devine que l'individu va se jeter sur elle un instant avant qu'il ne bondisse en avant.

Au tout dernier moment, elle attrape sur une étagère de la bibliothèque son trophée de l'ordre national des vétérinaires. C'est une sculpture en fonte pourvue de deux longues pointes formant un V, montée sur un socle de pierre aux angles durs. La lame du couteau fond déjà sur elle, mais Tanya la détourne de l'avant-bras – les crans lacèrent profondément sa peau – et elle abat le trophée comme un marteau sur la clavicule de son agresseur. Bruit d'os qui craque. L'homme pousse un cri strident en se pliant en deux.

— Salope !

Tanya lui lance le trophée au visage. L'homme essaie d'esquiver, mais le projectile le touche toutefois à l'épaule.

— Je vais te tuer, espèce de connasse ! Tu le sais, n'est-ce pas ? Vous êtes déjà mortes, toutes les quatre !

Tanya le laisse parler. Elle se contente de reculer vers la cuisine et de saisir son air fryer flambant neuf, elle l'arrache à la prise, le jette de toutes ses forces vers l'homme. L'ustensile heurte ses avant-bras sans stopper sa progression.

— C'est tout ce que tu as ?

Elle ne se fatigue pas à lui répondre, elle continue simplement de se replier vers le hall de la maison. C'est l'endroit que Fabien utilise comme espace de sport. Ses poids de CrossFit sont alignés contre le mur. Tanya s'accroupit, saisit un disque en fonte de deux kilos et le lance sur l'homme, qui esquive de justesse. Elle en saisit un autre, suivi d'un autre. L'homme n'arrive plus à éviter les projectiles, il dévie tant bien que mal les disques de fonte avec ses bras, ses épaules, grognant à chaque nouveau coup, mais sans cesser d'avancer vers Tanya. Il finit par hurler de rage.

— Putain, ça suffit maintenant !

Il s'élance de nouveau, couteau brandi, fauche l'air juste à côté de la jeune femme. Tanya claque la porte de la buanderie au nez de son assaillant. Vite, elle bascule la planche à repasser pour bloquer la porte, qui se retrouve aussitôt martelée avec violence.

— Tu peux pas t'en sortir ! Tu le vois pas ?

Le bois de la porte se fend, explose sous les coups. L'homme arrache les pans, bataillant pour franchir l'obstacle.

— Sérieusement, vous l'avez bien cherché ! Vous croyiez quoi ? Que vous attireriez l'attention de personne ? Que vous vous exposeriez pas à une punition en règle ?

Tanya ne cherche pas à écouter son discours insupportable. La porte arrière de la buanderie donne dans la chambre d'amis, où elle a rangé son arbalète. Elle se précipite dans la pièce et verrouille cette porte-là également.

— T'es coincée, petite chienne ! exulte l'agresseur.

— C'est ce qu'on va voir, crache Tanya entre ses dents.

Elle se rue vers l'armoire, arrache presque les édredons pour saisir le sac contenant l'arbalète, ouvre l'étui en le déchirant à moitié dans la précipitation. Assembler l'arme va lui demander moins d'une minute. Elle espère que la porte de la chambre tiendra assez longtemps.

— OK Google ! hurle-t-elle tout en passant les câbles de l'arbalète sur la glissière. Appelle la police !

L'enceinte connectée posée sur la table de chevet lui répond aussitôt :

— *Compris. Essayez cette station Youtube Music similaire à* The Police.

— Putain ! Non ! geint-elle. OK Google ! Téléphone au numéro d'urgence !

— *Compris. Le mode aléatoire sera activé après ce titre.*

Inutile d'insister. Alors que l'enceinte commence à diffuser une mélodie entraînante en toile de fond, les coups sur la porte pleuvent de plus belle. Le bois se brise déjà. Tanya enclenche le fût de l'arbalète dans l'arbre des branches, insère la vis de fixation directement avec la clé, qu'elle fait tourner le plus vite possible.

La porte se fissure. L'individu passe les mains dans les interstices et commence à arracher des pans entiers de bois et de carton.

Insertion de la corde dans la fente du rail. Manivelle à l'arrière pour tendre les câbles.

Tanya n'a le temps d'insérer qu'une première flèche, déjà l'homme enjambe les débris de la porte et se retrouve face à elle.

— Fini de jouer !

Tanya braque l'arbalète sur lui.

— Tu as choisi la mauvaise proie, pauvre cinglé !

Elle voit la frayeur s'afficher sur le visage de l'homme. *Enfin.*

Elle va appuyer sur la détente. Elle va venger son mari et sauver sa vie. Mais, avant qu'elle ne puisse le faire, la fenêtre derrière elle explose et des mains lui saisissent les épaules.

Le tir part tout seul, la flèche de l'arbalète s'envole, frôlant l'individu en costume, et se fiche dans l'encadrement de la porte. Le deuxième homme, torse penché par l'encadrement de la fenêtre, empoigne Tanya plus fort. Elle se débat, tente de frapper cet individu avec l'arbalète, mais il est bien plus puissant qu'elle. Il jette la jeune femme au sol. Elle roule, heurte le lit.

Deux assaillants. Les foutus événements se répètent vraiment *à l'identique.*

Tanya roule encore, cherchant à se mettre à l'abri, tandis que le nouveau venu enjambe la fenêtre.

— Tu en as mis du temps, Paul, constate l'homme en costume.

— Je ne vous voyais plus depuis la haie, Séverin, réplique l'autre. En tout cas, la rue est toujours déserte, pas de risque d'alerter les voisins.

Tanya les laisse parler et empoigne l'enceinte Google qui continue son flux musical enthousiaste, elle arrache son câble, lance l'objet au hasard. Le nouveau venu dévie le projectile en riant. C'est un véritable colosse. Il porte un débardeur blanc dévoilant ses muscles hypertrophiés. Une expression de pur sadisme tord sa mâchoire anguleuse. Alors qu'il s'approche, Tanya se saisit maintenant de la lampe de chevet au pied en fer. Elle la brandit à la manière d'une lance pour repousser son agresseur.

— C'est le moment que je préfère, s'extasie-t-il. C'est cliché, hein ? Que veux-tu, on se refait pas !

Pour toute réponse, Tanya le frappe avec la lampe. L'ampoule se brise, érafle le visage de l'individu qui cette fois pousse un cri de colère.

L'homme en costume se jette à son tour sur elle. Le couteau tranche dans le bras déjà blessé de Tanya, démultipliant le feu de la douleur. Tanya frappe l'individu avec la lampe, mais il riposte par un coup de poing, si fort qu'il la fait chuter en arrière, sa tête heurte l'angle du lit et le monde perd ses couleurs d'un coup…

… La douleur la réveille subitement. Son bras est tordu. Plaqué contre du métal. Sa voiture. Dans son garage. Tanya ne comprend pas pourquoi ils l'ont traînée là, contre son Kangoo.

— Comme à la foire ! entend-elle s'exclamer. Un peu d'entraînement !

Elle veut bouger, se dégager, elle n'entend que le sifflement caractéristique de l'arbalète, en même temps que la flèche transperce son biceps.

Tanya se cambre, hurle de douleur. Son bras droit est littéralement cloué à la carrosserie du véhicule par la flèche de carbone. La pointe a traversé jusqu'au réservoir, Tanya sent un ruissellement et l'odeur caractéristique du carburant.

Face à elle, les deux hommes éclatent de rires obscènes.

Celui qui s'appelle Séverin, le soi-disant flic habillé comme s'il allait à un mariage, braque son arbalète vers elle. À côté de lui, l'autre salopard en débardeur brandit un téléphone, torche allumée et braquée sur elle. Ce dingue est en train de *filmer*.

La deuxième flèche fend l'air, perfore son épaule gauche.

Tanya est *crucifiée*. Sous la douleur insoutenable, tout ce à quoi elle peut penser est le corps gisant de Fabien dans la cuisine. Elle pense à sa fille qui va grandir sans ses parents. Elle pense à tous ses choix et toutes ses erreurs.

— Pourquoi ? hoquette-t-elle, tandis que le goût salé du sang emplit sa gorge.

Séverin penche la tête sur le côté, hilare.

— C'est ce que vous ont demandé les pauvres gars que vous avez éliminés ?

— C'étaient des monstres.

— Faut croire que nous aussi, ma belle. Mais attends de voir le plus beau.

Tanya ne comprend pas ce qu'il veut dire. Jusqu'à ce que la porte menant à la maison s'ouvre.

Elle voit alors la troisième personne pénétrant dans le garage pour les rejoindre.

Elle sent ses forces la quitter alors qu'elle comprend. *Tout.* Tout est sa faute.

— Oh mon Dieu. Alors depuis le début… c'est… c'était…

Elle s'interrompt, saisie à la gorge par une main de fer.

— Paul, tu enregistres bien tout ça ?

L'homme en débardeur et aux muscles saillants approche le téléphone. La lumière de la torche éblouit Tanya.

Des rires, encore. De la joie bestiale.

— Cette vidéo, je la fais pour toi, Kate ! Je veux que tu voies ce qui arrive à ces pauvres abruties qui t'ont fait tellement confiance. Tu t'es bien servie d'elles ? Maintenant c'est mon tour. De la part de Raphaël Mazars ! En souvenir du bon vieux temps !

Alors que la lame s'enfonce entre ses côtes, en ressort et y replonge, jusqu'à ce que même la souffrance cesse d'arriver à ses sens et que le monde devienne plus flou, se dissolve un peu plus autour d'elle à chaque seconde, Tanya comprend qu'elle va retrouver Fabien maintenant et que, le pire, peut-être, est que leur bourreau n'a pas entièrement tort. Tout ce qui leur arrive, elles l'ont déclenché elles-mêmes. Elles ont écouté Kate, oui, elles avaient réellement cru avoir trouvé la solution miracle à leur détresse, mais cette idée était mauvaise, tellement mauvaise. Au moins se force-t-elle à rester fière, elle imagine sa merveilleuse petite Zoé souriante et en sécurité, et elle regarde ses assassins sans sourciller tandis que tout se rétracte et s'éteint en elle.

V

CHERYL

44

Toulouse

Un bip s'élève du poste de travail.

Cheryl s'étire, roule dans les draps en désordre où elle a fini par s'assoupir durant quelques minutes et fait craquer sa nuque. Un cône d'encens Super Hit se consume en arabesques dansantes, répandant son parfum vanillé dans l'appartement. Les enceintes diffusent une playlist de retrowave en sourdine. La jeune femme se sent un peu vaseuse, mais la notification qui vient de retentir sur son Mac requiert son attention. Elle va donc s'asseoir sur son fauteuil face à ses écrans.

Elle constate que l'alerte provient d'un de ses logiciels de veille. Mais pas d'un de ses programmes destinés à consulter les informations sur les criminels qu'elles ont punis. Celui-là fait exactement l'inverse : il s'agit d'un patch « anti-stalker » de sa création. Elle l'a judicieusement ajouté au code source utilisé par les serveurs applicatifs de son opérateur Internet lors de son stage chez Orange, il y a deux ans. Depuis, chaque matin, le programme lui transmet l'activité liée à ses comptes. En d'autres termes, si ses informations personnelles ont été consultées par qui que ce soit, Cheryl en est aussitôt prévenue.

Froncement de sourcils.

Rapides clics de souris.

Ils l'ont bien été. Tous ses comptes sans exception.

Elle agrandit la fenêtre de l'interface. Une liste d'horodatages s'affiche en rouge. Quelqu'un a accédé à ses données personnelles. Son historique complet a été téléchargé. Géolocalisations inclues.

— Qu'est-ce que c'est que ces conneries ? marmonne-t-elle en se mordillant les lèvres.

L'heure à laquelle ont commencé ces accès l'interpelle. 4 h 12 du matin. Elle pense d'abord à une action automatisée. Après tout, les robots de l'administration fiscale effectuent des contrôles aléatoires pour rapprocher les diverses déclarations des contribuables, notamment entre les données des impôts, des caisses de Sécurité sociale et des prestations sociales. Et ils en ont bien besoin, juge-t-elle non sans ironie, chacune de ces bases étant quasiment incompatible avec les autres en raison de leurs différences de programmation. Cependant, cette intrusion ne prête pas à sourire. Pour commencer, une IA automatisée n'aurait pas lancé des appels successifs aussi espacés pour un même contexte de recherche, encore moins consulté plusieurs fois un même document. Cheryl peut voir qu'on a parcouru les sous-répertoires de ses boîtes mail un par un, il y a des fautes dans les mots-clés recherchés, on a même accédé aux pièces jointes au lieu de tout télécharger d'un bloc, comme l'aurait fait un programme. C'est bien une personne physique qui est passée par son opérateur pour récolter toutes les informations sur ses dernières activités en ligne. *En plein milieu de la nuit. Du piratage ?* Orange aurait subi un vol de données, comme cela arrive régulièrement aux prestataires des hôpitaux, de l'URSSAF ou des assurances complémentaires maladie ?

Cheryl continue de pester en constatant les limites de son propre programme, elle qui passe son temps à se moquer de l'amateurisme des autres ! Tout ce que son patch peut lui indiquer, en l'état, est qu'un tiers a bien eu accès à l'historique de son compte client, et que l'IP de connexion de cette personne correspond à la zone géographique de la ville de Nantes. C'est la seule chose dont elle peut être sûre.

Pensive, elle ouvre un paquet de biscuits au chocolat et en mange plusieurs pour refaire le plein de sucre. Elle éprouve le besoin de se lever et de s'étirer à nouveau, se baigne un instant dans la lumière chaude qui monte au-dehors.

Avant de s'immobiliser, figée par instinct.

Sa fenêtre donne sur la rue. En face se trouve l'atelier d'un petit torréfacteur où il est possible de déguster les cafés sur place et, en terrasse de l'établissement, il n'y a pour l'instant qu'un seul client.

Cheryl ne sait si c'est l'expression attentive sur le visage de l'homme qui a attiré son attention, ou le fait qu'il conserve le regard braqué devant lui. Plus précisément, sur la porte de son immeuble.

Elle recule prudemment d'un pas.

C'est idiot.

Tu te fais des films.

Elle s'approche de nouveau de la fenêtre. *Vraiment ?*

L'homme est assis confortablement, son café à la main, une casquette de chasse enfoncée sur le crâne. Il continue de fixer l'entrée de l'immeuble, elle en est sûre, comme s'il… *attendait ? Surveillait ? ESPIONNAIT ?*

Il attend tout simplement quelqu'un, tente-t-elle de se rassurer. *C'est la fin de la matinée, un samedi, les gens sortent pour le déjeuner.*

Quelqu'un qui habiterait dans mon immeuble ? C'est pour ça qu'il bloque sur la porte comme ça ?

Mais non, il n'y a que Maÿlis et elle dans le bâtiment. Et ce type ne fait clairement pas partie de l'entourage de Maÿlis. Cheryl le détaille attentivement. Il est plutôt grand, très maigre, chemise kaki à manches courtes. Cheryl aperçoit des tatouages verdâtres sur ses bras et ses mains, il en a même sur les joues. En outre, les lobes de ses oreilles sont distendus par d'énormes écarteurs.

A-t-elle déjà vu ce type ? Il a le look d'un marginal. Un tatoueur, ou un performeur peut-être ?

Cheryl caresse par réflexe sa main gauche.

Elle réfléchit en fixant ses écrans où s'affichent toutes les fuites de ses données personnelles.

Elle finit par attraper son téléphone, va se poster à l'angle de la fenêtre et zoome avec l'appareil photo sur le type installé de l'autre côté de la rue. L'image ne sera pas très bonne, mais devrait suffire pour l'utilisation qu'elle compte en faire.

Ensuite elle reprend place à son bureau et télécharge la dernière version d'une IA spécialement entraînée pour la reconnaissance faciale. Le logiciel est d'origine chinoise, Cheryl a appris avec l'expérience que ses équivalents européens ou même américains ne permettent pas encore de résultat satisfaisant. Celui-là, si, pour la bonne raison qu'il passe par des canaux non censurés de toutes les bases de données cumulées.

Le plus dur, au début, est de comprendre à quoi correspondent les commandes en caractères zhuyin. Mais, à partir de là, l'interface est un jeu d'enfant.

Cheryl transfère la photo de l'homme tatoué vers le programme et demande à l'IA de lancer son calcul de reconnaissance.

45

Carcassonne

Kate a traîné au lit ce matin. Elle en avait besoin après sa nuit agitée. Ses parents l'attendent en milieu d'après-midi, à leur maison de Homps, et ce soir ils iront ensemble au repas partagé du village. Il y aura des tables installées sur le port à la disposition de tous, une vente de vins de la cave coopérative et aussi un concert pour animer la soirée. Kate se réjouit de passer un peu de temps en famille. Cela lui fera penser à autre chose. *Oublier ses crises de paranoïa.*

Elle achève de laver son bol de petit déjeuner quand elle entend la porte de son immeuble s'ouvrir et se refermer.

Elle éteint le robinet. À l'affût.

Arrête de t'imaginer des choses.

Impossible. Elle ne peut cesser de penser à sa nuit agitée. Cette foutue sensation qui ne la quitte pas depuis des mois.

Être épiée.

Partout. Tout le temps.

Tu te fais des films, insiste son esprit rationnel.

Mais pourtant… n'entend-elle pas un mouvement anormal dans l'escalier, à présent ?

Presque sans réfléchir, Kate essuie ses mains au torchon, ouvre le tiroir contenant son taser. Cinq millions de volts, avec lampe LED éblouissante. Kate passe soigneusement la dragonne autour de son poignet avant de désactiver le coupe-circuit de sécurité.

Juste au cas où…

Elle s'approche de la porte. Ce sont bien des pas qu'elle perçoit. Quelqu'un monte les marches lentement, en essayant d'être discret. Précaution inutile, les murs en pierre répercutent le moindre crissement.

La personne s'arrête devant sa porte d'entrée.

On toque.

Kate hésite, faisant le moins de bruit possible elle aussi, son arme électrique prête à l'emploi.

Sous ses yeux, la poignée de la porte s'abaisse et remonte plusieurs fois avec insistance.

— Qui est là ? s'écrie-t-elle. Bougez pas, je suis armée !

On lui répond à voix basse :

— C'est moi, Kate.

— Qui ça, *moi* ?

— Farrah, qui veux-tu que ce soit, merde ? Dépêche-toi de m'ouvrir !

Kate reste immobile un instant, avant de tourner la clé. Son amie se tient devant elle, un air de détresse totale sur le visage. Farrah regarde le taser brandi face à elle et lève les mains.

— Ça va pas la tête ? Il faut qu'on parle.

— Mais enfin, bredouille Kate en la laissant pénétrer dans l'appartement. Qu'est-ce que tu fais là ?

— Je ne sais pas. J'ai juste roulé sur l'autoroute. Tu es la première personne à qui j'ai pensé.

Kate n'a jamais vu sa camarade dans un tel état d'abandon. Farrah se laisse tomber dans le canapé et croise les bras comme si elle grelottait. Il lui faut plusieurs secondes pour se reprendre. Enfin elle se décide à ôter ses lunettes Versace et fixe Kate, ses cicatrices ressortant plus que jamais sur sa peau sombre.

— Je n'ai pas osé t'appeler pour te prévenir que j'arrivais. Je pense que tu avais raison depuis le début, Kate. Notre signalement a été diffusé. La police nous surveille. Nous n'avons probablement plus beaucoup de temps…

46

Toulouse

Signal sonore. *Match.*

L'identification est réussie.

Cheryl remonte ses genoux sous le tissu de son tee-shirt, se recroquevillant sur elle-même comme un fœtus. Cette position est peu pratique devant le clavier, mais elle l'aide à se concentrer. Sa main droite manipule la souris, sa main gauche demeurant enfouie au creux de ses genoux. Sur ses trois écrans s'affichent les résultats trouvés par l'intelligence artificielle. Plusieurs photos de l'homme tatoué tirées de sites différents. Aucun doute possible. Sous sa casquette, il a le crâne rasé, les lettres REDPILL encrées maladroitement sur la tempe.

Grégoire Couture. Né le 19 mai 1993. Originaire de Paris.

Dès sa majorité, une première année de prison pour dégradation de mobilier urbain, violence et menaces de mort, suivie de pas moins de trois autres derrière les barreaux pour viol, précise un article du *Parisien* daté de mars 2019. *L'homme de vingt-six ans était déjà défavorablement connu des services de police.*

Cheryl fait défiler les comptes-rendus tirés de plusieurs journaux nationaux. *Défavorablement connu*, c'est le moins qu'on puisse dire. Il est question de plaintes. De récidives. D'innombrables récits d'agressions et de harcèlements en tous genres.

Un beau miroir du pire de l'humanité. De ce que l'humanité devient peu à peu.

La dernière fois où le bonhomme s'est retrouvé en garde à vue remonte à deux ans, en mai 2021 très exactement. La police judiciaire de Nantes l'a entendu dans le cadre d'une affaire de disparition, dans laquelle les soupçons sur son implication ne manquaient pas.

Nantes ?

La mention de cette ville relance l'alarme dans son esprit. La personne qui s'est intéressée à ses informations personnelles l'a fait depuis cette ville, de ça au moins elle a la preuve. D'un autre côté, Cheryl a bien conscience que l'homme qui se trouve en bas n'a pas pu faire le voyage en une poignée d'heures. Plus de six cents kilomètres. C'est physiquement impossible.

Plusieurs personnes, alors ? Pourquoi ?

Une chose à la fois, se morigène la jeune femme en écrasant plus fort encore son poignet gauche entre ses cuisses. *Reprends depuis le début. Une disparition. Qui ?*

Elle fait tourner la roue crantée de la souris, parcourt les informations sur l'affaire en question, ce qui se résume à peu de lignes. Le nom de la disparue est Catherine Bourgey. Dix-huit ans, résidant à Clisson en Loire-Atlantique. La jeune femme n'a plus donné signe de vie après s'être rendue au défilé du 1er mai dans la ville de Nantes en compagnie de cet homme, Grégoire Couture, qu'elle fréquentait semble-t-il depuis quelques mois. La manifestation a dégénéré suite à l'infiltration de casseurs d'ultragauche dans le cortège. Couture s'est retrouvé bien amoché, des coupures au visage et sur le torse. Il a déclaré avoir été pris à partie par les émeutiers, ce qui l'aurait séparé de son amie et expliquerait les traces de griffures. Difficile de démêler les faits tant la pagaille était importante dans les rues. Seul fait certain : la jeune femme, elle, n'a jamais réapparu nulle part. Selon ses proches, Couture se montrait violent avec elle. Ce n'était ni nouveau, ni rare dans le pedigree de l'individu. D'où son placement en garde à vue, avant qu'il ne soit innocenté in extremis par une source fiable de l'avis de la police. Il faut croire que la justice avait déjà bien assez à faire avec cinq autres interpellations pour violences et dégradations en marge du défilé, sans compter qu'un policier avait été grièvement blessé.

La disparition de la jeune femme n'a jamais été résolue. *Comme d'habitude,* ressasse Cheryl. Trop de violence. On ne sait plus qui juger. Quelle priorité donner à quel type de délit. Quelle colère désamorcer au détriment des autres.

Elle se frotte les doigts sous son tee-shirt. La douleur revient peu à peu dans son poignet.

Soit, il semblerait que Couture n'était pas coupable cette fois-là. *Peut-être* pas.

Mais tout ceci s'est produit à Nantes deux ans auparavant.

Et ce type monte la garde devant chez moi maintenant.

La question demeure la même : *POURQUOI ?*

La jeune femme se perd dans ses réflexions. Il y a *forcément* un sens à ce qu'elle a sous les yeux. Elle contemple donc les données affichées par l'IA jusqu'à se demander ce qui la dérange, tout au fond de son esprit. Ce n'est pas grand-chose, pas de quoi attirer l'attention d'une personne ordinaire, mais le regard de Cheryl n'est pas celui d'une personne ordinaire. Elle est entraînée à embrasser les abstractions numériques. Or, à bien y réfléchir, les références étalées sur ses écrans lui font l'impression de contempler l'image d'un plan de bâtiment étrange, réaliste en apparence, mais dépourvu d'éléments essentiels tels que des couloirs, le réseau électrique ou les canalisations.

Le manque.

Elle se redresse, libère son poignet gauche et se rassoit correctement. Elle sélectionne les dates de référencement qu'a trouvées le logiciel. C'est bien ça, et tout s'éclaircit. Des résultats qui devraient apparaître par défaut ne figurent nulle part. *Effacement sélectif et minutieux.* Plus Cheryl effectue de vérifications, plus cela lui crève les yeux. Il ne reste plus que les articles des journaux nationaux sur l'affaire de Nantes, les autres sources ont intégralement disparu. Tout comme elle ne trouve pas d'adresse où aurait pu habiter Couture. Pas une seule mention de sa scolarité. Et évidemment, le bonhomme n'apparaît sur aucun réseau social.

Qu'à cela ne tienne. Les informations demeurant accessibles sont assez éloquentes. Cheryl relit attentivement l'article du *Parisien*, qui évoque quatorze mentions à son casier judiciaire pour divers actes de violence, intimidation, coups et blessures. En tout, Couture avait déjà écopé de quatre années de prison ferme, dont trois pour viol, assorties de trois autres avec sursis. Au vu d'un tel profil, Cheryl n'ose imaginer le nombre d'autres femmes n'ayant jamais pu porter plainte, incapables de trouver un interlocuteur suffisamment bienveillant, terrifiées à la perspective de représailles.

Un individu violent.

Qui, lorsqu'il est alcoolisé, aime promettre à tout bout de champ des meurtres et du carnage.

La douleur dans sa main tordue redouble d'intensité à mesure qu'augmente sa nervosité. Cheryl continue de contempler la mosaïque de données, telle une peinture abstraite composée d'autant de zones vides que d'éléments disparates. Les nuits de Couture en garde à vue, les comparutions devant des juges, tout forme une constellation constante.

On décèle bien un arrêt pendant ses quelques années derrière les barreaux, marquant un passage vierge dans cette biographie judiciaire foisonnante. Après, c'est la reprise, inévitable, de la galaxie de dérapages, les altercations régulières avec tout et n'importe qui, la violence, les menaces de mort.

Jusqu'à la disparition de cette jeune femme le 1er mai 2021 et cette fameuse nuit en garde à vue.

Cette fin des poursuites, quasi miraculeuse si on prend en compte le profil du personnage. Grégoire Couture était l'amant de cette fille, Cheryl ne connaît que trop les statistiques. L'entourage proche est responsable dans 99 % des drames de ce genre. Que s'est-il vraiment passé ce 1er mai-là dans les ruelles en feu de Nantes ?

Une seule chose est sûre : après cette date, *il n'y a plus rien.*

Depuis deux ans, Grégoire Couture a disparu de la Toile. Il semble ne plus s'être battu dans des bars de seconde zone.

Plus aucune femme n'est allée déposer son nom à la police avec un œil au beurre noir. Comme si le type s'était rangé du jour au lendemain.

— Tu as trouvé Jésus, c'est ça ?

Cheryl se lève, plongée dans ses pensées tumultueuses. S'approchant de la fenêtre, elle vérifie que l'homme se trouve toujours au même endroit. Pas très futé quand même.

— Pourquoi tu me surveilles, putain ? Tu attends quoi ?

Retour devant ses écrans.

Elle pense à haute voix.

— Ou tu attends qui ?

Elle sursaute quand la musique du film *Blade Runner* s'élève de son téléphone.

L'appareil affiche un numéro inconnu.

Cheryl prend l'appel.

— *C'est moi*, dit une voix qu'elle reconnaît instantanément.

47

— Kate ?

— *Pas de nom*, s'empresse de la couper Kate. *On ne peut plus faire confiance à nos anciens numéros. J'ai acheté un téléphone à carte prépayée.*

Ce qui ne nous protège pas de grand-chose, rumine Cheryl en son for intérieur.

Elle se recroqueville à nouveau dans son fauteuil. Dans l'écouteur du téléphone, des bruissements, elle devine le son diffus de la circulation, suggérant que Kate se trouve dans un véhicule.

— Quel est le problème ?

Davantage de grésillements. À l'arrière-plan, un coup de klaxon. Le bruit ronflant d'un moteur de camion.

— *La police. C'est plus grave que ce qu'on aurait pu imaginer. Ils ont notre signalement. Ils semblent avoir remonté la piste de chacun de nos bourreaux.*

Cheryl passe sa main handicapée sur son visage, pressant sur ses yeux.

— Attends, attends, ça ne colle pas du tout. Figure-toi que j'ai repéré un type en planque, juste en face de chez moi. Mais ce mec est tout sauf un flic. Plutôt un repris de justice, du genre récidiviste.

— *Je t'assure que tu te trompes. C'est la police judiciaire qui nous a dans le collimateur. Peut-être depuis des mois. Il est probable qu'ils nous surveillent toutes les quatre.*

— De quelle source tu tiens ça ?

— *De source sûre*, intervient une deuxième voix.

Cheryl la reconnaît elle aussi. Farrah. *Pas de nom*, se rappelle-t-elle. Ses deux camarades sont donc ensemble. Dans la voiture de Farrah, si elle se fie à l'environnement sonore.

— La source que je crois ? s'étonne-t-elle.

— *Notre camarade n'a pas été totalement franche avec nous*, grince Kate. *Si tu veux tout savoir, elle est restée en contact avec son gendarme.*

— *Et j'ai eu bien raison !* peste Farrah en retrait.

— D'accord, d'accord. J'en déduis que vous êtes toutes les trois ensemble, alors ?

— *Juste nous deux*, poursuit Kate. *La dernière du groupe ne répond pas, je vais continuer d'essayer de l'appeler. Dans l'immédiat, nous venons te chercher, il nous faut décider de la suite ensemble. Nous entrons sur l'autoroute, nous devrions arriver chez toi dans moins de trois quarts d'heure.*

— Vous ne comprenez pas, les filles. Je vous répète qu'il y a un type qui campe devant ma porte. Du genre dangereux, qu'on connaît bien, si vous voyez de quoi je veux parler. Je ne me trompe pas à son sujet. J'ai mes sources moi aussi, et elles sont bien flippantes, croyez-moi sur parole.

— *Raison de plus pour qu'on te récupère au plus vite. On peut se donner rendez-vous quelque part. La gare, par exemple. Elle n'est pas très loin de chez toi, non ?*

— Trop de monde et trop voyant, grommelle Cheryl. En plus, il y a des caméras partout dans le secteur.

— *Alors dis-nous où tu veux qu'on aille, mais tu ne peux pas rester seule chez toi tant qu'on ne sait pas ce qu'on risque exactement.*

Les pensées de Cheryl défilent à toute allure. La thérapeute n'a pas tort. Que fera-t-elle si le mec dehors décide d'entrer dans l'immeuble et s'invite chez elle ?

Rien. Elle serait sans défense. Elle a beau posséder un spray au poivre, celui-ci ne lui serait que d'une utilité limitée, pour ne pas dire nulle, en cas d'agression.

— D'accord, soupire-t-elle en affichant machinalement Google Maps sur son écran central. Voilà ce qu'on va faire. Sur votre GPS, cherchez la station Raynal, chemin du

Raisin. C'est une friche industrielle, ils ont tout rasé pour la construction de la nouvelle ligne de métro. Les pelleteuses sont reparties, vous trouverez une zone à l'abandon qui sert de parking sauvage pour l'instant, je sais qu'il n'y a aucune caméra à cet endroit, et quasiment personne n'y passe. Je vous y attendrai. Ne traînez pas.

— *Toi, assure-toi de ne pas être suivie*, réplique la voix de Farrah.

— Ne me prends pas pour une quiche, conclut Cheryl en mettant un terme à la conversation.

Elle bondit de son fauteuil et retourne à la fenêtre.

L'homme est toujours là, en terrasse du torréfacteur.

Elle aperçoit également sa voisine qui vient de sortir de leur immeuble. Maÿlis remonte la rue en direction du centre-ville. À son sac de courses, Cheryl devine qu'elle se rend à l'épicerie africaine située à quelques centaines de mètres un peu plus bas.

Un plan se forme aussitôt dans son esprit.

Elle dispose de quelques minutes pour rassembler ses affaires essentielles, ordinateur et disques durs.

48

Il n'y avait personne dans l'épicerie, les courses de Maÿlis Rosier n'ont pas duré longtemps. La jeune femme remonte la rue du Faubourg-Bonnefoy, son sac chargé de jus de gingembre, de boîtes de lait de coco et de riz parfumé. Alors qu'elle arrive devant son porche, elle ne peut toutefois pas s'empêcher de prêter attention à l'homme attablé sur le trottoir d'en face. Treillis, chemise et casquette kaki. Il braque un regard insistant sur elle. Comprenant qu'elle l'a remarqué, il lui adresse une mimique obscène, langue tendue et frémissante simulant un cunnilingus. Maÿlis détourne le regard et enclenche la clé dans la serrure pour pénétrer dans le hall au plus vite.

Elle gravit les marches de l'escalier et découvre Cheryl, dos collé contre sa porte, bras croisés et lèvres pincées.

— Cheryl ? Tout va bien ?

— Pas exactement. Est-ce que je peux te demander un service urgent ?

Maÿlis incline la tête. Sourire timide.

— Le type super flippant dehors, hein ?

— Tout juste. C'est une situation un peu bizarre…

Le visage de Maÿlis s'illumine.

— Tu *es* bizarre, Cheryl. C'est pour ça que je t'aime bien.

Un rouge carmin s'invite sur les joues de Cheryl, qui ne trouve rien d'autre à faire que de désigner la porte derrière elle.

— Alors je te laisse déposer tes courses chez toi et on monte dans mon appart ? Je te préviens, je ne vais pas pouvoir tout te raconter, mais il faut que tu me croies, j'ai *terriblement* besoin de toi, *tout de suite*.

49

Dix minutes plus tard vient le moment de se jeter à l'eau.

Cheryl, tapie derrière la porte du hall de sorte que personne ne puisse l'apercevoir, laisse Maÿlis sortir dans la rue. Maÿlis est drapée dans un de ses sweat-shirts oversize affichant sur toute sa surface l'imagerie rouge vif du film *Suspiria. Déguisée en Cheryl.* Cheryl lui a même passé un pantalon cargo plein de poches pour que l'illusion soit parfaite. Toutes deux sont de la même taille, même gabarit. Ainsi vêtue, l'énorme capuche rabattue sur son visage, on ne peut que prendre Maÿlis pour elle.

Il faut que ce soit le cas.

Maÿlis s'éloigne, remonte la rue en direction de Croix-Daurade. Cheryl se colle à la porte, observant par le judas la réaction de l'homme tatoué. Comme elle l'espérait – et le *craignait* –, il ne tarde pas à se lever et à emboîter le pas de la silhouette encapuchonnée.

— Abruti, murmure Cheryl. T'es vraiment aussi con que t'en as l'air.

Elle a demandé à sa voisine de remonter toute la rue jusqu'au magasin Spar, d'y entrer pour faire quelques courses avant de revenir tête bien découverte pour qu'il n'y ait aucun doute sur son identité. C'est après Cheryl qu'en a ce type, Maÿlis ne court donc aucun risque. Par ailleurs, le temps qu'il se rende compte qu'il a filé par erreur la mauvaise personne, Cheryl sera loin.

Elle ajuste son sac à dos bourré à craquer, patiente encore quelques instants avant de pousser la porte et de s'élancer à son tour dans la direction opposée. Elle bifurque presque aussitôt dans la rue Joubert. C'est un raccourci qui va l'obliger à couper par les rails de la SNCF, mais, au moins, cela lui fera éviter les grands axes. C'est la règle essentielle de leur groupe depuis le début. *Ne pas être vues. Ne jamais être identifiées.* Des précautions qui lui semblent, aujourd'hui, plus appropriées que jamais.

Elle avance courbée, à l'abri des voitures stationnées le long de la rue, marchant le plus vite possible vers les voies de chemin de fer tout en luttant pour ne pas – trop – se retourner.

Elle remonte la ruelle à l'abandon en contrebas des rails. Il lui faudra enjamber quelques barrières et traverser plusieurs palissades pour rejoindre la zone en construction derrière les voies, mais ce n'est pas un parcours bien compliqué. Elle calcule qu'il lui faudra à peu près dix minutes pour y arriver.

Elle ne respirera qu'une fois là-bas.

Maÿlis, quant à elle, fait exactement ce que lui a demandé Cheryl. Elle marche tête baissée, mains enfoncées dans les profondes poches du sweat-shirt, cherchant à imiter la posture introvertie de son amie.

Elle ne tarde pas à atteindre les clôtures de chantier installées depuis peu le long de la rue du Faubourg-Bonnefoy. Deux camions et une pelleteuse sont en train de manœuvrer, emplissant l'air de vagues de poussière chaude et bloquant la circulation. Maÿlis s'est à peine engagée dans l'étroit passage laissé aux piétons qu'un adolescent à vélo arrive en face. Il va bien trop vite, Maÿlis est forcée de se coller contre le mur pour l'éviter. Quand elle reprend sa marche, c'est d'un pas un peu plus hésitant. Elle s'est tournée par réflexe par crainte d'une collision avec cet abruti, son visage était-il visible ? Elle espère que non, progresse nerveusement entre des piétons en shorts et des véhicules à l'arrêt à cause des camions.

Alors qu'elle passe dans les émanations de friture d'un vendeur de tacos, en face de la rue du Colonel-Toussaint, une voiture stationnée en travers la klaxonne avec enthousiasme.

On siffle à son intention. On rit. Elle se retient de renvoyer des insultes aux jeunes crétins qui lui font des signes obscènes.

N'y tenant plus, elle risque un regard en arrière.

L'homme qui aurait dû la suivre n'est pas là.

Maÿlis fait volte-face pour scruter les rares passants dans les volutes de poussière, une ou deux personnes à vélib. Aucun d'entre eux n'est le type en kaki que Cheryl lui a demandé de semer pour elle.

— Non, murmure-t-elle. Non, non, non, Cheryl…

50

Cheryl ne cesse de surveiller ses arrières. Personne dans son dos tandis qu'elle longe les voies de la SNCF, elle en est à peu près sûre. Il ne lui reste qu'à patienter le temps que plusieurs trains de marchandises se succèdent sur la tapisserie d'innombrables rails, puis elle saute par-dessus une barrière et traverse à la hâte la zone d'aiguillage. Nouvelle barrière. Toujours personne. Tout se déroule comme elle l'espérait. Elle pénètre dans une des nombreuses friches de cette partie de la ville, où des immeubles condamnés sont démolis les uns après les autres sur plusieurs hectares. Quelques mois auparavant, les hangars des ateliers municipaux se tenaient encore là. Les pelleteuses ont tout rasé depuis, il ne reste de cet endroit qu'un vaste espace liminal fait de bitume arasé scintillant au soleil, de terrains vagues poussiéreux et de tas de gravats. À l'horizon se profilent les silhouettes de deux grues, derrière des barrières couvertes de graffitis mauves et jaunes.

À l'abri de ces palissades et en retrait des grandes avenues, Cheryl reprend confiance.

Dépêche-toi.

L'air est étouffant. Il embaume le béton et la rouille chauffés par le soleil. Une dizaine de véhicules, surtout des utilitaires, stationnent à même la terre retournée. Cheryl se demande si la plupart de ces carcasses ne sont pas purement et simplement abandonnées. Ce qui lui convient très bien. Au moins, elle ne risque d'attirer l'attention de personne.

Elle trottine le long des murs jusque derrière une fourgonnette crasseuse aux vitres condamnées. D'ici, elle peut observer l'avenue déserte d'où viendront ses camarades.

Si elles ne sont pas ralenties sur l'autoroute, Kate et Farrah devraient arriver dans une vingtaine de minutes.

Tout le temps du monde.

Cheryl n'a emporté avec elle que son sac à dos empli du strict minimum. Son MacBook et ses sauvegardes les plus importantes y sont bien en sécurité. Une fois avec ses camarades, elle se connectera pour essayer de joindre Tanya. Il va leur falloir comprendre ce qui se passe autour d'elles, et vite.

À aucun moment elle ne suspecte quoi que ce soit dans le silence étouffant du quartier.

Quand la porte du fourgon coulisse en grinçant, elle sursaute, fait un pas en arrière, se retrouve adossée à la palissade de chantier.

L'homme tatoué jaillit du véhicule. Tout en maigreur et plus grand encore qu'elle l'avait imaginé. Il a ôté sa casquette, révélant le tatouage de taulard sur sa tempe. À son rictus édenté, elle comprend qu'il l'attendait, qu'elle vient de foncer tête baissée dans un piège. Avant qu'elle ne puisse fuir, il se jette sur elle, la saisit de ses mains nerveuses et la secoue violemment. Cheryl pousse des cris aigus de douleur en se débattant. La manche de son sweat-shirt finit par se déchirer, la jeune femme parvient à se libérer, elle s'écarte de son agresseur, peine à garder son équilibre.

— Pas si vite, papillon !

Il tente de l'empoigner à nouveau. Cheryl recule, elle se sert de son sac à dos comme d'un bouclier dérisoire.

Cette fois, l'homme lui renvoie un coup de poing qui la percute à la joue. La douleur explose dans son crâne tandis que Cheryl trébuche et s'étale sur le bitume.

Pantelante, déterminée à ne pas se laisser faire quoi qu'il arrive, elle roule sur le côté en abandonnant son sac. Elle a repéré un interstice dans la palissade du chantier, elle se glisse à la hâte dans le minuscule espace, rampe au milieu des graviers grossiers qui lui meurtrissent les coudes et les genoux. Dans son dos, Grégoire Couture pousse des jurons, passe les mains sous la clôture, lui effleure la botte sans parvenir à la saisir.

Cheryl se redresse, se met à courir pour traverser le chantier. Son poursuivant a soulevé les tôles, il est à ses trousses. Il lui faut moins de cinquante mètres pour la rattraper et essayer de l'agripper. Ses doigts glissent sur le crâne lisse de Cheryl, s'accrochent au tissu de son sweat-shirt. Cheryl hurle au secours, en vain. L'homme ne veut pas lâcher son vêtement, le tissu craque, se déchire tout entier. Cheryl s'effondre de nouveau, en soutien-gorge au milieu des gravats. Cela fait rire Couture qui jette les lambeaux du sweat-shirt par-dessus son épaule.

Il est sur elle, la gifle, la secoue encore plus fort.

— On t'a mise sur écoute, pauvre andouille ! Tu nous as donné toi-même ta position, c'est pas beau la technologie ? Mais ça, tu devrais le savoir, non ?

Pour toute réponse, Cheryl plonge la main dans une de ses poches, saisit sa bombe au poivre et la braque tant bien que mal vers son agresseur. Le jaillissement du gel est surpuissant, arrosant le visage de l'individu qui se met à crier de surprise et de douleur, mais sans la lâcher pour autant. Dans leurs mouvements entremêlés, Cheryl se retrouve aspergée elle-même, le gel poivré lui brûle instantanément les yeux et lui enflamme la gorge. Elle s'efforce de maintenir le jet droit sur le visage de Couture.

Les yeux fermés, l'homme tousse, s'étouffe, enfin desserre son étreinte.

— Espèce de petite pute ! rugit-il en se frictionnant frénétiquement le visage, sa peau s'empourprant à vue d'œil sous l'effet du poivre.

Cheryl recule sur les fesses, prise de quintes de toux. La douleur dans sa main gauche est terrible. Elle hurle de toutes ses forces :

— Au secours ! À l'aide !

Le pire est de savoir qu'elle s'est *elle-même* placée dans un endroit à l'écart. *Totalement isolée.* Elle roule, s'éloigne maladroitement à quatre pattes, la gorge et les sinus en feu, la vue troublée par l'effet du spray, essuyant tant bien que mal ses paupières gonflées. L'homme est de nouveau sur elle. Il l'écrase de tout son poids. Il passe son bras sur son cou, l'étouffe, la serre contre lui jusqu'à la faire suffoquer et que sa vue s'emplisse de taches lumineuses.

Quand les forces de Cheryl l'abandonnent pour de bon et que son corps se relâche, l'homme la saisit par les pieds. Il la traîne vers le fourgon sans qu'elle puisse plus se défendre.

— Au secours ! essaie-t-elle encore de crier, d'une voix de plus en plus éraillée et de moins en moins audible.

C'est bien trop tard. L'homme l'a jetée à l'intérieur du véhicule. Elle pleure à s'en déchirer la gorge. Couture la frappe à nouveau, lui cogne la tête contre la tôle jusqu'à ce qu'elle s'effondre. Elle tente bien de ramper loin de lui, ses ongles griffent la paroi de la camionnette tandis qu'elle cherche des yeux quelque chose pour se défendre. Il n'y a rien que des rails, des crochets, des sangles d'arrimage.

La perspective de ce qui va se produire, la sensation de *déjà vécu* lui serre le ventre.

— Non, non, non !

L'homme lance son sac à dos dans le véhicule avant de faire coulisser la porte, s'enfermant avec elle à l'intérieur.

— Oh, mais que oui, au contraire, ma pauvre ! Je vois que t'as enfin compris la situation !

Sans qu'elle trouve la force de se défendre, il lui saisit le poignet droit et l'enserre d'une boucle en plastique autobloquante.

— Ça te rappelle de bons souvenirs, hein ? À la mémoire de ton ami José ! Tu sais quoi, le réalisateur, George Lucas, il dirait que la mise en scène, ce doit être comme de la poésie, il faut que ça rime ! J'ai dû improviser avec ce que j'avais sous la main, mais je trouve que ça correspond bien !

— Pitié, halète la jeune femme. Pourquoi vous me faites ça ?

L'individu lui saisit la gorge d'une main et approche son visage du sien. Il sourit de toutes ses dents déchaussées par la consommation de drogue.

— Parce que t'es la dernière, mon petit chou. Il ne restait plus que toi à identifier et à retrouver. On a bien fait attention à ce que vous ne vous doutiez de rien, je te dis pas la frustration ! Ça nous a pris un an, putain ! Ce qui va t'arriver maintenant, tu l'auras pas volé !

Son haleine a une odeur rance. Il lèche la joue de Cheryl, qui tressaille de répulsion et de terreur. Il lui bave dans le creux de l'oreille.

— Je dois quand même te dire que t'as de la chance que je sois seul ici et que j'aie pour ordre de te garder à l'œil en attendant les autres. Si c'était pas pour Séverin et tout ce que je lui dois…

— S… Séverin ? Qui est…

— Ta gueule !

Il marque son ordre d'une gifle cinglante, suivie d'une deuxième, du revers de la main. Puis il enfonce un chiffon dans la bouche de la jeune femme et utilise une sangle en caoutchouc pour maintenir le bâillon en place. Cheryl ne peut plus que se débattre faiblement, sanglote tandis que Grégoire Couture se colle contre elle et recommence à lui lécher les joues en ricanant comme une bête avide.

— Voilà qui est mieux. T'en fais pas, ils sont en chemin. Tu ne tarderas pas à les voir. Séverin m'a demandé de m'assurer que tu ne nous fausses pas compagnie avant qu'ils soient tous là. Notre petit groupe au complet.

Leur groupe ? Cheryl ne comprend pas de quoi il parle, de quelles personnes il s'agit, ni qui peut être ce Séverin. Il vient de lui annoncer que des gens les traquent depuis un an. *Un an.* Elle n'a rien deviné, rien suspecté, alors qu'elle passe son temps à veiller sur les réseaux. *Aucune d'entre elles ne s'est rendu compte de rien.* L'épouvante afflue dans ses veines, la douleur la met au supplice.

Quand l'homme sort un couteau de chasse, qu'il fait danser la lame crantée devant ses yeux, puis qu'il la fait glisser sur le tissu de son soutien-gorge, Cheryl sent qu'elle va défaillir. *Tout, mais pas revivre ça.* Ses mimiques terrifiées provoquent l'hilarité de son ravisseur.

— Séverin ne m'a pas précisé dans quel état tu devais être, en revanche.

Le bâillon étouffe les cris de Cheryl quand la lame entaille son flanc dénudé.

51

Nantes,
Mai 2021
(deux ans auparavant)

Dans les souvenirs de Grégoire…

Il sait que sa vie aurait pu se finir là, comme ça. Connement. À même pas vingt-huit ans. Il aurait pu retourner au placard après ce qu'il avait fait ce jour-là, à cette pétasse-là. Pour ça, on l'aurait condamné à y rester beaucoup plus longtemps, c'est certain. Tout aussi certain que Grégoire n'aurait pas tenu le choc. Il n'avait pas les nerfs pour être renvoyé à l'intérieur, plus maintenant, plus jamais.

Quel imbécile, aussi, de s'être laissé aller comme ça. Grégoire est léger dans ses choix, parfois, il le sait. Il avait juste espéré que la bordélisation du 1er mai lui servirait de couverture, qu'on accuserait les black blocs, les milices identitaires ou n'importe qui d'autre, il y avait assez de fouteurs de merde dans les rues de Nantes après tout. Ou, pour dire vrai, il n'avait pensé à rien du tout. Il l'a juste fait, parce que c'était plus fort que lui. Sauf que cette fois les flics étaient venus le cueillir au petit matin. On l'aurait vu se prendre la tête avec Catherine, l'entraîner hors de la manifestation en la tirant par les cheveux. Les rageux de son entourage avaient dû s'en donner à cœur joie pour l'enfoncer, ça c'est certain. À cause de ces chiens, cette fois ce serait la bonne…

Ou peut-être pas, après tout.

Le flic avait fait irruption au beau milieu de sa garde à vue, dans son costume de frimeur qui donnait l'impression de sortir d'une série télé des années 1980. Mais on n'était pas à Miami, et le capitaine Séverin Léandre était tout sauf un défenseur des opprimés. C'était évident aux regards courroucés que lui jetaient les autres flics présents dans la pièce. Un loup solitaire. Un mâle alpha dans toute sa splendeur, que tous détestaient viscéralement tout en baissant les yeux devant lui.

— Tu es sûr de ce que tu nous racontes ? avait protesté son collègue qui menait l'interrogatoire depuis le début. On a des témoignages qui assurent que le gardé à vue cognait sa copine depuis des mois. Ce baltringue est bien connu chez nous. Sans oublier que le téléphone de la présumée disparue a borné pour la dernière fois à côté du sien, pendant la manif de samedi. Et puis merde, tu as vu les griffures sur son visage ? Ça ressemble à des traces de baston avec des casseurs, pour toi ?

Le capitaine Léandre était sûr. Il le répétait avec un aplomb et une facilité défiant la logique, pas un mot plus haut que l'autre. Grégoire, assis derrière la table, entouré de poulets aux manches retroussées qui le dévisageaient comme s'il était le dernier des excréments des chiottes de l'enfer, était tout aussi sidéré qu'eux.

— Je ne dis pas que ce tocard est un ange, martelait le flic à ses collègues, aujourd'hui, ce n'est pas votre homme, c'est tout. Je l'ai filoché toute la journée. Il était bien avec la petite Bourgey en début d'après-midi, et je confirme que tous les deux se sont bien crêpé le chignon comme des poissonniers. Mais après ça, j'ai aussi vu la fille repartir seule dans le défilé, comme il l'a affirmé dans sa déposition. À aucun moment il n'a essayé de l'entraîner à l'écart.

— Et plus tard ? Tu affirmes que tu lui as collé aux basques non-stop ?

Le capitaine Léandre avait hoché la tête. Sans cesser de regarder Grégoire d'un air condescendant.

— Toute la journée, je le répète et je veux que ça figure en procédure. Je l'ai confondu avec le fiché S que je devais marquer au départ. Ce monsieur ne transpire pas la sympathie, j'admets que j'ai fait un délit de sale gueule, comme vous êtes en train de le faire maintenant. Quoi qu'il en soit, je ne l'ai pas lâché jusqu'au soir. Je l'ai vu être pris à partie par les casseurs comme il l'a dit et se prendre une belle raclée dans la mêlée. Je l'ai aussi vu monter dans le train tout seul en fin de journée. Sa copine n'était déjà plus avec lui depuis longtemps. J'ai tout consigné dans mon procès-verbal il y a deux jours, il est sur le bureau du chef.

Il mentait à ses collègues. Sans frémir. Sans hésiter. En *souriant.*

Qui pouvait remettre en question la parole d'un policier ? Dans le cadre d'une mission, en plus ? Lui-même l'aurait cru.

— C'est bon, avait abandonné l'autre flic en se grattant le front. Ses voisins attestent que Couture est arrivé seul à Clisson et qu'il a passé toute la soirée chez eux. On a aussi la preuve qu'il n'a pas quitté son domicile depuis. On lui notifie sa fin de GAV et on passe à autre chose. Espérons que la disparue finira par réapparaître, mais, pour l'instant, on a d'autres chats bien plus importants à fouetter.

Il était sorti libre.

C'était tellement énorme qu'il ne parvenait même pas à croire en sa chance. Il s'agissait forcément d'un coup fourré. Si ce n'était pas déjà le cas, les poulets trouveraient le corps de Catherine. Ce n'était qu'une question de temps, il s'en doutait bien. Dès son retour chez lui, il avait prévu de faire ses bagages. Pour aller où ? Pour faire quoi ? Grégoire n'en avait encore aucune idée. Il n'était décidément pas bon pour prendre des décisions.

Sauf que le flic l'attendait déjà dans son salon. Confortablement installé dans son canapé, en train de regarder les informations à la télé, où on parlait justement des autres gardés à vue dans le cadre des violences urbaines des jours précédents.

— C'est dégueulasse chez toi, Grégoire. Tu te prends pour un ado ou quoi ?

Encore à ce moment-là, Grégoire avait cru à un piège. Il avait trop de saloperies cachées dans son passé, trop de bêtises mal enterrées. Il avait levé les mains par réflexe.

— J'ai rien fait, monsieur. Je sais pas ce que vous essayez de prouver, mais…

— Ta gueule.

D'un calme olympien, Séverin Léandre s'était levé, avait enfilé des gants en cuir, avait ajusté sa cravate bleu marine. Il dégageait cette force irrésistible des chefs de meute. Il s'était approché de Grégoire paralysé. Il sentait même le parfum. Une gravure de mode aux yeux enflammés.

— Il y a une chose de vraie dans ce que j'ai dit à mes collègues. Je t'ai trouvé louche dans cette manif. J'ai l'œil pour reconnaître les salauds. Je t'ai bien vu entraîner ta meuf du côté de Talensac, et elle n'avait pas l'air trop d'accord pour la visite touristique. Je vous ai aussi vus entrer dans l'immeuble condamné où tu lui as défoncé le crâne avec une barre en fer, pauvre abruti.

— Non, non, avait commencé Grégoire. Elle aime l'urbex, on a juste…

Cette fois, la main gantée s'était envolée, l'avait frappé au menton, puis en pleine face. Si fort que le nez de Grégoire s'était mis à saigner.

— Ta gueule, j'ai dit. D'abord, tu écoutes et tu apprends. J'étais en train de te rappeler que tu es reparti tout seul de cet immeuble. Couvert de griffures que tu n'avais pas en y entrant. En laissant ton ADN partout derrière toi comme un chiot en goguette.

Davantage de panique, de bouffées de chaleur incontrôlables. Grégoire n'avait pu s'empêcher de s'insurger :

— Je sais pas ce que vous voulez, mais ça va pas se passer comme…

Le flic avait foncé sur lui et lui avait fait une prise à la gorge. Il lui avait écrasé le larynx de l'avant-bras, tout en le regardant dans les yeux. Grégoire n'avait plus été capable de respirer du tout. Il était tombé à genoux. Le flic s'était replié sur lui comme une bête de proie pour murmurer à son oreille :

— Et ensuite, je n'ai eu aucun mal à retrouver ta petite amie que tu avais balancée au fond du tuyau des fondations. Tu es tellement con que ça t'a semblé être une bonne planque, sérieusement ? Pourtant, c'est ton jour de chance, même si tu ne l'as pas encore compris. J'ai déplacé le corps dans une des baignoires à l'étage et je l'ai dissous à l'acide. Ça m'a pris des heures, je n'avais heureusement que ça à faire de la journée. Maintenant, oui, plus jamais personne ne la trouvera. Voilà ce que j'avais à te dire.

Il l'avait repoussé. Grégoire s'était effondré sur son plancher où il avait toussé pendant de longues minutes avant de parvenir à reprendre son souffle.

— Je comprends pas. Si t'es pas là pour me piéger, tu veux quoi ? Du pognon ?

Séverin s'était avancé. Grégoire s'était écrasé au sol, attendant de nouveaux coups.

— Ce que je veux, c'est que tu ne te fasses plus choper à partir d'aujourd'hui. Je suis là pour t'expliquer que tu n'es pas seul, Grégoire. Mais aussi pour te faire rentrer dans le crâne que, maintenant, tu vas te tenir à carreau. Tu ne te prends plus la tête avec tes potes ivrognes, tes copines michetonneuses et tes petits dealers de 3M merdique. Tu n'empruntes plus de voiture qui ne t'appartient pas, tu ne te bats plus avec personne en public. Tu tues tes prochaines victimes proprement. Et quand je t'en donne la permission uniquement.

Il l'avait de nouveau regardé dans les yeux. Et pour la première fois de sa vie Grégoire avait vu le regard de quelqu'un de plus fou que lui. De quelqu'un de mille fois plus dangereux que lui.

Il avait risqué un sourire. Une adoration pour cet homme venait de naître. Aussi grande que la crainte qu'il lui inspirait. Grégoire avait servilement baissé la tête, reniflant son propre sang qui suintait encore de son nez.

— Tu me protégeras ?

Léandre s'était fendu d'un sourire rayonnant.

— Tu ne risqueras rien tant que tu fais ce que je dis. Tu vas vivre ta meilleure vie, cher collègue.

Il lui avait tendu la main pour qu'il se relève.

Grégoire l'avait saisie.

52

Maÿlis a couru, a fouillé du regard chaque magasin tout au long de la rue. Elle est même entrée chez le torréfacteur pour lui demander s'il n'avait pas vu repasser le client à la casquette qui était resté un si long moment en terrasse.

Le garçon lui a répondu qu'il n'y avait pas prêté attention, évidemment.

Alors Maÿlis est rentrée dans son immeuble. Se sentant ridicule dans ces vêtements qui ne sont pas les siens, qui portent le parfum de Cheryl, la détresse de Cheryl.

Aura-t-elle échappé à ce type qui lui faisait si peur ?

Bien sûr que non. Il l'a eue, juste comme elle craignait qu'il le fasse. Et maintenant… maintenant…

Maÿlis fait plusieurs fois le tour de son minuscule salon, colle le dos contre le mur, entre le poster de *Vertigo* et sa misère aux feuilles violet éclatant, essayant de réfléchir sans céder à l'affolement.

Maintenant ? Il ne lui reste qu'une chose à faire. Suivre les instructions que Cheryl lui a données, comme elle le lui a promis. Elle saisit les clés de Cheryl et s'élance dans l'escalier.

L'appartement de sa voisine informaticienne est l'exact opposé du sien : un capharnaüm de cartons, des bottes et des chaussures entassées contre le mur, un lit défait envahi de coussins et vêtements pêle-mêle, un portant surchargé de tee-shirts où le noir domine. Sur le bureau, les écrans sont toujours là, avec leurs flots de câbles et de boîtiers. Maÿlis a vu Cheryl emporter son ordinateur et plusieurs disques durs. La demande de la jeune femme a été très claire :

N'appelle surtout pas la police. C'est très important. Je te fais confiance, Maÿlis. Quoi qu'il arrive, tu entends ? TOUT sauf la police.

Que faire d'une telle injonction, dans un cas tel que celui-ci ? Ne pas avertir les autorités alors qu'on se sait en danger immédiat ? Cheryl a refusé de lui expliquer ce que l'homme flippant pouvait lui vouloir exactement, et Maÿlis a accepté de ne poser aucune question. De toute manière, elle s'imagine bien que cela doit avoir un lien avec l'informatique, le piratage, ce genre de délits sur le Dark Web.

Du détournement de cryptomonnaie, peut-être ? Mais non, Cheryl ne vivrait pas dans un appartement aussi minable si c'était le cas.

Quelque chose de plus grave ? De beaucoup moins défendable moralement ?

Tout ce que lui a indiqué Cheryl, au cas où quoi que ce soit ne fonctionne pas dans son plan, est qu'elle a laissé un téléphone de secours dans son appartement, et que Maÿlis ne doit utiliser que celui-là pour essayer de la contacter. Aucun autre.

Maÿlis se rend donc dans la salle de bains de Cheryl. La trappe sous la baignoire, lui a-t-elle expliqué. Il faut passer le bras pour fouiller tout au fond. Maÿlis trouve, retire de la cachette un sachet en plastique opaque. À l'intérieur, un petit téléphone, modèle ancien et minimaliste. Une carte SIM prépayée l'accompagne. Maÿlis l'insère dans l'appareil avant de sortir de sa poche le papier sur lequel Cheryl a écrit deux numéros.

Le premier est le sien.

Maÿlis le compose.

La sonnerie s'égrène jusqu'à la messagerie de Cheryl.

Maÿlis essaie encore, même résultat.

Elle regarde alors le deuxième numéro que sa voisine lui a laissé. À n'appeler qu'en situation d'urgence extrême uniquement.

Autant dire dans le cas présent, et le plus vite possible.

Le panneau indique l'aire de Baziège et le GPS prévoit encore plus de vingt-cinq minutes avant d'atteindre leur destination quand le téléphone sonne sur les genoux de Kate.

Elle échange un bref regard perplexe avec Farrah avant de décrocher et de dire prudemment :

— Oui ?

Une voix timide qui évoque celle d'une adolescente lui répond.

— *Vous êtes ses amies ? Je suis sa voisine. Elle m'a dit de ne pas prononcer de nom au téléphone.*

Kate ouvre des yeux ronds de surprise. Elle cale une mèche de cheveux dorés derrière son oreille.

— Oui ? répète-t-elle sans trop oser s'avancer, tout en faisant un geste inquiet à l'intention de Farrah.

La jeune voix poursuit :

— *Elle m'a demandé de vous appeler sur ce numéro si elle avait un problème.*

— Elle en a eu un ?

— *Je ne l'ai pas vu de mes yeux, mais oui, j'en suis à peu près certaine. L'homme louche qui la surveillait a forcément réussi à l'avoir, et elle ne répond pas à son téléphone…*

53

Le goût de sel et de métal dans sa gorge. L'odeur de sa sueur et de ses larmes. Exactement comme dans ses souvenirs. Les pommettes de Cheryl sont douloureuses, gonflées par les coups qu'elle a reçus. Ses flancs lacérés par la lame dentée du couteau laissent s'écouler des filets écarlates. Pas suffisamment pour la tuer, pas encore, mais déjà bien assez pour lui faire perdre toutes ses forces, pour la pousser un peu plus vers les abysses de la folie. *Les souvenirs de cette autre captivité. De cette première mort, car c'est bien ce que ça avait été, ou peut-être même pire que la mort.* Pourtant elle ne peut rien y changer, elle est recroquevillée, pendue par son poignet valide, le lien de plastique lui cisaillant la peau. *La somme de tous ses cauchemars...*

La musique synthétique de *Blade Runner* interrompt ses pensées décousues. La sonnerie de son téléphone, étouffée, provient du fond de son sac à dos.

Les yeux de la jeune femme roulent derrière leurs orbites. Elle cligne des paupières, cherchant à revenir à elle. L'homme l'a enfin délaissée. Elle voit qu'il fouille dans son sac où la mélodie s'est tue, avant de reprendre, plus audible. Couture laisse tomber l'ordinateur de Cheryl qui glisse un peu plus loin dans la camionnette avec un bruit de casse. Il jette ses vêtements sur elle en ricanant, avant de déverser tous ses précieux disques durs.

— On trouvera des photos de toi à poil là-dessus ? Je suis sûr qu'on va bien se marrer !

Avec un cri de joie, il s'empare du téléphone de Cheryl à l'instant où il s'arrête de sonner, l'agite d'un air narquois.

— Tu crois que tes petites copines viendront te sauver, dis ? T'es pas aussi bête, quand même ?

Il fait glisser la porte du fourgon, laisse le téléphone tomber au sol et l'écrase avec son talon jusqu'à ce que l'appareil ne soit plus que débris.

— Et voilà ! Mais ne t'inquiète pas, je te promets que Kate verra tout ce qui va t'arriver. On lui laissera de jolis souvenirs, qu'elle puisse bien se repasser la mort de chacune d'entre vous, une par une. Les autres ont eu du chemin à faire depuis chez Tanya, ils ne devraient pas tarder. D'ailleurs, on va les retrouver tout de suite !

Il referme la porte qui claque sèchement, la laissant seule. Cheryl l'entend continuer de rire comme une hyène.

Quelques instants plus tard, le moteur démarre et le véhicule se met en mouvement, arrachant des étincelles de douleur au poignet de Cheryl relié aux sangles de la paroi.

Elle contemple son ordinateur et ses disques vibrer sur le sol.

Ne perds pas espoir, ne peut s'empêcher de lui crier son esprit. *Accroche-toi encore.*

Cette voix dans sa tête est une salope, se dit-elle. Il n'y a plus aucun espoir pour elle. Ensemble, elles auraient peut-être pu faire front. Seule, elle n'a aucune chance.

54

— C'est là ? grogne Farrah.

— C'est là, dit Kate. Et ce doit être elle, là-bas.

— C'est une blague ?

Farrah se gare sur le petit parking désert, devant le hangar rouge et noir du jeu Laser Quest. Le trafic est dense de l'autre côté de la clôture, apportant des odeurs de gazole et de bitume dans un vague brouhaha incessant. La jeune femme à qui elles ont parlé au téléphone leur a indiqué ce point de rendez-vous situé juste à la sortie de la rocade. Et à présent elle s'avance vers le SUV : une gamine, qui n'a même pas l'air d'avoir vingt ans, habillée exactement comme Cheryl, sweat-shirt trop ample, pantalon cargo. La seule différence est l'absence de tatouages et la chevelure décolorée retombant en mèches sauvages devant son visage fin.

— Monte, lance Kate par la fenêtre ouverte.

— Oui. Heu… bonjour, leur dit la fille en refermant la portière après s'être installée sur la banquette arrière.

Les deux femmes se retournent vers elle, lui opposant des mines à la gravité funèbre.

— Ton nom ? interroge Kate.

— Maÿlis, répond-elle d'une toute petite voix. Maÿlis Rosier.

— Bonjour, Maÿlis. Je suis Kate.

— Pourquoi tu es déguisée en Cheryl ? lâche Farrah sans se soucier de bienséance et de présentations.

La jeune femme semble redécouvrir les vêtements qu'elle porte. Elle se gratte les cheveux par réflexe nerveux.

— Les fringues ? Ce sont les siennes, je… je ne les ai pas enlevées, je n'y ai même pas pensé tellement tout est allé vite depuis tout à l'heure. Cheryl me les avait passées pour faire croire à cet homme que j'étais elle, pour le semer…

— On voit comment ça a fonctionné, fulmine Farrah. D'abord, tu es qui au juste ? Sa petite amie ? C'est quoi la situation, là ?

— Il n'y a pas de situation du tout ! balbutie Maÿlis, recroquevillée sur la banquette. Je vous l'ai dit au téléphone, Cheryl est juste ma voisine. On a échangé nos clés pour se rendre service quand l'une ou l'autre n'est pas là. On n'a même encore jamais eu le temps d'aller boire un verre. Cheryl bosse tout le temps.

Farrah souffle entre ses dents, faisant voler ses mèches torsadées devant son visage.

— Juste ta voisine ? Mon Dieu, c'est *vraiment* une blague. Tu n'as aucune idée de qui nous sommes, hein ?

Maÿlis secoue la tête.

— Cheryl ne m'a jamais parlé de vous. Je vous jure que c'est vrai. Je vous le répète, je ne sais presque rien d'elle. Juste qu'elle a besoin de nous, là. Je ne comprends pas pourquoi elle m'a interdit d'appeler la police.

Farrah se retourne vers le volant, le frappe en jurant à plusieurs reprises.

— J'arrive pas à y croire ! Sérieux ! La police ? C'est là où est Cheryl maintenant, idiote ! Et nous, on a gagné un boulet sorti de nulle part !

— Ce type… un flic ?

— Qu'est-ce que tu t'imaginais ? intervient Kate. Elle était surveillée.

— Putain ! grogne Farrah en continuant de donner des coups sur le volant. Elle s'imagine rien, elle peut pas comprendre !

— Farrah, s'il te plaît, la recadre Kate. Pas besoin d'en rajouter.

Maÿlis agite les mains, prise d'une détresse totale.

— Non, non, attendez. J'ai bien vu le type qui faisait le guet devant notre immeuble. Il a plein de tattoos, des écarteurs, des fringues de punk à chien. Je suis catégorique, il n'y a pas moyen que ce gars soit un flic, à moins qu'ils les recrutent en taule.

— C'était un FLIC ! martèle Farrah. Ça y est, on est finies.

— Calme tes nerfs, c'est bon ! s'emporte Kate. Ça n'arrangera pas la situation, Farrah !

— Ce n'était pas… tente à nouveau Maÿlis.

— C'est toi, Kate, qui peux garder tes conseils de psy ! la coupe Farrah un ton plus haut. Cheryl s'est fait choper, voilà ce qui se passe. Même chose pour Tanya. Son téléphone ne répond pas non plus, faut pas être Einstein pour comprendre ce qui se passe. Elles sont toutes les deux en garde à vue, peut-être déjà en train de craquer et de tout balancer.

Maÿlis continue d'agiter les mains pour les interrompre, en vain.

— Farrah, ça suffit, ordonne Kate. On n'en est pas encore là.

— Bien sûr que si, Kate, on y est !

La jeune fille tente de glisser :

— Je vous dis que ce n'était pas un flic. Il ne l'a pas emmenée au…

Farrah l'interrompt de nouveau, continuant sa harangue à l'intention de Kate :

— Moi, tout ce que j'aimerais savoir maintenant, c'est ce qui nous reste comme option. Après tout, c'est toi qui as toujours voulu être la cheffe, épate-nous donc.

— Farrah, ce n'est pas une question de qui est la…

Maÿlis finit par crier de toutes ses forces :

— Vous allez arrêter, merde ! Au lieu de me prendre pour un *boulet*, comme vous dites, vous pourriez essayer de m'écouter ! Je suis jeune, mais je ne suis pas conne !

La surprise les rend silencieuses d'un coup. Toutes deux se retournent vers leur passagère.

— Quoi ? demande Kate.

— Quoi ? ajoute Farrah.

— Vous êtes toujours aussi désagréables entre vous ? Je croyais que vous étiez ses amies.

La conductrice penche la tête, une moue dubitative sur ses lèvres luisantes de gloss. À côté d'elle, Kate finit par esquisser un sourire glacé, et plisse les yeux.

— Farrah est un peu soupe au lait, mais on s'y fait. Enfin je crois. Et oui, nous sommes des amies très proches de Cheryl. Maintenant, qu'est-ce que tu as à nous dire exactement, Maÿlis ?

— Que j'ai un moyen de la localiser, et qu'elle n'est pas du tout au commissariat comme vous l'imaginez. Je peux vous expliquer, si vous voulez bien arrêter de vous plaindre pendant une minute et que vous me laissez parler…

55

Le fourgon a roulé pendant une quinzaine de minutes. Peut-être plus. Avant de bringuebaler sur un sol inégal. Jusqu'à un arrêt brusque.

Cheryl a réussi à ôter son bâillon, a tiré de toutes ses forces sur le lien de plastique qui lui retient le poignet droit, en vain. Tout son corps est en feu. Son âme en flammes. Se calcinant jusqu'à se recroqueviller. Bientôt il ne restera plus rien d'elle que des cendres, elle le sait, elle l'attend. Pour que tout ceci cesse enfin.

Accroche-toi. Ne perds pas espoir, s'entête la voix de son esprit. *Tu as déjà traversé ça.*

Justement. Je n'y survivrai pas une deuxième fois, se répond Cheryl, consumée vive par la frayeur. *Personne ne le pourrait.*

La porte latérale coulisse en crissant, laissant entrer un soleil éblouissant.

Cheryl constate que le véhicule est arrêté en rase campagne. Tout au bout d'une piste de terre bordée de hauts arbres, et probablement loin de la route. Des champs en friche à l'horizon. Le trajet n'a pas été très long, Cheryl imagine qu'ils doivent se trouver du côté de l'Union, ou peut-être même vers Cépet et ses terrains à perte de vue. *Au milieu de nulle part.*

Elle ravale sa salive au goût de sang. Elle suffoque.

— T'as fait un bon voyage ? s'amuse son kidnappeur. Je vois que tu t'es mise à l'aise ? Ne t'en fais pas, ici personne ne t'entendra crier.

Elle lui crache au visage. Il la gifle. Elle ferme les yeux, contenant tant bien que mal ses tressaillements. Alors l'homme colle sa bouche près de son cou. Son souffle est chaud et fétide.

— Tu veux une confidence ? susurre l'homme dans son oreille. Des petites comme toi, j'en ai planté plusieurs, et personne m'a jamais chopé. On est invincibles, tu vois.

Cheryl se sent chavirer. Elle se force à ouvrir les yeux. À fixer le monstre en face.

— Qui ça, *on* ?

Grégoire Couture éclate de rire. Aigu. Mauvais.

— La question, c'est comment vous avez pas encore pigé ! Pourquoi tu crois qu'on vous a retrouvées, hein ?

— Je ne sais pas qui vous êtes, je ne comprends rien, gémit Cheryl.

— Ouais. Je m'en doute. T'es pas si futée que ça, en fin de compte. Même moi, qui ai jamais été une flèche, je me serais jamais fait avoir aussi facilement.

Cheryl tire sur son poignet. La douleur la foudroie.

L'homme ricane en se balançant d'un côté à l'autre. Il fait mine de lui donner une gifle de plus, éclate de rire en la voyant se rétracter par anticipation. Et finalement la lui balance. Fort. Le choc envoie sa tête en arrière, le crâne de Cheryl cogne contre la paroi du véhicule. Du sang suinte de son nez. Son tortionnaire jubile de plus belle à ce spectacle.

— T'aimerais me buter, petite vicieuse ? Hein, que t'aimerais ? En vrai, t'es juste comme nous. Quand on a goûté au sang, on en redemande, pas vrai ? Ça te fait bien mouiller, de donner la mort, juste comme nous ! La seule différence, c'est que toi et tes petites copines, vous êtes une belle bande d'hypocrites. Dans le fond, si nous aussi on a créé notre groupe, c'est entièrement grâce à vous, tu sais. On n'avait jamais eu l'idée avant.

Ce que lui raconte cet homme n'a aucun sens. *Un groupe ? D'assassins ? À cause d'elles ?* Cheryl ne comprend pas, elle ne VEUT PAS comprendre. Elle sent simplement son désespoir se changer en colère. Elle serre les dents, sent sa salive mousser aux commissures de ses lèvres tandis que la douleur lui procure des spasmes.

— Je m'en sortirai, tocard. Juste pour… te prouver que t'as tort.

Rire, encore.

— Ouais, après tout, tu l'as déjà fait une fois. Tu t'en étais bien tirée. Est-ce que tu serais prête à te couper la deuxième main pour t'en sortir à nouveau ? Tu le ferais, dis ?

Cheryl tremble de tout son corps.

— Donne-moi ton couteau, espèce d'ordure. Et surtout, reste pas loin de moi. Tu verras bien ce que je ferai.

L'idée semble procurer une joie absurde à Couture. Il lui tend le couteau de chasse à la lame déjà souillée de son propre sang.

— Celui-là ? C'est lui que tu veux ? Vas-y, prends-le donc.

Hésitation. Elle sait que c'est un faux espoir, qu'il joue avec elle. Toutefois Cheryl n'a rien à perdre. Elle approche sa main gauche de l'arme, lentement.

Au dernier moment, l'homme écarte le couteau et, de son autre main, lui assène une gifle à la volée.

— Tu me prends vraiment pour un débile ?

Cheryl se contente de serrer les dents.

— T'as de la chance que j'ai pas le droit de te crever tout de suite ! pérore-t-il en faisant tourner le couteau entre ses doigts d'un geste expert. Tu perds rien pour attendre, t'en fais pas !

Une gifle claque sur sa joue droite, y allumant un nouveau feu à vif. Une autre sur la gauche. Cheryl ferme les yeux et encaisse, avec des cris de plus en plus faibles à chaque coup.

Profitant de sa « chance ».

56

Quand le son d'un moteur s'élève sur le chemin, Cheryl sait qu'elle est perdue. La douleur la pétrifie. Ses forces la désertent. Grégoire Couture lui pince la joue jusqu'au sang. Il lui postillonne au visage :

— Voilà, ils arrivent ! Je suis dégoûté de ne pas avoir pu être avec eux quand ils se sont fait ta copine Tanya. Ma consolation, c'est qu'ils ont tout enregistré, j'en profiterai en replay.

L'horreur qu'impliquent ces paroles dévaste la jeune femme. Elle entend le bruit de pneus sur les graviers. Des portières claquent.

Grégoire Couture lèche une dernière fois l'oreille de Cheryl, son regard scintillant de joie malveillante.

— Séverin m'a promis que ce serait moi qui t'achèverai. Le moment est venu…

Il se redresse, se retourne.

Pousse un grognement de fureur.

— C'est quoi, ce cirque, putain ?

Cheryl découvre en même temps que lui l'identité des nouvelles venues.

Kate. Farrah. Et aussi Maÿlis, toujours vêtue de son sweat-shirt *Suspiria* deux fois trop grand pour elle. Les trois jeunes femmes accourent. Elles crient, ordonnent à l'individu de s'écarter de Cheryl, de sortir de ce fourgon tout de suite.

— Dégagez ! rugit-il en brandissant le couteau de chasse. Ou je la plante ! Je vous jure que je le fais !

— Laisse-la ! hurle Maÿlis.

— Vous l'aurez voulu !

Avant qu'aucune d'entre elles ne puisse l'atteindre, Couture a empoigné Cheryl. Elle tente de l'éloigner d'elle, se contorsionne en vain au bout de son poignet prisonnier du Serflex.

L'homme lui enfonce le couteau dans le flanc.

Il le fait pénétrer jusqu'à la garde.

Cheryl croyait avoir déjà ressenti toute la douleur du monde.

Celle qu'elle éprouve à cet instant est pire encore. Sa vision devient lumineuse et tourbillonnante. Un soleil de souffrance.

Les cris fusent de tous côtés. Cheryl n'entend même pas le sien. Elle ne perçoit que cette douleur inhumaine, le flot de son sang brûlant qui jaillit de son ventre et coule sur ses jambes. Elle voit Maÿlis fonçant droit vers son agresseur. Elle veut la prévenir que c'est trop tard, la supplier de faire demi-tour, de se sauver, de ne pas risquer sa vie elle aussi, mais Couture a déjà retiré la lame crantée de son corps – dans un nouvel éclair de souffrance aveuglante – et la retourne vers Maÿlis au moment où elle se jette sur lui.

Le couteau tranche dans les replis du sweat-shirt *Suspiria*, découpe le tissu et la peau en dessous. Maÿlis pousse des cris déchirants, son sang gicle de son bras, puis de sa cuisse où s'ouvre une affreuse plaie. Tellement de sang. Tellement de cris et d'empoignades confuses.

— Maÿlis, hoquette Cheryl, aveuglée de larmes alors que sa voisine s'effondre au fond de la camionnette. Non…

Kate est arrivée à son tour. Cheryl entend le crépitement électrique caractéristique d'un taser. L'homme tatoué s'effondre, pris de soubresauts.

Le couteau lui échappe des doigts.

Kate continue de l'électrifier, le bout touchant de son taser sur le torse de Grégoire Couture, qui tressaute en geignant. Ses mains tapent sur la tôle, un bruit assourdissant tandis qu'une violente odeur d'urine envahit le fourgon.

— Ça fait quel effet ?

— Attends de… voir ! parvient-il à s'écrier.

D'un geste brusque, en dépit des contractions qui tétanisent son corps, il arrache le taser des mains de Kate. Il éclate de rire, traversé par une quinte de toux, tout en agitant l'arme à bout de bras.

Kate, imperturbable, indique la dragonne restée à son poignet.

— Quand c'est déconnecté de ce truc, ça fait coupe-circuit. Dommage.

Et sans parlementer davantage, elle lui balance un coup de pied au visage avec élan. Couture roule en travers du véhicule, cherche d'abord à récupérer son couteau. Un autre coup de pied de Kate envoie l'arme loin de lui. L'homme tente alors de quitter le fourgon, à quatre pattes, ne parvenant pas encore à reprendre totalement le contrôle de ses muscles.

Farrah ne le laisse pas faire.

Au moment où il passe la tête au-dehors, elle tire la porte latérale, la pousse sur la glissière de toutes ses forces pour la refermer sur le crâne exposé de Couture.

Le panneau en métal lui heurte le visage de plein fouet. Le bruit de craquement est atroce, ses traits disparaissent dans une bouillie rouge. Grégoire Couture cesse définitivement de bouger.

Tandis que Farrah ouvre de nouveau la porte, dévoilant le visage broyé de l'individu où les seuls détails encore reconnaissables demeurent les lettres REDPILL sur la tempe, Cheryl ne sait plus si ce sont ses propres hurlements qu'elle entend ou ceux de Maÿlis recroquevillée en position fœtale devant elle, les bras maculés de sang.

57

Quand elles la détachent, Cheryl se sent partir pour de bon.

Sa perte de connaissance ne dure cependant pas. Elle revient à elle en sursaut, aspire convulsivement de l'air. Elle est toujours allongée au fond du fourgon. Kate lui a entouré le ventre avec des bandes de tissu, elle serre des sangles par-dessus pour contenir la perte de sang. La douleur fuse à nouveau. Insupportable.

— Ne bouge pas. Je t'ai fait un bandage pour comprimer la plaie, mais il faut t'économiser.

Cheryl inspire avec difficulté. Ses poumons lui donnent l'impression d'être en feu. Elle dévisage Kate, dont l'expression est toujours aussi impénétrable sous sa frange stricte, elle devine Farrah accroupie à côté du cadavre désormais dépourvu de visage de Grégoire Couture. Elle cherche désespérément sa voisine du regard.

— Maÿlis…

— Je suis là. Tout va bien.

Maÿlis est blottie contre la paroi du fourgon, juste à côté d'elle. Elle prend la main de Cheryl, la serre fort. La jeune femme est elle aussi en soutien-gorge, à présent, le tissu du sweat-shirt ayant servi à confectionner des garrots de fortune autour de ses bras et de sa cuisse.

— Non, rien ne va, décrète Cheryl dans un sanglot à peine étouffé. Tu es blessée. Tout ce sang…

— Juste des coupures, lui assure Maÿlis.

— Pas vraiment, la contredit Kate d'un air lugubre. La plaie à ta cuisse est profonde, Maÿlis. Quant à toi, Cheryl, je n'ose imaginer… Il vous faut des soins à toutes les deux, et vite.

Cheryl ravale une salive acide. Elle lutte contre le vertige qui la submerge par vagues. Tant de questions fusent dans sa tête.

— Attends. Comment m'avez-vous retrouvée ?

Kate se frotte la joue, étalant sans s'en rendre compte du sang de Cheryl sur sa pommette.

— Sincèrement ? C'est toi la geek du groupe, et tu n'as pas compris ?

— Mes clés, dit Maÿlis. Tu les as toujours sur toi.

— J'ai…

Cheryl lâche la main de son amie, tâtonne dans les poches de son pantalon. Elle en ressort le trousseau de Maÿlis. En guise de porte-clés, le disque de métal entouré de rose au logo d'Apple.

— Ton AirTag… Bon sang, évidemment.

Maÿlis sourit, et son visage est à la fois radieux et voilé d'une tristesse infinie.

— L'application nous a permis de te retrouver. Il suffisait d'y penser.

— Je les avais prises quand je suis allée chez toi pour arroser les plantes, se rappelle Cheryl. Elles sont restées dans ma poche, je n'y ai plus du tout pensé après. Si je les avais laissées chez moi comme d'habitude…

— Tu serais morte, dit Maÿlis.

Farrah les interrompt en se levant. Entre le pouce et l'index, elle leur présente un permis de conduire racorni, tout en posant son pied sur le dos du cadavre.

— Lui, il est mort. Il avait un téléphone sur lui. Je l'ai éteint, au cas où. D'après ses papiers que j'ai là, cette crevure s'appelait Grégoire Couture.

— C'est bien le nom que j'avais trouvé sur le Web, dit Cheryl. Garde le téléphone, je pourrai l'explorer. Ce type m'a avoué avoir déjà tué, et plusieurs fois. Il doit forcément y avoir des preuves dans ses dossiers.

— Mais qu'est-ce que ça veut dire, à la fin ?

— Tout ce que je sais, Farrah, c'est que ce monstre n'est pas seul. Il se vantait d'être dans un groupe. Exactement comme nous.

— Un groupe… de types comme lui ? appuie Kate.

Cheryl hoche la tête.

— Des prédateurs, oui. Ils ne vont pas tarder à arriver. Je ne sais pas de combien de temps nous disposons encore, sans doute pas beaucoup.

Maÿlis se redresse à genoux, peine à se remettre debout.

— Qu'est-ce qu'on attend, alors ? On ne peut pas rester ici ! On n'est pas de taille contre plusieurs autres tarés de ce genre !

— D'abord, il faut vous soigner, leur rappelle Kate. Vous ne pouvez pas être transportées dans cet état, aucune des deux.

Farrah colle son dos contre la carrosserie du fourgon, croise les bras et lâche une série de jurons. Sa poitrine se soulève et descend de plus en plus rapidement, tandis qu'elle bataille contre une panique évidente.

— Il faut absolument réussir à joindre Tanya. Elle saura les soigner. Elle a tout le matériel pour ça.

Cheryl prend une nouvelle inspiration – un nouvel incendie dans ses poumons. Elle regarde ses deux camarades, puis Maÿlis, qui ne la quitte pas des yeux et lui serre de nouveau la main. Elle doit le dire. Elle s'éclaircit la gorge, essayant d'oublier la douleur.

— Ne vous faites pas d'illusions. Tanya est morte.

Le silence plane. Lourd. Farrah et Kate se tournent vers elle pour qu'elle s'explique. Cheryl tousse péniblement avant de poursuivre :

— Couture s'en est vanté. Ses amis l'ont tuée, durant la nuit ou ce matin peut-être. Je devais être la prochaine.

Elle ferme de nouveau les yeux quand se déploie le ressac de souffrance dans sa poitrine, puis les rouvre.

— On va *toutes* être les prochaines. Ils savent qui nous sommes et ils ont commencé à nous éliminer. Comme nous avec eux…

Elles restent toutes statufiées pendant quelques instants. C'est finalement Maÿlis qui les interpelle :

— Alors on doit aller voir la police. C'est la seule solution.

— Putain de merde, souffle Farrah.

— Tu ne comprends pas tout ce qui se passe, tempère Kate entre ses dents. On ne peut pas attirer l'attention de la police, Maÿlis. Aucune d'entre nous.

Maÿlis boitille jusqu'au bord du fourgon. Elle contemple le cadavre vautré sur le chemin, la flaque de sang qui continue de s'étendre tout autour de sa tête.

— Nous venons de tuer un homme. J'ai parfaitement conscience de ce que nous avons fait.

— Ce que *j'ai* fait, rectifie Farrah. C'est *moi* qui ai tué ce type.

Elle marque une pause, avant d'ajouter :

— Et je n'ai aucun problème avec ça.

Maÿlis observe les trois jeunes femmes, ses grands yeux écarquillés.

— Vous en avez tué d'autres, avant lui ? C'est ça, votre groupe, à la base ?

Au tour de Kate d'intervenir :

— Nous avons toutes été des victimes de ce genre d'individus. Nous nous sommes vengées d'eux. Pour cette raison, il est hors de question que nous nous retrouvions entre les mains de la police. Est-ce que tu comprends ?

À contrecœur, Maÿlis hoche la tête.

Kate la désigne d'un doigt autoritaire.

— Toi, en revanche, tu n'as rien à voir avec nos histoires. Nous allons te déposer aux urgences.

— Attends un peu ! s'emporte Farrah. Ce n'est pas comme avec la gamine de Bordeaux ! Là, elle a vu ce qui s'est passé. Elle sait qui nous sommes. C'est la voisine de Cheryl, merde ! Vous l'avez entendue, elle veut aller voir les flics ! Vous êtes d'accord avec ça ?

— On doit comprendre quoi ? rétorque Kate en haussant la voix à son tour. Que tu proposes de la tuer, elle aussi ? C'est ça ?

— Mais ne dis pas n'importe quoi ! explose Farrah. Pour qui tu me prends à la fin ?

— À toi de nous l'expliquer un peu plus clairement !

— Tout ce que je sais, c'est que tu ne commandes pas, Kate !

— Toi non plus, Farrah !

Cheryl les coupe en s'écriant :

— Vous allez la fermer, oui ?

Elles se taisent. Baissent les yeux vers elle, le rouge aux joues.

— Bien, enchaîne Cheryl. Je propose qu'on dépose Maÿlis à la clinique la plus proche. Elle peut nous promettre de ne pas parler de nous. Elle dira aux flics qu'elle n'a rien vu, qu'elle a juste été agressée et qu'elle n'a aucun autre souvenir. N'est-ce pas, Maÿlis ? Tu peux faire ça ?

Elles se tournent vers la jeune femme qui resserre ses bras blessés autour d'elle.

— Tu as compris ? supplie Cheryl face au mutisme de son amie. Si tu me jures de ne rien dire, je te crois. Mais elles ont raison, rien de ce qui vient de se produire ne peut être raconté, à qui que ce soit, sous quelque prétexte que ce soit. Sinon, nous finirons toutes les trois en prison. Peut-être même toutes les quatre.

Maÿlis ouvre lentement la bouche.

— Cheryl, je ne sais pas…

Kate reprend la parole :

— Maÿlis, je suis de l'avis de Cheryl. Si tu nous promets de tenir ta langue, nous t'emmenons aux urgences tout de suite. Tu peux inventer l'histoire que tu veux tant que tu ne nous mentionnes pas. Ni ce que ce type nous a fait, ni ce qu'on lui a fait. Personne ne pourra te forcer à parler.

Farrah, quant à elle, jure à voix basse.

— On ne connaît pas cette meuf. Vous vous attendez à ce qu'elle garde pour elle un truc pareil ? Sans rire, les filles ? Qu'est-ce qui vous arrive ?

Maÿlis reste toujours autant statufiée. Sur le tissu enveloppant sa cuisse, le rouge du sang recommence à briller.

— Je… je préfère rester avec vous.

— Ça, c'est hors de question ! s'indigne aussitôt Farrah. Qu'est-ce que tu as dans la tête, à la fin ?

— Je viens avec vous, insiste Maÿlis d'une voix soudain plus affirmée. Ou alors, j'irai tout raconter à la police, à vous de voir. Mais vous pouvez toujours me tuer, comme vous l'avez suggéré. Vous serez sûres que je ne serai plus une menace pour votre sécurité.

Kate se prend la tête entre les mains.

— Nom de Dieu, on ne s'en sortira jamais.

Farrah frappe la tôle du fourgon du plat de la main.

— Écoutez, je sais où on va aller. On pourra les soigner toutes les deux. Ce n'est pas si loin…

— Où ça ? interroge Cheryl.

— Là où ils ne nous chercheront jamais, réplique Farrah en tournant ses lunettes noires en direction de Kate.

Celle-ci s'empourpre.

— Ce n'est pas à *lui* que tu penses, quand même ?

Farrah acquiesce, visiblement mal à l'aise.

Cheryl a besoin de quelques instants pour comprendre à son tour. C'est pourtant évident.

— Ton gendarme ? Mais… tu nous avais dit que lui et toi…

— Je sais ce que je vous ai dit, grogne Farrah. Non, je n'ai jamais arrêté de le fréquenter. Je l'ai expliqué à Kate en venant. Benoît a découvert vos identités tout seul. Il est au courant de tout et il n'en a parlé à personne. Il nous aidera, je le sais.

— Farrah aime bien donner des leçons de morale, ironise Kate.

Farrah hausse les épaules avec agacement.

— Je crois qu'on n'a pas toujours été aussi franches entre nous qu'on se l'était promis. Cheryl, je t'assure que tu n'es pas au bout de tes surprises, mais ce sera à Kate de t'expliquer le reste elle-même. Ce n'est pas vraiment le moment de se déchirer là-dessus, non ?

— En effet, se renfrogne Kate.

— C'est bon, dit Cheryl pour mettre un terme à la discussion. On y va.

— Tu es sûre de toi ? insiste Kate. Tu veux mêler un gendarme à nos histoires ?

— Parce que tu crois qu'on a le choix ?

Kate et Farrah s'évaluent en silence. L'électricité entre elles est palpable.

Maÿlis les sort de leur torpeur en pointant du doigt le cadavre de Couture.

— Et lui ? Vous comptez l'abandonner comme ça ?

— Ne t'inquiète pas, grogne Farrah. On ne laissera aucune trace.

Elle enjambe le cadavre et va ouvrir le coffre de son SUV.

— J'ai des bidons d'essence. On va faire ce qu'on sait faire, les filles.

Elle enlève alors ses lunettes pour que Maÿlis voie ses yeux, l'un noir et brillant, l'autre blanc et mort, et elle la fixe d'un air profondément lugubre.

— Tu veux tant que ça intégrer notre groupe, Maÿlis ? J'espère que tu es contente. Parce qu'il n'y a plus de retour possible, maintenant.

58

La fumée noire se remarque de loin. Des serpents féroces se tordant dans le ciel.

Les trois pick-up arrivent en file indienne sur le chemin, soulevant un nuage de poussière ocre dans leur sillage. Ils roulent à faible allure, au début, puis ils ralentissent encore en approchant de la boule de feu qu'est devenu le fourgon de Grégoire Couture.

Séverin, qui conduit le premier véhicule, s'arrête à distance et ouvre la portière de son Navara. La chaleur et la puanteur de l'essence en combustion arrivent jusqu'à lui en une grande vague suffocante. Séverin reconnaît, derrière cette puanteur, une autre qu'il connaît bien. Celle de la chair humaine en train de griller.

— Ça, c'était pas prévu.

Les pick-up de ses camarades s'arrêtent derrière lui. Une autre portière s'ouvre. Paul Talabot s'approche, comme hypnotisé par les flammes. Il se passe une main sur le visage pour y essuyer une pellicule de transpiration.

— Les salopes… elles ont eu Grégoire !

— Il aura été un minable jusqu'au bout, commente Séverin en tirant sur le col immaculé de sa chemise. J'ai sauvé son cul de la justice déjà une fois. Il faut croire qu'il n'a jamais rien appris de tout ce que j'ai essayé de lui inculquer.

Talabot se retourne, le visage froissé par la colère, poings serrés et muscles contractés.

— Ce type te vénérait, Séverin ! Comment tu peux parler de lui comme ça ? Il n'a fait que suivre tes ordres, en plus ! C'est toi qui lui as demandé de surveiller la dernière pouffiasse !

Séverin le toise et, entre le pouce et l'index, ajuste ostentatoirement les manches de sa veste. Son sourire est glacial.

— C'est la différence entre toi et moi, collègue. Je ne me berce pas d'illusions. On ne peut jamais faire confiance à personne. Tu ferais mieux de te le fourrer dans le crâne, toi aussi, si tu espères mieux finir que lui.

Il jette un regard au troisième pick-up, resté en retrait. Moteur ronronnant. Conducteur invisible.

— C'est bon. On se tire d'ici et on fait gaffe à ne pas laisser de traces. De toute manière, il n'y a qu'un endroit où peuvent être allées nos petites garces. Je te parie même qu'elles s'imaginent avoir eu l'idée du siècle.

Il passe la main dans ses cheveux pour s'assurer de leur tenue.

— Il me tarde de boire leurs larmes.

VI

L'AUTRE GROUPE

59

Rodez,
14 h 30

Farrah s'engage dans la rue en pente contournant les barres d'immeubles, perdant de la vitesse au même rythme que son assurance à mesure qu'elle se rapproche. Dernier virage. Elle se gare dans une cour bétonnée, sous une unique fenêtre aux rideaux tirés.

— C'est là qu'il habite ? demande Kate.

— C'est là qu'il habite. L'entrée est en face, côté rue, mais par ici il n'y a aucun vis-à-vis. La fenêtre, c'est sa chambre. On sera tranquilles.

Farrah se mordille les lèvres. Elle était si sûre d'elle jusqu'à arriver ici. Et maintenant…

— Il est au travail, ajoute-t-elle sans grande conviction. Je vais d'abord vérifier qu'il n'y a personne chez lui avant de vous faire entrer. Vous m'attendez dans la voiture.

Kate pose la main sur son bras.

— Farrah, si tu as le moindre regret, je te rappelle que personne ne t'oblige à rien. Tu as le droit de ne pas vouloir impliquer ton mec. On le comprendra toutes et on trouvera quelqu'un d'autre pour…

— Tu sais que c'est faux, réplique sèchement Farrah. On ne trouvera *personne* d'autre pour nous aider. De toute manière, c'est ma décision. J'assume mes choix. Je l'ai toujours fait.

Pourtant, alors qu'elle quitte la voiture et remonte la ruelle jusqu'à la porte, elle se sent misérable. L'armure familière de sa petite robe et de ses escarpins à talons hauts lui semble désormais dérisoire. Des artifices désespérés, aveux de ses abysses.

L'appartement de Benoît est bien désert. Farrah s'empare du téléphone fixe branché à la box Internet et compose le numéro de mobile du gendarme. Il décroche presque aussitôt.

— *Oui ?*

— C'est moi. Ne dis rien. J'ai besoin que tu reviennes chez toi tout de suite.

Une hésitation.

— *Farrah, qu'est-ce que…*

Elle le coupe :

— J'ai deux amies blessées. Arme blanche. On est coincées et toi seul peux nous aider. Est-ce que tu peux gérer, ou est-ce que je dois fuir encore ?

Un silence. Un raclement de gorge. Puis, tout bas :

— *Il faut des points de suture ?*

— Ainsi que de la morphine, enfin ce que tu peux obtenir. Elles souffrent le martyre.

— *On n'est pas dans un film*, bougonne le gendarme. *Il n'y a pas ce genre de drogue à l'infirmerie, même dans une caserne. Je vais passer chez une pharmacienne que je connais bien, elle me dépannera. Mais ce ne sera pas comme à l'hôpital.*

— On ne peut pas aller à l'hôpital.

— *Je l'ai bien compris. Enfermez-vous. Baissez les stores de toutes les pièces, que surtout personne ne puisse vous apercevoir de l'extérieur. J'arrive.*

Farrah reste tétanisée dans le canapé pendant quelques instants.

Tu ne mérites pas cet homme, lui crient ses pensées vénéneuses.

Elle se contente de sécher une larme qui a roulé sur sa joue et se redresse pour aller chercher ses amies.

Elle *sait* qu'elle ne le mérite pas. Elle qui en a toujours tant voulu à Kate pour ses fausses promesses. Elle l'hypocrite qui s'accroche à un garçon trop gentil qu'elle va forcément entraîner dans sa chute. Mais elle fera le point avec sa conscience quand ses sœurs seront tirées d'affaire. Pas avant.

60

Benoît Lescuyer fait aussi vite qu'il peut. Sortie discrète de la caserne. Marche rapide jusqu'à la pharmacie. La propriétaire, Sylvie, est originaire du même village que lui. Il y a un peu plus de dix ans, Benoît a extrait son fils d'un grave accident de voiture sur le Larzac, l'adolescent serait certainement mort sans son intervention. Il sait qu'il n'aura pas à s'embarrasser à trouver une justification maladroite avec elle. Il lui demande simplement de ne pas ébruiter ce coup de main un peu spécial, ce qui donne un sourire à la pharmacienne.

— Quel coup de main, déjà ? Ne t'inquiète pas, mon petit, je m'arrangerai pour l'inventaire.

Elle lui confie le nécessaire de premiers secours. Set complet de suture, pansements, plusieurs boîtes de médicaments et deux flacons de lidocaïne injectable. Le gendarme fourre le tout dans son sac de sport, redescend les rues en pente de Rodez jusqu'à son domicile, priant pour ne croiser aucune connaissance, les joues rougies et le regard fixe. En dépit de tout ce qu'il a craint, il n'était pourtant pas préparé à ce qu'il découvre. Deux jeunes femmes plus pâles que la mort et barbouillées de sang, installées dans son canapé. Leurs camarades les ont enveloppées dans ses vieilles couvertures.

— Couteau de chasse, lui explique Farrah. On leur a fait des garrots avec ce qu'on avait sous la main, mais elles ont perdu beaucoup de sang.

Benoît soulève les couvertures. Il manque de s'étouffer.

— Je ne peux pas m'occuper de vous ! C'est beaucoup trop grave !

— Sauve-leur déjà la vie, l'implore Farrah. Tu m'as bien expliqué que tu étais infirmier, non ?

— Ma première carrière, grogne-t-il. Mais c'était il y a longtemps. Je n'ai jamais *sauvé de vie*, Farrah.

— Il faut bien une première fois à tout, Benoît.

Il contemple son amante, qui se tient droite pour se donner une contenance, mais chez qui il ne perçoit en réalité que de la frayeur et une honte pétrifiée. Il contemple la dénommée Kate Morrigane, le visage de marbre, qui reste muette, bras croisés derrière le plan de travail de la cuisine. Il contemple de nouveau Cheryl et Maÿlis avec leurs bandages de fortune où suintent des gouttelettes écarlates. C'est déjà un miracle que l'une comme l'autre n'aient pas perdu connaissance. Il commence par se désinfecter soigneusement les mains avec du gel hydroalcoolique.

— Pendant mes classes, on s'entraînait à recoudre des cochons…

Laissant sa piteuse tentative d'humour retomber à plat, il fouille dans le sac pour en sortir des comprimés d'antibiotiques et d'opiacés qu'il fait avaler à ses deux improbables patientes.

— Ça n'enlèvera pas totalement la douleur, je vous préviens. Mais il faudra bien s'en contenter. Je vais commencer par toi… Cheryl, c'est ça ?

— Oui, monsieur.

— Appelle-moi Benoît. Viens.

Il tend la main à la jeune femme pour l'aider à se lever.

— On va t'installer dans ma chambre. Toi, Farrah, tu restes avec Maÿlis. Quant à toi, Kate, tu nous suis. Je vais avoir besoin d'une assistante.

Kate le rejoint sans discuter. Ensemble, ils aident Cheryl à s'allonger sur le lit. La pauvre a le visage tuméfié et le corps lacéré à maints endroits. Sa peau est livide, contrastant plus que jamais avec les tatouages qui la parsèment. Benoît remarque que sa main gauche porte les séquelles d'une terrible blessure, mais son poignet droit n'est guère en meilleur état, violacé et boursouflé après sa contention forcée par le Serflex.

Prise de tension, dramatiquement basse. Pouls rapide et filant. Benoît enfile une paire de gants en latex et en lance une deuxième à Kate avant de préparer le matériel médical que lui a remis la pharmacienne. Fils polyfilamentaires. Aiguilles courbes. Ciseaux. Compresses. Il étale tout sur le champ stérile.

— Écoute-moi bien. Tu vas tenir le fil pendant que je fais les sutures sous-cutanées. Que ce soit bien clair : si je ne parviens pas à stopper l'hémorragie, j'appelle le Samu, ce n'est pas négociable.

— Très bien, se résigne Kate.

Il prend une grande inspiration.

Dès qu'il ôte le tissu comprimant la plaie abdominale, l'écoulement de sang reprend. Benoît ne peut s'empêcher de grimacer en découvrant les dommages dans les tissus musculaires.

— Vous allez me sauver ? lui demande Cheryl. J'ai si mal… et j'ai si soif…

— Économise tes forces. Je vais faire ce qu'il faut.

Il aimerait en être *absolument* sûr, mais reste aussi imperturbable qu'il en est capable. Injection de lidocaïne autour de la plaie pour commencer. Nettoyage de la blessure, désinfection minutieuse à la chlorhexidine. L'odeur piquante de la solution alcoolisée sature la pièce. Cheryl halète, défigurée par la souffrance. *Si minuscule, si fragile et si abîmée.* Benoît sent un voile de sueur naître sur son front.

— Je ne vois pas de matières ni d'écoulements anormaux dans ta plaie. Tes organes n'ont pas été touchés. Je ne sais pas si tu as conscience de ta chance.

— Ouais, on m'a déjà expliqué, murmure Cheryl avant de gémir à nouveau.

— Je t'ai dit de t'économiser. C'est maintenant que ça va faire le plus mal. Essaie de t'imaginer qu'on te fait un nouveau tattoo et serre les dents.

Elle hoche la tête, serre les paupières tandis que l'aiguille recourbée pénètre dans sa chair et que le fil glisse à sa suite, rapprochant lentement les lèvres de la plaie.

Trente points de suture plus tard, Benoît applique un pansement stérile et entoure consciencieusement l'abdomen de Cheryl d'un bandage propre.

— Nom de nom, marmonne-t-il dans sa barbe. Je n'arrive pas à croire ce que je fais.

Les paroles de Farrah résonnent en lui. *Sauver des vies.* C'est en effet tout ce qui compte à l'instant.

Il se redresse. Il ne flanchera pas.

— Kate, tu surveilles ton amie maintenant. Elle ne boit rien. Elle ne mange rien. Si elle vomit, ou si elle tourne de l'œil, tu viens me chercher tout de suite. Je vais m'occuper de Maÿlis.

Kate hoche la tête.

— Très bien.

— Merci, dit Cheryl d'une toute petite voix.

Benoît quitte la pièce sans faire de commentaire.

61

Dans le salon, Farrah zappe fébrilement d'une chaîne d'info à l'autre. Les slogans des spots publicitaires alternent avec les discours condescendants des spécialistes de plateaux télé. Quelle que soit l'émission, on n'évoque que l'attaque au couteau d'Annecy qui occupe toujours les gros titres.

— Tu ne peux pas arrêter ça, s'il te plaît ?

Farrah éteint la télé sans se faire prier. Elle avait ôté ses lunettes de soleil et les remet par réflexe, comme si elle avait besoin de ce bouclier pour affronter la situation.

— Viens plutôt ici et prends des gants toi aussi.

— Bien sûr, Benoît.

Il examine la cuisse de la deuxième blessée allongée dans le canapé, lui injecte à elle aussi une bonne dose de lidocaïne avant de désinfecter les bords de l'entaille. En comparaison, cette blessure est moins grave que la perforation abdominale de Cheryl. Il n'en demeure pas moins qu'elle aurait pu être fatale, à quelques centimètres près.

— Comment tu te sens, ma grande ?

Maÿlis secoue la tête, les yeux emplis de larmes.

— J'ai tellement peur.

— Rien de plus normal. Toi aussi, tu as eu une sacrée chance, la lame n'a pas touché d'artère. Tu vas juste hériter d'une vilaine cicatrice. Quel âge as-tu, Maÿlis ?

— Vingt et un ans et demi, monsieur.

— Nom de nom, grogne-t-il de nouveau. Courage, maintenant.

Il plonge l'aiguille dans le derme de la cuisse, tire tout doucement sur le fil. La jeune femme subit la douleur en silence, poings serrés. Plus résistante qu'elle en a l'air.

— Tiens bien le fil, qu'il ne s'enroule pas, indique-t-il à Farrah.

Puis il l'interroge :

— À la télé, tu espérais qu'on parle de ce qui vous est arrivé ?

Farrah hoche nerveusement la tête.

— Ils ont dû trouver celui qui leur a fait ça, maintenant.

— Tu veux dire, mort ?

Farrah hausse les épaules. Regard détaché. Lèvres agitées d'un frémissement imperceptible. Entre ses doigts, le fil se déroule.

— Évidemment.

— Il s'en était pris à qui, celui-là ?

— Il avait kidnappé Cheryl. Il allait la tuer. C'est lui qui a lancé l'attaque, pas nous.

— Comment ça ? Pourquoi ?

— Ils sont plusieurs et ils sont après nous, balbutie-t-elle. Ils veulent nous tuer, Benoît. Nous l'ignorions jusqu'à aujourd'hui, je te jure que c'est la vérité. Ces types doivent nous surveiller depuis un moment…

— Ce sont *qui*, ces types ?

— Justement, nous n'en savons rien !

D'une voix défaite, Farrah lui fait le récit de tout ce dont elle a été témoin depuis son départ précipité du matin. Elle lui jure qu'elles n'ont aucune idée d'où est venu cet homme, ce Grégoire Couture, aucune d'entre elles ne le connaissait, mais qu'il n'a pas agi seul, de ça elles sont certaines. Couture a évoqué des complices, dont un certain Séverin à qui il devait rendre des comptes. Il a également affirmé que ces autres hommes ont déjà éliminé Tanya Flamant.

— C'est ce qu'il vous a dit, la reprend Benoît. Mais en avez-vous eu la confirmation ?

— Il n'avait pas de raison de mentir à Cheryl. En outre, le téléphone de Tanya est éteint. Ça n'arrive *jamais*.

— D'accord. Admettons qu'elle soit vraiment morte. Que vous avez bien des tueurs en meute après vous. *Nom de nom…*

Il soulève lentement le porte-fil, tendant la suture, enfonce l'aiguille en sous-cutané quelques millimètres plus loin. Des gouttes de sang ruissellent entre ses doigts. Maÿlis tressaille sans émettre la moindre plainte.

— Je n'arrive tout de même pas à comprendre, Farrah. Je te rappelle que la seule personne à avoir consulté les fiches de vos exploits, c'est un gars de la PJ. C'est la police qui devrait vous traquer, pas… les monstres que tu décris.

Farrah se renfrogne.

— Pourquoi serait-il impossible d'envisager qu'un flic soit parmi eux ? Peut-être même est-ce lui le cerveau de leur groupe ? Ces types ont fait comme toi. Ils ont tout deviné en rapprochant les profils des meurtriers dont nous nous sommes occupées. Sauf que… eux aussi, ce sont des monstres, comme tu dis. Ils n'ont rien à voir avec la justice. Ils veulent juste se venger de ce qu'on a fait à leurs semblables. Ils veulent nous *massacrer*, Benoît. Tu as une meilleure explication ?

— Non, mais je préférais l'idée de n'avoir à craindre *que* la police. À ce que tu me dis, vous n'avez aucun moyen de remonter jusqu'à ces gens.

— Je n'ai pas dit ça non plus.

Elle sort un téléphone de sa poche.

— Nous avons récupéré le portable de Couture. Cheryl m'a conseillé de l'éteindre pour qu'on ne puisse pas le pister. Il doit y avoir des preuves dedans. Cheryl saura les récupérer.

Benoît y jette à peine un regard, concentré sur les derniers points.

— J'en déduis que vous préférez ne pas confier cette preuve potentielle aux forces de l'ordre ?

— Bien sûr que non ! On ne sait même pas ce qu'on y trouvera…

Elle pose l'appareil sur la table basse.

— S'il y a quelque chose d'exploitable à en tirer, je te le répète, Cheryl pourra y accéder. Il n'y a pas meilleure qu'elle en informatique.

— Ouais, soupire-t-il.

Nœud. Coup de ciseaux. Compresse antiseptique.

— Voilà pour ta jambe, Maÿlis. Montre-moi un peu tes bras.

Il achève son travail en badigeonnant de chlorhexidine les coupures de la jeune femme, puis en y appliquant des bandes Steri-Strip.

— Je ne sais comment vous remercier, lui dit Maÿlis, les yeux brillants de larmes.

— Tu n'en as pas besoin, Maÿlis. En ce qui me concerne, je n'ai fait que mon devoir d'être humain.

Il lui sourit, tiraillé malgré lui par l'idée qu'il est un gendarme et que ces jeunes femmes à l'air si fragile sont des *meurtrières*. Il fait claquer ses gants en les retirant, contemple la table où se trouve le téléphone avec ses mystères encore cachés, puis il dévisage Farrah.

— Tes deux amies sont hors de danger dans l'immédiat, mais elles ont tout de même besoin d'être transfusées et de passer une imagerie au plus vite. Je n'ai fait que leur mettre des rustines. Elles devraient aller à l'hôpital. Dès ce soir, si possible.

— Tu sais que l'hôpital fera une déclaration aux autorités !

— Il faudra bien vous rendre, réplique Benoît de sa voix aussi douce qu'implacable. Ce que tu me racontes, c'est monstrueux. Vous ne pouvez pas vous cacher éternellement.

Farrah semble cesser de respirer.

— Tu ne vas pas nous livrer à tes collègues, n'est-ce pas ?

De nouveau, il se force à sourire. La tristesse de cette situation et de tous les choix irrationnels qu'il fait malgré lui le submerge.

— Tu oses me poser la question, Farrah ? Même maintenant ?

Elle s'humecte les lèvres, touche machinalement ses cheveux. Et lui ne peut s'empêcher de la trouver plus belle que jamais et se maudit pour ça.

— Je suis tellement désolée, Benoît. Je n'ai jamais voulu t'entraîner dans tous ces ennuis.

— Il fallait y penser avant. Quant à moi, je me suis fait une raison sur ton intérêt à mon égard.

Farrah se balance d'un pied sur l'autre, cherche ses mots. Benoît n'a aucune envie de l'écouter lui mentir encore. Il a juste besoin d'air. Tout de suite.

— Je dois retourner à la caserne, mon absence va finir par être remarquée. De mon bureau, j'aurai accès aux informations en interne. Je vais vérifier ce qu'on a sur ce Grégoire Couture et sur ses complices connus, s'il y en a. Je vais également demander plus de renseignements sur le flic qui s'intéresse tant à vous. Pendant ce temps, vous m'attendez sagement ici, vous ne répondez à personne, vous n'entrez en contact avec *strictement* personne.

Elle le fixe sans répondre, le visage décomposé. Lui, de son côté, n'attend rien. Il ouvre le placard du couloir, ôte son polo taché de sang et en enfile un propre.

— Benoît, je… hésite-t-elle, la voix à peine audible. Merci.

— Tu me remercieras si elles survivent.

Il fait quelques pas vers la porte, avant d'ajouter :

— Et si je ne finis pas avec vous derrière les barreaux pour vous avoir aidées.

Une fois la porte claquée, ni Maÿlis ni Farrah ne prononcent la moindre parole. La tension dans l'air est encore trop écrasante. Farrah se contente de ravaler des émotions qu'elle s'interdit de déverser et se poste derrière le store du salon pour regarder son gendarme remonter la rue. C'est ridicule, elle se *sent* ridicule, mais c'est plus fort qu'elle.

Et alors qu'elle le contemple, elle aperçoit également un véhicule apparaître plus haut. Pick-up noir, imposant. Un deuxième le suit de près, blanc celui-là. Ils avancent au ralenti. Le premier s'arrête devant Benoît.

Farrah écarte les lamelles du store, appuie son front contre la fenêtre.

Son cœur se met à battre très fort.

62

Au premier abord, quand le conducteur baisse sa vitre, Benoît s'en veut presque de ressentir de la méfiance. Il est en tenue de gendarme, il est habitué à ce que les gens viennent lui demander des informations.

— Je peux vous aider ?

L'homme au volant est plus jeune que lui, il porte des gants en cuir et un costume luxueux. Un sourire supérieur soulève ses lèvres fines, révélant une dentition d'une blancheur de publicité.

— C'est déjà fait, cher Benoît. Je savais qu'il valait mieux ne pas t'importuner jusqu'ici, ou nous aurions perdu cette précieuse piste.

Benoît fronce les sourcils.

— De quoi parlez-vous ? On se connaît ?

— Voyons, c'est un petit monde. Tout ce qui compte, c'est que *nous*, nous connaissons tes petites protégées. Elles sont à ton appartement, en ce moment ? Parce que nous avons une réunion très attendue, tu sais. Évidemment, tu n'y es pas convié, cela te dépasserait trop, je le crains.

Tout en parlant, il fait lentement avancer son pick-up vers Benoît. Benoît recule, désormais gagné par un sentiment de terreur pure. Il songe qu'il n'est pas armé, il ne l'est jamais, depuis qu'il n'a plus à être sur le terrain, il a toujours préféré laisser son arme chez lui.

— Arrêtez ce véhicule, ordonne-t-il. Tout de suite !

Un deuxième pick-up double alors le Navara pour s'arrêter derrière Benoît, les deux véhicules le prenant en tenaille.

Le conducteur en sort. En débardeur, le regard fixe, les muscles tressautant sous l'excitation.

— Vous aussi, nom de nom ! le somme Benoît. Stop ! Ne vous approchez pas ! Je vous ai dit…

L'homme lui saisit le bras sans tenir compte de ses protestations. La poigne de cet individu est aussi puissante que son physique le laisse supposer.

— Désolé de devoir te l'annoncer comme ça, mais t'as choisi la mauvaise meuf, mon pauvre.

— Lâchez-moi, merde !

Il pousse, force l'individu à reculer vers le mur, se débat pour se libérer. L'homme reste accroché à son bras.

— Tout doux, petit gendarme. Ou sinon…

Dans son autre main est subitement apparu un couteau qu'il appuie contre son flanc. Benoît sent la pointe au travers de son polo, prête à percer son estomac. Il écarte aussitôt les mains.

— Attendez, attendez ! Il y a des caméras partout, putain ! Ne faites pas n'importe quoi !

— Ah bon ? ricane l'homme au volant. Moi, je ne vois qu'une minuscule rue dégueulasse. Tu n'as même pas de voisins, c'est d'une tristesse…

Il tend le bras. Dans son poing, un pistolet, dirigé vers Benoît.

— Personne pour être témoin de tes derniers instants. Même tes petites copines ne le verront pas. Ça, j'avoue que c'est dommage.

Un Sig-Sauer SP 2022. L'équipement réglementaire de la police nationale. Les pensées de Benoît s'emballent. *Pourquoi serait-il impossible d'envisager qu'un flic soit parmi eux ?* lui a demandé Farrah. Tout ce qu'elle lui a raconté est donc réel. Cette histoire de fous. *Ils veulent nous massacrer, Benoît.*

Plus le temps de palabrer.

— Vous ne les aurez pas.

D'un coup de reins, il se déporte sur le côté, écartant le couteau de l'homme en débardeur d'une main. De l'autre, il lui frappe le plexus, de deux coups rapides. Ses kilos en trop sont trompeurs, Benoît a toujours suivi assidûment les entraînements réglementaires. Le criminel émet un couinement de surprise et de douleur, tente de l'atteindre avec le couteau, la lame trace un arc de cercle dans le vide. Benoît lui saisit le poignet, lui bloque le coude avec son avant-bras et l'emmène au sol, avant de lui écraser un genou sur les cervicales pour l'immobiliser. L'homme ne peut que se laisser faire, cherchant toujours à reprendre sa respiration.

Derrière lui, le conducteur du Navara pousse un cri de rage.

Et il fait feu sur Benoît.

Une vive brûlure enflamme le bras de Benoît tandis que la balle transperce son biceps. Il se jette sur le côté pour s'écarter au plus vite de l'angle de tir, enjambe le muret, abri précaire alors que plusieurs autres détonations suivent, des morceaux de béton sont pulvérisés au-dessus de lui.

Ignorant la douleur dans son bras, il tâte dans sa poche à la recherche de son téléphone. Il presse le numéro d'urgence sans même regarder l'écran.

Quand il entend les hurlements.

Il reconnaît la voix de Farrah.

Il risque un regard en direction de son appartement. La jeune femme est sortie sur le trottoir. Elle tente d'attirer l'attention de ces hommes en les invectivant à grands cris. Benoît agite la main en signes désespérés pour qu'elle ne se montre pas, qu'elle fuie tout de suite.

L'homme en costume ouvre sa portière et sort du Navara. Il marche vers le muret protégeant Benoît, son Sig-Sauer à bout de bras.

— Finalement, elle va y assister, à ta mort ! Faisons ça bien, alors !

Benoît tente de s'éloigner, tout en sachant qu'il n'y arrivera jamais. L'homme s'est suffisamment rapproché de lui, les coups de feu reprennent. Benoît gémit tandis qu'une balle le touche à l'épaule. Son sang asperge le trottoir. Son flanc est à son tour traversé par un projectile, une onde de souffrance le parcourt, une sensation de *froid* intense.

— Farrah, chuchote-t-il, la bouche emplie d'un goût de fer et de sel.

Il songe qu'il ne lui a jamais dit qu'il ne lui en voulait pas, pour rien, et qu'elle ne le saura jamais.

Il entend ses cris déchirants, de plus en plus loin de lui, à mesure que le monde s'obscurcit.

63

L'Enfer.

Encore.

Toujours plus douloureux.

À CAUSE D'ELLE.

Farrah continue de hurler alors que le corps de Benoît s'effondre. L'homme tenant le pistolet se tourne ensuite vers elle. Il lui adresse un salut nonchalant, de pure délectation. Son complice en débardeur s'est redressé lui aussi. Il la désigne de la pointe de son couteau de chasse en vociférant :

— Ça, c'est pour Grégoire ! Ça pique, hein ?

Farrah claque la porte et ferme les verrous sans même réfléchir à ses gestes. L'image insupportable de Benoît à terre est incrustée dans sa rétine. Benoît replié en chien de fusil contre le mur. Benoît MORT.

— Kate ! s'exclame-t-elle d'une voix écorchée. Ils sont là ! Ils arrivent, putain !

Maÿlis s'est relevée, livide. Elle enfile un tee-shirt tout en vacillant maladroitement sur sa jambe blessée.

— Qu'est-ce qu'on va faire ?

Avant que Farrah ait le temps de lui répondre, plusieurs balles traversent la fenêtre du salon. La vitre éclate et tombe en morceaux dans un grand vacarme.

— À terre !

Les deux femmes se jettent au sol tandis que les tirs continuent. Les balles sifflent dans la pièce, arrachent des morceaux de plinthes et de plâtre.

— Ils vont nous avoir ! crie Maÿlis.

Farrah rampe derrière le canapé pour la rejoindre. Son corps lui obéit à peine. Dans son esprit Benoît ne cesse de s'effondrer, l'image repasse en boucle. Elle veut s'essuyer la bouche, se rend subitement compte que sa main est gluante de sang et la brûle.

— Que...

Il lui faut plusieurs instants pour comprendre que ses lunettes sont tombées et qu'elle les a écrasées sans s'en rendre compte. Elle s'est entaillé la paume avec les fragments. Juste ça.

Elle roule sur le dos, côte à côte avec Maÿlis. Les coups de feu se sont arrêtés.

— Comment on les empêche d'entrer ? gémit Maÿlis.

— Je ne sais pas. On n'est pas armées...

— Si ! leur lance tout à coup Kate depuis le couloir. On a une arme !

Farrah relève les yeux, pétrifiée.

Kate s'avance, courbée en deux, dans le salon. Elle tient un pistolet à deux mains, canon dirigé vers le sol.

— Il était dans la table de chevet de ton mec, explique-t-elle en réponse au regard perdu de Farrah.

— Vraiment ?

— Tu sors avec lui depuis un an et tu ne le savais pas ?

Farrah ne répond rien. Est-ce qu'elle sortait vraiment avec lui ? Elle ne sait plus, elle ne sait *rien*. Juste que Benoît est mort à cause d'elle, à cause de ses décisions, qu'elle ne se le pardonnera *jamais*.

— Restez à couvert !

Kate avance jusqu'à l'angle de la fenêtre, tend le bras et fait feu en direction de leurs assaillants, à plusieurs reprises, avant de se replier au ras du sol.

— Je les ai loupés ! Mais ils sont rentrés dans leurs voitures !

Elle éjecte le chargeur vide de l'arme.

— Plus de balles... Je ne sais pas comment ça se recharge, ce machin !

Farrah lutte pour reprendre ses esprits. Elle crie :

— Eux, ils ignorent qu'on est à court de munitions ! On ne bouge surtout pas. Ils ne pourront pas rester longtemps, les secours vont forcément arriver…

Le son de sa voix est couvert par les bruits de moteur. Elle aperçoit les toits des pick-up se profiler par la fenêtre.

— Ils ne vont tout de même pas défoncer le mur… commence Kate.

Elle a sa réponse un instant plus tard quand un cylindre métallique est lancé dans leur direction et roule au milieu du salon, diffusant un puissant jet blanc à l'odeur nauséabonde.

— Fumigène ! lui crie Farrah. Écarte-toi ! Les chambres !

Kate se déplace sur les coudes et genoux tandis que le nuage laiteux et sifflant emplit la pièce. En l'espace de quelques instants, il n'est plus possible de distinguer quoi que ce soit dans les volutes opaques.

Une deuxième grenade est jetée dans la pièce, émettant le même jet irrespirable. Elle atterrit sur le canapé, qui prend aussitôt feu.

— Dépêchez-vous, c'est du phosphore ! leur crie Cheryl depuis le couloir. On peut sortir par la fenêtre de derrière !

64

Après avoir jeté les deux grenades incendiaires par la fenêtre, Paul Talabot se réfugie dans son véhicule, au cas où les filles se remettent à leur tirer dessus, ce qui n'est heureusement pas le cas. Il contemple avec satisfaction les énormes volutes de fumée s'échapper de l'appartement tels des spectres déchaînés. Cela lui rappelle son propre feu intérieur, forcément. Le feu des surhommes qui brûle sous sa peau. Il aimerait qu'une telle fumée folle puisse jaillir de son corps, qu'elle envahisse le monde autour de lui de ses tentacules immatériels pour tout étouffer, tout effacer. Il doit se contenter de cette vue et de ce fantasme. Pour le moment.

Le Navara de Séverin se place à côté de lui. Le policier lui beugle :

— Mais pourquoi t'as fait ça, putain de merde ? On n'avait qu'à les cueillir ! Maintenant, tes conneries vont attirer l'attention de toute la ville !

— Oh, c'est bon ! Je me suis dit que ça les ferait sortir de leur trou ! Depuis le temps que j'avais envie de me servir de ces trucs, en plus !

— Tu as l'impression que ça marche ? Abruti !

Paul contracte ses muscles en ruminant. Son feu intérieur lui hurle de ne pas se laisser rabaisser. Néanmoins il se rappelle pourquoi ils font ça ensemble. L'importance d'être réunis, eux les individus supérieurs.

— Je te prie de ne pas me parler sur ce ton, Séverin. Ce n'est pas toi le cerveau, je te rappelle. On devait leur faire passer le message et venger Grégoire, je trouve que c'est assez satisfaisant, non ? Je leur souhaite bonne chance pour expliquer la mort de leur petit copain à ses collègues. Tu sais qu'on les aura, de toute manière. Maintenant, elles vont être terrifiées. Ces poufiasses ne sont pas de taille contre nous.

— Encore heureux, grommelle son camarade. C'était déjà une chance que cet imbécile habite dans une rue vide.

Les deux hommes observent encore quelques instants la fenêtre d'où s'échappent les épais rubans de fumée. La porte demeure close.

En revanche, ils voient que des émanations noires commencent à se mêler au blanc des fumigènes au phosphore. Les lueurs caractéristiques de flammes s'élèvent à l'intérieur du salon, et l'incendie grandit à vue d'œil.

L'enthousiasme reprend Paul.

— Peut-être qu'on n'aura même pas à se fatiguer. Avec un peu de chance, elles vont suffoquer et crever là-dedans comme de gentilles filles. J'ai fait ça à une gamine en Thaïlande, une fois. Ça a pas pris bien longtemps.

Une sirène s'élève, toute proche.

— Même pas longtemps, c'est déjà un temps qu'on n'a pas devant nous, décrète Séverin. On se tire maintenant.

65

Le bruit des deux moteurs emplit la ruelle tandis que les pick-up s'éloignent sur les chapeaux de roues. Dans la cour, à l'arrière du bâtiment, Kate et Farrah soutiennent Cheryl pour l'aider à enjamber la fenêtre, avant de faire de même avec Maÿlis. Elles ont fermé la porte de la chambre, pourtant la fumée blanche irrespirable arrive déjà jusqu'à elles.

— L'appartement va totalement brûler, souffle Maÿlis.

— Si ça peut effacer nos traces, ce n'est pas plus mal, réplique Farrah entre ses dents, tout en leur ouvrant les portières du SUV. Allez !

Elles prennent place, attachent leurs ceintures, Farrah démarre le moteur, pied sur l'accélérateur.

— Il faut qu'on dégage d'ici avant que…

Elle s'interrompt et écrase le frein. Elle se passe la main sur le visage.

— Putain de merde de putain de merde !

— Qu'est-ce qui se passe ? lui demande Kate. Sors-nous de là, allez !

— On ne peut pas partir comme ça. J'ai laissé le téléphone de Couture dans le salon.

Un silence lugubre retombe dans l'habitacle. Elles peuvent entendre les craquements de l'incendie, à l'intérieur de l'appartement, ainsi que la sirène qui se rapproche. Le fourgon de gendarmerie ne va pas tarder à arriver devant la porte.

— On en a besoin pour découvrir qui ils sont, leur rappelle Farrah.

— On trouvera autre chose, lui dit Kate. On doit d'abord penser à sauver notre peau. Redémarre !

Cheryl se penche entre les fauteuils.

— Non, Farrah a raison. C'est notre seul espoir. Je pourrai retrouver tout ce qu'il y a dans la mémoire. Si ces types ont eu des conversations sur cet appareil, évidemment…

— Ce dont on ne peut pas être sûres, la coupe Kate. Vous voyez bien qu'on n'a plus le temps… Farrah…

Farrah ouvre sa portière sans un mot. Ignorant les cris de Kate qui l'exhorte à revenir, elle court, enjambe la fenêtre de la chambre dans l'autre sens, plonge dans la fumée compacte.

Au cœur de l'enfer qu'elle a invoqué. La punition qu'elle a récoltée.

Ne pense pas à ça maintenant. Agis.

Toutes les pièces sont désormais noyées par les épais nuages mouvants et toxiques. Farrah se déplace à tâtons, de la chambre au couloir. L'odeur de ces fumées est suffocante, plus piquante que tous les produits chimiques que Farrah a jamais respirés. Elle enflamme sa gorge, irrite ses yeux comme si on les avait aspergés de lacrymo.

Une violente quinte de toux l'arrête quelques instants au seuil du salon, où la chaleur est déjà quasiment insupportable.

Tu peux le faire.

Farrah prie pour que ce soit le cas. Elle s'avance dans la pièce ravagée par l'incendie. L'air est totalement obscurci par de la fumée noir d'encre. Farrah ne distingue que les lueurs violentes provenant du canapé en feu, de la bibliothèque qui flambe également. Les flammes commencent à se propager au faux plafond, laissant s'effondrer des morceaux de plâtre et de plastique incandescent.

Respirer devient une torture. Cependant, la lumière produite par l'incendie lui permet de localiser la table basse où elle a posé le portable de Couture.

Farrah avance courbée, le haut de son chemisier plaqué sur sa bouche, avec la sensation de cuire sur place.

Elle attrape le téléphone au cœur de la fournaise, le lâche aussitôt tant il est brûlant, se jette au sol pour le récupérer en maudissant sa faiblesse.

Tu vas y rester. Voilà ce que tu auras gagné.

Des voix s'élèvent à la fenêtre :

— C'est la gendarmerie ! Il y a quelqu'un là-dedans ? Criez si vous nous entendez !

Puis un autre timbre, un peu plus loin :

— Gendarme blessé ! Il y a eu une fusillade ! Appelez des renforts tout de suite !

Farrah s'abstient de tout son. Si elle ne peut rien voir, ces personnes non plus. Elle a dit à ses sœurs qu'elle rapporterait ce putain de téléphone, elle y *arrivera.*

Sous ses mains, elle reconnaît une des couvertures dont elles avaient recouvert Maÿlis. Elle la place sur sa tête et son dos, une protection dérisoire sans doute, mais qui vaut mieux que rien. Elle ne sait pas de combien de temps elle dispose encore avant d'étouffer purement et simplement, mais elle continue de rebrousser méthodiquement chemin, au ras du sol, alors que tout autour d'elle les flammes escaladent les murs avec davantage de voracité. Une flammèche craque tout près d'elle, projetant des fragments incandescents contre son bras. Elle étouffe un cri de douleur sans cesser d'avancer, plus vite, à quatre pattes.

Le couloir.

La chambre.

La fenêtre.

À l'air libre. Elle peut enfin respirer, ou presque. Sa toux ne cesse pas. Ses poumons la font souffrir le martyre. Kate lui tend les bras pour l'aider à franchir l'encadrement de la fenêtre.

— Tu l'as ?

Farrah se contente de hocher la tête, incapable de répondre. Elle tousse encore, peine à reprendre sa respiration.

Kate la guide jusqu'au SUV et lui ouvre la portière côté passager.

— Installe-toi, je vais conduire. Tu n'es pas en état.

— J'ai juste besoin d'un instant, tente de protester Farrah.

Elle est interrompue par une quinte de toux et se résout à prendre place sans plus d'objection. Même sa vision est dégradée, ses paupières gonflées par les produits chimiques. Dans le miroir, elle constate que la pellicule sur son œil voilé est devenue écarlate, et son œil valide n'est pas en meilleur état. Elle le frotte, ce qui ne fait qu'amplifier la souffrance.

Kate s'installe au volant.

— Maintenant, on y va…

— Gendarme ! s'écrie Maÿlis.

Elles aperçoivent en effet un homme en uniforme bleu qui accourt vers elles.

— Sortez de cette voiture ! vocifère-t-il en agitant les bras. Qu'est-ce qui s'est passé ici ? Vous étiez dedans quand le feu a commencé ?

Farrah se sent pétrifiée. Ses larmes continuent de ruisseler, brouillant sa vue, sa gorge demeure écorchée par les émanations toxiques.

— Kate, démarre, putain.

Kate presse le bouton de contact.

— Éteignez tout de suite ce moteur !

Le gendarme arrive devant le véhicule. Ses yeux s'arrondissent tandis qu'il découvre l'état de ses passagères.

— Qu'est-ce qui vous est arrivé ? Je veux savoir qui vous êtes et ce qui se passe ici, répondez !

Kate se penche par la vitre :

— Monsieur, nous n'habitons pas là, nous sommes juste venues pour un enterrement de vie de jeune fille. Il y a eu des bruits d'explosion, c'est un attentat, c'est ça ? Nous sommes en danger ?

— Attentat ? s'étonne le gendarme, son expression s'adoucissant tout à coup. Non, non, je ne crois pas. Mais un collègue vient de se faire agresser, on essaie de comprendre ce qui s'est passé ici. Vous êtes sûres que nous n'avez rien vu ? Mais d'abord, je vous ai demandé d'éteindre le moteur !

Farrah murmure d'une voix enrouée :

— Kate… par pitié…

— Monsieur, reprend Kate avec une panique à peine forcée dans le ton, il y a un incendie dans cet immeuble et ma voiture est beaucoup trop proche des flammes ! Je dois l'éloigner avant qu'on ne soit toutes blessées !

— Je… je ne sais…

Le gendarme est pris au dépourvu. La fumée s'échappe en trombes noires à seulement quelques mètres d'eux. Il désigne hâtivement la rue.

— D'accord, d'accord. Déplacez votre véhicule par là. Vous sortez de cette cour et vous vous garez sur la gauche, à côté du fourgon de gendarmerie. Je veux voir vos papiers d'identité à toutes les quatre et vous allez expliquer à mes collègues tout ce que vous avez vu ou entendu.

— Bien sûr, monsieur, lui promet Kate.

Ses camarades ne prononcent pas un mot.

Elle enclenche la première, traverse la cour au ralenti.

Puis elle tourne à droite, dans la direction où sont repartis leurs assaillants, et écrase l'accélérateur pour s'extraire au plus vite des lieux tandis que le gendarme s'égosille en vain derrière elles.

66

Pied au plancher, Kate fonce, les mains crispées si fort sur le volant qu'elles blanchissent jusqu'à lui faire mal.

Elle dévale le chemin bordé d'arbres et de hauts murs, guidée par les indications éraillées de Farrah. *À gauche. À droite. À droite. Tout droit. Plus vite.*

Ses camarades se cramponnent aux poignées, retenant leur souffle alors que la rue descend, puis remonte, passe de chemins étroits à des portions de route sinueuse.

— Vous croyez qu'on est suivies ?

— Pour le moment, je ne vois personne derrière nous, hasarde Cheryl.

— Évite la rocade, continue de la diriger Farrah entre deux quintes de toux. Coupe par là, c'est la route de Conques. Tout droit.

Kate ne cherche pas à discuter, elle s'engage sur la départementale qui les fait enfin sortir de l'agglomération. Le SUV se fond aux quelques véhicules progressant à travers les arbres et les prairies verdoyantes. Elles ont baissé toutes les vitres, cependant l'odeur piquante et calcinée imprègne leurs vêtements.

— Il faut absolument se laver, dit Farrah. Ça continue de me brûler le visage, j'y vois à peine. On va s'empoisonner si on garde ces produits sur nous trop longtemps.

— Je m'arrête dès que je trouve un endroit, promet Kate.

Puis elle ajoute, d'une voix hésitante :

— Merci d'y être retournée, Farrah. Tu as eu raison.

Farrah jure entre ses dents.

— Le seul qu'il faut remercier, ce n'est pas moi. Je l'ai vu…

Elle est de nouveau saisie d'une quinte de toux. Les larmes coulent encore à flots sur ses joues, mais il est évident que celles-ci n'ont plus rien à voir avec les émanations des fumigènes.

— J'ai vu Benoît se faire descendre par ce type. Il lui a tiré dessus… tellement de fois…

— Il s'en sortira peut-être, tente de tempérer Kate. Ses collègues sont arrivés très vite. Il y a toujours une chance, Farrah.

— Va expliquer ça à Tanya, lui renvoie Farrah d'une voix anéantie. Tous ceux qui nous approchent meurent, Kate. Il te faut quoi d'autre pour te rendre à l'évidence ?

Après quoi elle sanglote en silence.

Kate ravale ses propres larmes. Ses pensées fourmillent dans le chaos le plus total. Elle voudrait dire à Farrah que ce n'est pas sa faute, que son petit ami, ou quoi qu'il eût été, ne s'est pas fait abattre à cause d'elle. Les mots s'étranglent dans sa gorge, refusent de sortir. Tout ce qu'elle parvient à songer, c'est que c'est sa faute à *elle*, évidemment.

Tu les as entraînées là-dedans, raille sa voix intérieure. *C'est toi qui portes la responsabilité de ce qui vous arrive, depuis de début, Kate. Toi seule. Alors ne t'avise pas de craquer maintenant.*

Elle repère enfin un chemin de terre, bifurque, s'arrête derrière un rideau d'arbres. Il y a un cours d'eau en contrebas. Elles se déshabillent au bord du ruisseau, plongent leurs mains et leurs cheveux dans le filet d'eau, se frictionnent la peau pour la laver du phosphore qui les poursuit de son odeur nauséabonde. Le sac de voyage de Farrah était resté dans le coffre du véhicule. La jeune femme distribue des affaires propres à ses camarades.

Maÿlis la remercie en balbutiant. Elle boutonne un chemisier violine trop grand pour elle. Elle est livide. Ses cheveux mouillés et ses yeux encore rougis par les produits toxiques lui donnent un air terrifiant.

— Vous savez, je peux appeler mes parents. Ils nous hébergeront sans nous poser de question…

— Tu as vu ce qui s'est passé quand quelqu'un a essayé de nous héberger ! cingle Kate.

Paroles maladroites, évidemment. Du coin de l'œil, elle voit Farrah s'éloigner et se recroqueviller au pied d'un arbre. Kate se sent crucifiée par la culpabilité. Que cela lui plaise ou non, c'est bien elle qui a initié cette folie, aveuglée par ses propres fantômes. Elle a envie de hurler, de laisser jaillir les flots de sa honte, de sa souffrance, de sa colère. Au lieu de ça, elle fait disparaître toute expression de son visage. Ne reste que le détachement et la froideur, son repli habituel.

— Je suis désolée, Maÿlis, mais tu ne peux contacter personne tant que nous n'avons pas résolu notre situation. Tu savais ce que tu faisais en nous suivant.

— Elle a raison, intervient Cheryl, toujours accroupie au bord du ruisseau. Ça me déchire de l'admettre, mais je t'ai déjà entraînée dans nos histoires, Maÿlis, et je ne me le pardonnerai jamais. On ne peut pas impliquer davantage de personnes innocentes.

Elle passe de l'eau sur son crâne où les hématomes alternent avec les tatouages. Puis elle ôte précautionneusement son tee-shirt, incapable de réprimer des grimaces de souffrance. Sur le bandage qui enserre son estomac, le sang a recommencé à filtrer, rouge et humide.

— Ta blessure ! s'alarme Maÿlis en accourant auprès d'elle.

— Tout va bien, tente de la rassurer Cheryl. Je n'ai pas trop mal. Le plus important, dans l'immédiat, c'est de décider de ce qu'on fait.

Décider. Le cœur de Kate bat trop vite. Elle serre les poings et se les colle de part et d'autre des joues. *Focalise-toi. Respire.*

Elle plonge son regard à l'horizon. Les collines caillouteuses. Le ciel limpide. La verdure partout. Elle contemple ensuite ses camarades. Farrah prostrée au pied de l'arbre. Maÿlis et Cheryl accroupies au bord de l'eau, épaule contre épaule, qui attendent d'elle qu'elle les guide, comme elle le fait depuis le début.

Joue ton rôle. Elles n'en ont jamais eu autant besoin.

— Nous sommes encore ensemble, pense-t-elle tout haut. Et ensemble nous sommes fortes, les filles, ne l'oubliez jamais. Ensemble, nous pouvons nous sortir de toutes les situations.

Par habitude, elle s'attend à entendre Farrah pester, lui lancer quelque chose comme : « Encore cette psychologie de bistrot, Kate ? » ou seulement : « Tu n'es pas la cheffe, Kate ! » Mais, cette fois, Farrah demeure seulement abattue. Son dos courbé frémit tandis qu'elle sanglote. Kate s'en veut cruellement. Elle n'est pas leur cheffe, en effet, comme le lui a si souvent fait remarquer Farrah, mais elle se sent néanmoins responsable de tout ce qui leur arrive. Elle *est* responsable et c'est un poids écrasant. Elle croise les bras. Son regard se durcit.

— Commençons par raisonner, d'accord ? Des hommes nous ont prises pour cibles. Nous sommes du gibier pour eux et, pour une raison que nous ignorons, ils savent tout de nous. Nos identités, nos logements, nos vies privées. Ils nous ont retrouvées chez le mec de Farrah. Alors, première urgence : est-ce qu'ils peuvent encore nous pister ?

— Avec nos téléphones, confirme Cheryl en s'essuyant le front du plat de sa main valide. Ils ont su le faire pour me piéger à Toulouse. Je pense que c'est le flic qui a accès au bornage et à nos communications. Celui qui a tiré sur Benoît…

En retrait, Farrah se contente de relever la tête et de les observer entre ses paupières boursouflées par l'inflammation.

Cheryl se redresse, enfile un vêtement sorti du sac de Farrah – un tee-shirt The Kooples rose qui semble totalement incongru sur elle – et ajoute :

— Dans le doute, il vaut mieux les garder éteints. Même le tien, Maÿlis. Ils n'accrocheront plus de bornes et comme ça on est sûres qu'on ne risque rien.

— Plus de téléphones, approuve Kate. Normalement, le mien est déjà éteint.

Joignant le geste à la parole, elle sort son portable de sa poche pour vérifier qu'il est bien hors ligne. Maÿlis fait de même. Farrah se lève enfin, sort à son tour son appareil, mais elle ne se contente pas de l'éteindre. Elle l'écrase sous son talon, de plusieurs coups, jusqu'à ce que l'appareil soit en miettes. Ses camarades s'abstiennent de lui faire la moindre réflexion.

Kate s'éclaircit la gorge. *Recadre. Maintenant.*

— Très bien. Nous sommes toutes d'accord que nous ne pouvons pas parler aux forces de l'ordre. Plus inquiétant même, l'un de ces hommes en fait partie et nous ne savons pour le moment rien sur lui. Autrement dit, nous sommes livrées à nous-mêmes et ces salopards doivent s'en réjouir.

Elle s'efforce de réfléchir pendant quelques instants avant de continuer :

— Ce que nous pouvons espérer, néanmoins, c'est qu'aucun véritable service de police ne se doute encore de qui nous sommes, ni même du lien entre Farrah et son gendarme. Je pense que ce Séverin a autant besoin que nous de conserver son anonymat. Au stade où nous en sommes, autant transformer la moindre de nos faiblesses en avantages.

— Je suis d'accord avec ça, valide Farrah d'une voix d'outre-tombe. Pour ma part, je vous assure que Benoît n'aurait jamais parlé de nous à qui que ce soit à la caserne. C'était sa grande angoisse, au contraire, que ses collègues l'apprennent, il me l'a bien dit.

— Mais nous avons été vues sur les lieux, intervient Maÿlis. Les gendarmes de Rodez vont bien enquêter sur nous d'une manière ou d'une autre, non ?

Cheryl lui effleure le bras.

— Celui qui a essayé de nous arrêter était totalement dépassé par ce qui se produisait, tu l'as bien vu. Je ne suis pas sûre qu'il ait eu le réflexe de noter le numéro de la plaque du véhicule. Par ailleurs, ce n'est pas après cet incendie qu'ils vont pouvoir trouver notre ADN dans l'appartement de Benoît. S'ils sont aussi incompétents que d'habitude, nous avons le temps.

— Temps que nous devons mettre à profit pour utiliser notre seul atout, tranche Farrah.

Elle tend le téléphone de Couture à Cheryl.

— C'est toi la magicienne de l'informatique. Tu disais que tu pouvais faire des miracles avec ça ?

Cheryl saisit l'appareil avec un sourire résolu.

— Je vais faire plus que le dire, Farrah. Je vais extraire le moindre octet de cet appareil. Tout ce qui n'a pas été effacé, je serai capable de le retrouver. Et peut-être même ce qui a été supprimé, en fonction du degré de précautions qu'a pu prendre Couture. D'après ce qu'on a vu, il n'était pas très futé.

— Les autres le sont, lui rappelle Kate. Ne les sous-estime pas.

Cheryl acquiesce gravement.

— Ce que je vous promets, c'est de trouver leur identité. Ces salopards ont toujours eu un coup d'avance, depuis je ne sais combien de temps. À présent, c'est nous qui allons passer à l'offensive.

Maÿlis fait un pas hésitant. Ses épaules demeurent affaissées, ses bras sont croisés comme en repli, mais son regard bleu pâle a changé. Il est dur à présent.

— Qu'est-ce que nous ferons, quand nous saurons qui ils sont ?

— Nous ferons ce que nous avons toujours fait, lui répond Farrah, l'air tout aussi redoutable.

Du bout des doigts, elle effleure l'affreuse cicatrice autour de son œil, avant de préciser :

— Nous survivrons.

67

Les deux hommes, de leur côté, ne s'arrêtent pas. Bien au contraire. Ils filent comme des bolides sur la nationale 88, avalant les kilomètres de route étroite dans un paysage de champs verdoyants où paissent des vaches Aubrac typiques de la région, traversant des villages minuscules nichés dans les écrins de verdure et de montagnes rugueuses. Leurs pick-up doublent avec fluidité les voitures et camions au fil des courbes de la route.

Le Navara de Séverin roule devant, donnant le rythme. L'air de rien, il doit chercher à semer Paul. Paul n'est pas dupe. Il le talonne de près, pied au plancher. Pas question de laisser son camarade s'imaginer qu'il a plus de couilles que lui. Le compteur indique plusieurs dizaines de kilomètres à l'heure au-dessus de la limite autorisée. De temps à autre, Séverin ralentit brusquement, le temps de dépasser un radar fixe, avant d'aussitôt revenir à sa vitesse de croisière. Alors qu'ils laissent derrière eux Laissac, puis Gaillac-d'Aveyron, n'y tenant plus, Paul finit par presser la touche d'appel au volant. Séverin lui répond de son rire rugueux :

— *Toujours derrière, collègue ? T'as les chocottes ?*

— Je me débrouille mieux que toi derrière un volant, mon vieux. Mais on va finir par se faire flasher, si on continue à cette allure.

Le rire dingue de Léandre redouble.

— *Tous les radars sont indiqués et j'ai les infos sur les opérations de contrôles en direct, ce qu'il n'y a pas aujourd'hui sur ce tronçon. Ça me calme, de rouler un peu. J'en ai besoin, là.*

— Tu m'en veux encore, c'est ça ?

La voix explose dans les haut-parleurs, sans plus aucun humour :

— *Évidemment que je t'en veux, gros naze ! On les tenait, on n'avait qu'à entrer et se les faire. Le travail aurait été bouclé tranquillement si tu ne t'étais pas pris pour Jason Statham ! Il va me falloir du temps pour digérer cette nouvelle connerie. Je me rends compte que si je ne prends pas tout en main moi-même, rien n'est fait correctement.*

Paul jure dans sa barbe. Depuis qu'ils se connaissent, les situations de conflit ont été rares, mais toujours brutales, comme leurs natures profondes. Il bombe le torse. Heureusement que, à lui aussi, rouler lui calme les nerfs.

— C'est toi qui as commencé à tirer dans cette rue, je te rappelle.

— *Peut-être bien*, grommelle Séverin. *On s'est tous les deux laissé emporter par l'euphorie du moment. Il faut croire qu'on est aussi irresponsables l'un que l'autre.*

Paul jubile malgré lui.

— C'est pour ça qu'on s'est trouvés !

L'aveu lui a échappé. Mais il sent le feu dévorer ses doigts, envelopper son cerveau. Oui, Paul se délecte de l'idée d'appartenir à une meute. Après toutes ces années à broyer du noir, à se sentir comme un animal perdu, c'est ce dont il a toujours rêvé, et c'est ce qu'ils sont à présent.

— *Ne te fais pas trop de films, collègue*, lui conseille Séverin. *À la fin, c'est chacun pour sa gueule. La loi de la nature.*

— C'est toi qui devrais arrêter de dire des conneries, Séverin ! Le boss m'a appelé le premier. J'étais son homme providentiel parce que je comprenais l'importance de son projet, la nécessité de se protéger entre frères. Ça a un sens, tout ce qu'on fait.

Un nouveau rire fait grésiller les haut-parleurs. Acide et forcé, à présent.

— *Arrête un peu le sentimentalisme, j'ai l'impression de parler à une gonzesse ! On aime la chasse. On aime tuer. On fait équipe parce qu'on y trouve chacun son intérêt. Rien d'autre.*

— C'est faux. Tu ne vois pas qu'on accomplit une œuvre qui nous dépasse, mec ? C'est quelque chose qui n'a jamais été fait, parce qu'on ne le fait pas seuls, justement. Tu ne peux pas dire le contraire.

— *Tu es un idéaliste, Paul. Grégoire, lui, était un soumis. Tu as vu où ça l'a mené. Il n'y a pas de place pour la sensiblerie quand on est ce que nous sommes.*

Paul tape dans le volant. Quand il lui ressort des discours de ce genre, son camarade a le don de l'horripiler. De *l'inquiéter*, aussi.

— Tu te crois invincible, hein ? Est-ce que je dois te rappeler avec quelle facilité j'ai compris ta nature, quand on s'est croisés pour la première fois ? Moi, un simple navigant commercial, même pas un flic entraîné pour ça ! Souviens-toi bien que c'est moi qui suis venu vers toi, Séverin. Toi, tu ne m'avais même pas identifié pour ce que je suis.

— *Je te l'accorde. Je dois en conclure quelque chose ?*

— Juste qu'on a besoin d'être présents les uns pour les autres. Si je ne t'avais pas proposé de nous rejoindre, tu ne serais même pas dans notre association. Par ailleurs, je te rappelle aussi que je suis le numéro 2, et toi seulement le numéro 3.

Séverin déboîte subitement pour doubler un camion alors qu'une voiture familiale arrive en face. Le Navara se rabat devant le camion in extremis, déclenchant des appels de phares indignés.

— *Je ne suis pas un numéro*, fanfaronne le policier. *Je suis simplement le meilleur. Je ne dois rien du tout à personne.*

Paul écrase l'accélérateur et dépasse à son tour le camion, profitant lui aussi d'un mince espace. Le Navara est déjà loin devant, mais Paul remonte l'écart sans mal. Il revient à la charge :

— Je pense que si, Séverin. D'ailleurs, tu sais quoi ? Je me demandais quand on finirait par avoir cette discussion ! Est-ce que tu me tuerais, moi, par exemple ? Après tout ce qu'on a vécu, tout ce qu'on sait l'un sur l'autre ? Si on en était réduits à ça, comme les filles chez Raphaël ?

— *Tu vois, que tu es un idéaliste ?*

— Réponds-moi donc. Est-ce que tu me tuerais, oui ou non ?

— *À l'instant, ça ne servirait à rien, tu le sais très bien.*

La jubilation reprend Paul.

— Tu vois ! Tu peux dire ce que tu veux, t'es comme moi. On est des loups lâchés dans le troupeau de brebis fragiles, mais on n'est pas nombreux pour autant. Par conséquent, on a le devoir de veiller les uns sur les autres.

— *Je constate surtout que tu ne vois que ce que tu veux voir*, soupire Séverin. *Continue donc comme ça si ça te rassure. En attendant, je rentre chez moi. L'abruti de gendarme a parlé à ces filles, va savoir ce qu'il a eu le temps de vérifier. Dans le doute, je préfère bétonner mon alibi pour aujourd'hui, ça servira toujours. Mes supérieurs sont tellement cons que ça ne sera pas difficile. Et j'avoue que j'aime bien jouer avec eux. Ça entretient ma forme mentale.*

— Tu te retapes six heures de route juste pour ça ? T'es encore plus cinglé que je le croyais.

— *Je ne suis pas cinglé. Je suis alpha. Je fais ce qu'il faut quand il le faut. D'une part il me suffira de cinq heures, et d'autre part cela sera à peine suffisant pour me calmer.*

Paul rit. Séverin a beau dire, ils sont pareils. Enivré par la vitesse, il bande ses biceps, ses pectoraux, s'emplit de la sensation de ses muscles gorgés de sang et de flammes.

— Je t'ai déjà dit que tu ressemblais pas à un flic, Séverin ?

Séverin se contente de mettre fin à l'appel sans répondre et accélère encore, doublant par la droite un véhicule trop lent et revenant à gauche pour continuer vers l'A75 en direction du nord. Paul continue de rire, porté par un bonheur fou.

— Frime autant que tu veux, mec. On est presque une famille, maintenant.

Il bifurque à son tour, empruntant l'autre branche de l'autoroute, direction Millau.

Lui aussi rentre à la maison.

Ils n'ont peut-être pas eu les filles à Rodez, mais cela n'a aucune importance. Paul se sent *vivant*.

Inarrêtable.

68

Nantes

Il lui a fallu moins de cinq heures pour rentrer chez lui, finalement.

Quartier Hauts-Pavés. Espaces verts et belles demeures. Son pick-up à l'abri dans son box, Séverin Léandre pousse la porte de son appartement. Il hume l'odeur de cire qui émane de ses meubles anciens, satisfait de la propreté minutieuse qui règne chez lui et qu'il ne retrouve nulle part ailleurs. Il prend une bonne douche chaude, se rase en sifflotant au son de Beethoven sur sa stéréo, applique sa crème après-rasage, son parfum *Bold Incense* d'Hugo Boss. Ses affaires de rechange sont déjà sur cintres, costume Purple Label tout droit sorti du pressing, souliers cirés. Il a même soigneusement repassé ses chaussettes et ses sous-vêtements.

Sa montre indique à peine 21 heures quand il ouvre une bouteille de Chivas Regal.

— Pour la route, murmure-t-il en se faisant un clin d'œil à lui-même dans son miroir ancien. Ils ne seront pas déçus, au labo !

Consciencieusement, verre après verre, il descend la moitié de la bouteille.

Il pourrait encaisser plus, mais pour ce qu'il compte faire ce soir, ce sera amplement suffisant.

Le monde tourne déjà un peu plus vite, un peu plus gaiement, quand il quitte son domicile. Séverin entame sa promenade habituelle dans les rues animées. Il s'installe pendant plus d'une heure dans un bar où il connaît bien le patron. Tout en sirotant des shots de whisky tourbé, il garde un œil sur l'écran de télé. Les infos sont toujours en boucle sur l'attaque au couteau d'Annecy, les politiques de tous bords se succèdent sur les plateaux pour récupérer le drame à leur sauce. Pas la moindre mention de l'incident de Rodez. Chaque nouvelle gorgée d'alcool accentue sa satisfaction. Le délicieux sentiment d'impunité grandit. En dépit des caméras, de tous les moyens de géolocalisation modernes, Séverin sait qu'il ne sera pas inquiété, pas plus cette fois que les précédentes. Il n'a affaire qu'à des imbéciles. Le tout est de toujours conserver un coup d'avance.

Il est prêt pour celui-ci.

Vers 23 heures, il change de quartier, redescend vers le centre-ville en empruntant les larges trottoirs dallés de granit le long des voies du tramway. Destination le bar à rhum miteux qu'il sait être le point de repli d'un équipage de la BAC avec qui il a déjà eu maintes frictions. L'établissement est comme toujours plein à craquer. Sur la minuscule scène, un guitariste habillé comme un clochard joue un air de merengue soporifique. Séverin repère les trois hommes qu'il est venu chercher dans ces lieux. Ils sont installés à une table du fond avec leurs pintes et une planche de charcuterie bien entamée.

Imbéciles et prévisibles. Ceux-là seront parfaits.

Les hommes lui jettent des regards de biais, et pour cause, aucun d'eux ne s'est jamais entendu avec lui. Tous trois ont des carrures de rugbymen et des visages de débiles. Celui qui l'intéresse est Gaspard Leblanc, un plouc acnéique aux petits yeux méchants, profondément enfoncés. Lui, Séverin sait qu'il le déteste *viscéralement.*

Il s'assoit donc à côté de lui. Leblanc le dévisage avec un dégoût palpable, toisant de haut en bas son costume.

— Oh, le cinglé, tu crois pas que tu t'es trompé de rade ? Qu'est-ce qui te prend de venir nous casser les couilles chez nous ?

Il doit brailler pour couvrir la musique. Séverin fait de même :

— J'ai fait le tour des autres établissements ! Je sais plus trop où j'en suis…

Il se penche et, yeux plantés dans ceux de Leblanc, il prononce, juste assez bas pour que les autres n'entendent pas, mais bien assez fort pour que Leblanc saisisse le moindre mot :

— À part que, tout à l'heure, j'ai bien sodomisé ta mère.

Il offre un sourire radieux au flic de la BAC.

Leblanc se redresse aussi sec en lui gueulant un « espèce de petit pédé ! » tout en lui balançant un coup de poing maladroit.

Séverin encaisse, le coup est tout de même assez violent pour le faire s'effondrer au pied de la table. Un des baqueux s'empresse d'empoigner son collègue pour l'empêcher de continuer à le rouer de coups, tandis que l'autre se jette sur Séverin et le maintient au sol.

— Oh ! J'ai rien fait ! se défend-il. C'est lui qui m'a agressé !

— J'ai vu, mais il se passe quoi, là ? Tu lui as dit quoi, au juste ? C'est quoi ton problème, encore ?

Séverin lève les mains en signe d'apaisement. Il sait que l'expression sur son visage doit rayonner l'ébriété.

— Rien du tout ! Je lui ai juste dit que ça faisait longtemps qu'on s'était pas croisés. Il est pas bien dans sa tête, ton pote.

L'autre écume sa fureur, toujours maintenu par son collègue.

— Foutu cinglé ! Je t'en mettrai, de me parler de ma mère ! Si je te revois ici, je te jure que c'est la tienne qui te reconnaîtra plus !

Séverin se contente de glousser. Sa lèvre est éclatée et du sang suinte sur son menton.

Il est cinglé, oui, sans doute.

Mais surtout, il a désormais un alibi infaillible.

Moins de trente secondes plus tard, son téléphone sonne.

Son chef, le commissaire Humbert, tient à faire une mise au point avec lui sur-le-champ.

Séverin songe qu'il n'aurait pas pu rêver meilleur timing.

Il ne se prive pas de lui expliquer la situation présente et de lui demander son aide.

69

— Qu'est-ce que c'est que ces conneries, Séverin ? Je ne t'appelais pas pour jouer les nounous !

Troisième étage de l'hôtel de police aux proportions titanesques, avec ses myriades de fenêtres illuminant les petits bureaux en ruche bien cloisonnée et ordonnée. Aux yeux de Séverin, le bâtiment évoque surtout un paquebot immobile, comme échoué au bord de l'Erdre. Ils se sont retrouvés dans le bureau du commissaire Roland Humbert, un homme rustre, au physique de taureau, toujours droit comme s'il avait une matraque enfoncée dans les fesses. Humbert donne des coups de poing sur la table chaque fois qu'il s'exprime. Séverin reste assis, impassible. L'absence de témoin de leur petite réunion le ravit. Il parcourt sereinement du regard la pièce où pas un centimètre de mur n'échappe à la décoration, entre les affiches de films de plus ou moins bon goût et les indispensables fiches signalétiques d'individus recherchés. À l'origine, son supérieur espérait n'avoir affaire à lui qu'au téléphone. Il a finalement été obligé de le retrouver ici à plus de 23 h 30 et ne décolère pas. Jusque-là, tout se déroule comme Séverin l'espérait. *Encore mieux* qu'il l'espérait, même.

— Que voulez-vous que je vous dise pour ma défense, commissaire ? J'ai croisé cet abruti de Gaspard et ses petits copains dans un bar. Il était totalement bourré, vous connaissez ce type autant que moi. Il a pété un plomb pour une raison qui me dépasse et il m'a agressé. Tout le monde est témoin.

Il savoure son effet par anticipation, avant d'enfoncer le clou :

— Je ne vais pas porter plainte contre des collègues, si c'est ce que vous craignez...

Le commissaire tape sur la table. Le clavier d'ordinateur en tressaute, même les dossiers enfournés dans les armoires frémissent. Effet réussi. C'est plus fort que Séverin. Il ne peut s'empêcher de titiller les nerfs des autres. En l'occurrence, il a besoin de ça maintenant. *Brouiller la logique. Retourner le cerveau de ces benêts.* C'est toujours si facile.

— Sans déconner ! beugle son supérieur en faisant les cent pas dans le bureau. Absolument personne ne peut te blairer, Séverin ! Moi le premier ! Avec ta petite suffisance, tes costumes prétentieux... T'es taré, mon vieux, c'est le seul qualificatif qui me vient à l'esprit quand je pense à toi ! En plus, j'ai vu le résultat de ton éthylotest. T'as presque trois grammes d'alcool dans le sang ! T'as picolé toute la journée ou quoi ?

Haussement d'épaules coupable.

— J'ai fait le tour de quelques rades. Je suis de repos, où est le mal ? D'ailleurs, vous vouliez me parler de quelle mise au point, au juste ?

— Ah, ouais. Ça. Tu finis par me faire oublier le plus important avec tes embrouilles de cour de récré. J'ai reçu un appel de la gendarmerie de Rodez à ton sujet.

Étonnement soigneusement feint. Gloussement intérieur.

— Je ne saisis pas, commissaire.

Humbert se gratte le cuir chevelu à la base de la nuque.

— C'est-à-dire que moi non plus. Le lieutenant-colonel en personne tenait à me parler. Ils ont l'air emmerdés, leur histoire est à dormir debout. Un de leurs gendarmes s'est fait canarder en plein après-midi et son logement a été incendié. Tirs de 9 mm, grenades incendiaires. Un raid de pros. Pour couronner le tout, le militaire avait déserté son poste, il n'avait rien à faire dans sa rue à ce moment-là. Ses supérieurs ne pigent encore rien à ce qui a pu se passer.

— D'accord, mais quel est le rapport avec moi ?

— Il se trouve qu'ils ont inspecté l'informatique de leur bonhomme. Il se serait renseigné sur toi, pas plus tard que ce matin. Une histoire de consultations de dossiers du TAJ, en marge de toute enquête. Une explication à ce sujet, Séverin ?

Séverin fait mine de se souvenir. Il écarquille les yeux, s'effleure le front.

— Merde. Le nom du gendarme, c'est Benoît Lescuyer ?

— Exactement. Tu connais ce gars ?

Il réprime un sourire cynique. Il s'est bien préparé. *La danse commence.*

— J'ai juste lu son nom sur le TAJ. J'étais revenu sur le dossier des disparues de Clisson. Ça me reprend de temps à autre, on ne sait jamais, au cas où le responsable referait parler de lui dans un autre contexte. En l'occurrence, j'ai trouvé des similitudes troublantes avec une affaire de tueur à répétition. Celui de la ferme de l'horreur, dans l'Aveyron. Ça date d'il y a six ans maintenant.

— Je me souviens de ça, valide Humbert. Une sale histoire, pas totalement résolue en plus.

— Exactement. Le meurtrier n'a jamais été retrouvé, les gendarmes l'ont même présumé mort. Le Lescuyer dont vous me parlez, il était en poste à la brigade du bled en question, au moment des faits, avant de passer par une dépression carabinée. Sa hiérarchie l'a gentiment poussé dans un placard pour éviter que ça ne fasse trop tache, sauf que ça ne s'arrête pas là. Je me suis permis de demander une vérification en off, il ressort que le type s'est connecté au TAJ sur plusieurs autres affaires de massacres du même genre. J'avais trouvé ça fort bizarre. D'autant plus que, pour certains des dossiers qu'il a consultés au moins, il apparaît que les prédateurs présumés ont été assassinés. Pas de manière jolie.

Humbert fronce les sourcils.

— Qu'est-ce que tu me chantes ? Quels prédateurs ?

— Je vous parle des auteurs de ces affaires criminelles. Des tueurs et des violeurs. Certains purgeaient leur peine quand ils se sont fait planter. Sans le moindre témoin, évidemment. D'autres étaient dans la nature, même résultat. Quelqu'un les a retrouvés et les a exécutés comme des chiens.

— Tu veux dire que le gendarme enquêtait sur des règlements de comptes entre criminels ?

— J'ai bien l'impression qu'il cherchait des informations sur ces lascars *avant* qu'ils se fassent régler leur compte, commissaire. Bien sûr, je ne me permettrais pas de m'avancer sur sa participation dans les exécutions elles-mêmes…

Séverin laisse en suspens la portée de son sous-entendu. Son supérieur écarquille les yeux, digérant la bombe. Séverin renchérit alors, le plus innocemment du monde :

— On aurait du mal à s'imaginer qu'un gendarme psychologiquement abîmé se transforme subitement en justicier. Que, juste comme ça, il se mette à buter des types qui auraient injustement échappé au système judiciaire. Un gendarme déjà au placard, qui plus est. Ce serait terriblement problématique pour la gendarmerie nationale dans son ensemble, non ? Par les temps qui courent et avec toutes les campagnes de dénigrement des forces de l'ordre…

Humbert demeure toujours impassible, mais Séverin sait qu'il a planté la vicieuse graine du doute. Son commissaire est un crétin fini. C'est pour ça que Séverin n'a jamais demandé à être muté ailleurs, en dépit de tous leurs accrochages. Il se délecte de cette relation biaisée, dans laquelle il a systématiquement le dessus.

— Cela étant dit, ajoute-t-il un ton plus bas, juste entre nous, vous voyez un peu le tableau, si ce Lescuyer se révélait vraiment être un vengeur illuminé ? Déjà, ça collerait avec son profil et sa dépression passée, si vous voulez mon avis. D'un autre côté, il lui aura bien fallu des complices pour mettre en place sa petite purge. Ou alors, il ne faisait peut-être que renseigner des personnes qui s'en chargeaient, peut-être.

— Des sortes de mercenaires ?

— C'est juste une supposition, commissaire.

— Et ces complices lui auraient réglé son compte parce qu'il devenait trop voyant, déduit aussitôt Humbert sur un ton paternaliste.

— C'est dommage qu'il se soit fait descendre, du coup, ricane Séverin.

— Il est pas mort.

Son ricanement s'étouffe net. Séverin contracte les mâchoires.

— Vrai ?

— Si je te le dis. Le type a eu une chance de tous les diables. Les balles ont traversé son corps sans perforer d'organe vital.

— Il a pu expliquer ce qui s'est passé alors ? avance prudemment Séverin.

— Oh, non, rien de ce genre. Il n'est pas en état de parler. Il est encore en soins intensifs. Il n'est pas impossible qu'il y reste un bon bout de temps.

Séverin bascule la tête en arrière. *Quand même.*

— Très bien. Alors, si j'ai bien compris, sa hiérarchie se renseigne sur moi ? Ils pensent que j'ai quelque chose à voir avec son affaire ?

— Tout juste. Son supérieur voulait absolument savoir où tu étais aujourd'hui.

Séverin ricane nerveusement.

— Ça, je crois que vous l'avez compris, commissaire. Même si je ne me souviens plus exactement de tous mes arrêts cocktails.

Humbert se pince le nez entre le pouce et l'index.

— Je ne sais plus quoi faire de toi, Séverin. Tu nous fais tellement honte, tout le temps.

Séverin reste souriant, poli, inamovible. Il lisse soigneusement la manche de son costume.

— Est-ce que je suis accusé de quelque chose ?

Humbert mime une exaspération blasée. Séverin repense à tous ces posters, de *Bac Nord* à *Engrenages*, affichés fièrement autour d'eux. La plus grande partie des murs, cependant, n'est occupée que par les portraits-robots des « sales gueules » comme ils les appellent entre eux. Des individus fichés, recherchés, récidivistes. Nouvelles affaires ou dossiers enterrés par manque de preuves. Par dizaines, de partout et de plus en plus nombreuses, les trombines de truands aux yeux belliqueux et aux CV cauchemardesques. Un de plus ou un de moins, au bout du compte, qui trouverait jamais l'énergie pour s'en soucier réellement ?

— Bordel de merde, souffle Humbert. Comme si on n'avait pas assez de choses à gérer avec les fusillades qui se multiplient, les islamistes, les narcotrafiquants, les black blocs et tout le reste ! Tu fais partie de mon équipe, Séverin. Quoi que je puisse penser de toi, je réponds entièrement de mes hommes, jusqu'au dernier. Il est clair que tu étais ici à te mettre la tête et à te battre dans les bars comme un crétin, cette histoire ne te concerne en rien et je vais leur faire savoir, ne t'inquiète pas. Ce n'est quand même pas des pignoufs de Rodez incapables de contenir leur propre criminalité qui vont venir ternir notre image.

On se démerde déjà assez bien tout seuls, se moque intérieurement Séverin.

— Merci, commissaire.

— Ouais. Eh bien, me remercie pas si vite non plus. Ce qui s'est passé dans ce bar, je suis désolé pour toi, mais ça va être consigné. L'autre péquenaud de Leblanc et toi, vous allez sûrement être sanctionnés. Il va de soi que, d'ici à ce que ça se tasse, je ne veux pas de vagues. Tu peux au moins faire ça pour moi ?

Séverin lui répond avec un grand sourire d'ange :

— Reçu cinq sur cinq. Je serai sage comme une image.

70

Sète, mont Saint-Clair,
Minuit

La mer Méditerranée scintille sous la lune gibbeuse. Un miroir d'encre, à perte de vue.

Nichée à flanc de roche, la villa aux murs ocres domine. Des baies vitrées panoramiques occupent chaque façade, offrant une vue incroyable non seulement sur l'horizon, mais aussi sur deux terrasses arborées, possédant chacune une piscine aussi large l'une que l'autre.

— Je ne savais même pas que des maisons comme ça existaient encore, murmure Kate, adossée à une des colonnes qui bordent la pièce à vivre, bras croisés, regard cerné. Un luxe pareil !

Farrah présente un verre sous le distributeur de glace pilée du réfrigérateur.

— Les propriétaires sont anglais. Ils viennent de nous la confier à la vente. J'ai les clés d'une demi-douzaine de biens comme celui-ci.

Emportant une bouteille de Jack Daniel's, elle vient s'installer dans un des multiples canapés ceinturant la pièce. Là, elle verse une longue cascade de whiskey sur le lit de glaçons.

— Les placards et le congélateur sont pleins à ras bord, si vous voulez manger quelque chose. Je m'étais juré de ne *jamais* profiter d'une de ces maisons comme ça, vous savez. L'agence me paie très bien pour que je sois irréprochable.

Mais la situation étant ce qu'elle est… je suppose que ma carrière est finie quoi qu'il arrive.

Elle essuie ses joues humides, renifle. Elle sait qu'elle a encore beaucoup de larmes en elle, mais elle devra les verser plus tard.

Elle hume l'arôme sirupeux de son verre, boit une longue gorgée, verse davantage de Jack Daniel's.

— Ça coûte combien, un endroit comme ça ? lui demande Kate.

— Trois millions, calcule Farrah, presque mécaniquement. Je suis sûre qu'elle partira en moins de six mois, au prix. Le haut de gamme ne connaît jamais de crise, contrairement au reste du marché de l'immobilier.

Elle finit par se redresser pour venir elle aussi contempler l'eau qui scintille sous la nuit de velours bleu, encadrée par les majestueuses silhouettes des oliviers.

— Tu vois la bâtisse derrière la serre de jardin ? Elle fait partie de la propriété. C'est ce qu'on appelle une maison d'amis. Entièrement en bois et ferronnerie.

— Finalement, épargne-moi ton boniment, dit Kate en lui envoyant un clin d'œil. J'ai pas les moyens.

Farrah esquisse un sourire absent. Elle renifle encore.

— Je te confirme que ton dossier ne serait même pas étudié.

Elle retourne s'asseoir sur le canapé et reprend du whiskey. La pièce dans laquelle elles se trouvent est immense comme il se doit pour ce genre de demeure, meublée de bois précieux et de matériel high-tech. Sur le plus grand des murs, un téléviseur encadré trône, tel un tableau de maître. Il affiche à l'instant la peinture tout en couleurs claires et pures d'une femme dans une robe fluide, position lascive, cheveux en entrelacs foisonnants et regard mutin braqué vers le spectateur. Le rendu du célèbre *Été* de Mucha est si réaliste qu'on jurerait une reproduction originale.

La voix de Cheryl s'élève :

— Si cela peut te rassurer, Farrah, j'ai rebooté l'alarme et j'ai mis en boucle sur les caméras les images qu'elles ont déjà enregistrées durant les dernières vingt-quatre heures.

En clair, nous sommes invisibles aussi longtemps qu'on le souhaite. Je mets au défi qui que ce soit de déceler ma manip.

Farrah se tourne vers la véranda. Leur camarade informaticienne a pris place à une table en béton ciré. Elle s'est calée en position de fœtus dans un fauteuil Starck deux fois trop grand pour elle. Tout autour d'elle, elle a déployé son ordinateur, des câbles, des boîtiers. Avant cela, elle a pris une douche et a rasé son crâne de près. Avec son peignoir anthracite et ses tatouages entremêlés, Cheryl pourrait être une sorte de moine bouddhiste tout droit sorti d'une histoire d'anticipation.

— Merci, Cheryl, acquiesce Farrah avant de replonger ses lèvres dans son verre.

Elle essaie de chasser la boule dans sa gorge, n'y arrive pas.

— Des fugitives dans une villa de luxe. Ce serait très drôle si ce n'était pas nous.

— Nous ne sommes pas des fugitives, objecte Kate en prenant place sur le canapé face à Farrah.

Toujours la même électricité entre elles. Quels que soient leurs efforts mutuels pour trouver un terrain d'entente.

— Nous avons juste la mort aux trousses, rétorque Farrah. Et si par malheur la police apprend ce qui nous arrive et pourquoi cela nous arrive, le moins grave que nous risquons est de finir derrière les barreaux. Tu auras tout le loisir de nous servir de psy, Kate, comme tu en as toujours rêvé.

Les deux femmes se défient du regard.

À cet instant, Maÿlis émerge en boitillant de la salle de bains du rez-de-chaussée – la maison en compte deux autres à l'étage –, elle aussi drapée dans un peignoir moelleux trop grand pour elle. Avec ses cheveux courts encore humides plaqués sur son crâne, sa peau étonnamment blanche et ses grands yeux, elle a l'air encore plus jeune. Une enfant.

— Désolée d'être restée si longtemps. Je n'ai jamais vu une douche aussi grande de ma vie.

Elle s'installe précautionneusement dans un fauteuil en cuir placé au milieu de la pièce, entre deux luminaires en arc de cercle qui diffusent une douce lumière dorée.

— Alors, Cheryl, tu as avancé ?

— J'ai déverrouillé le téléphone. Ça, c'est la partie la plus facile.

— Qu'est-ce qui est difficile pour toi ?

Cheryl ne peut s'empêcher de sourire. Elle continue de tapoter sur son clavier.

— Avec un Flipper Zero comme BadUSB, je n'ai pas beaucoup de mérite. Maintenant, il faut que je fasse le tri. Je dois pouvoir accéder à ses informations personnelles, tous ses contacts, ses documents, ses heures de connexions wi-fi avec la localisation à chaque fois…

— Ses communications ? interroge Kate.

— SMS et messages WhatsApp, oui. Même chose pour tout ce qui vient de Meta, un gosse de cinq ans serait capable d'entrer dedans. Malheureusement, je ne trouve rien de bien intéressant sur ses messageries de Facebook et Instagram. À première vue, Couture n'utilisait ces réseaux que pour suivre quelques actrices porno et une poignée de starlettes sur OnlyFans.

Kate penche la tête en arrière. Yeux fermés. La fatigue creuse ses traits.

— Il passait par quoi pour parler aux autres, alors ?

— Je dirais Telegram, estime Cheryl après quelques instants de réflexion. C'est là où ça se corse. Le mot de passe est trop élaboré pour être craqué aussi facilement qu'un code PIN. Non seulement il est très probable que Couture a activé l'autodestruction des messages et qu'il n'y a plus rien à trouver, mais surtout je risque de bloquer les comptes si je joue trop avec.

— Donc tu ne peux rien savoir de ses messages reçus et envoyés sur cette plateforme ? regrette Kate.

Le front de Cheryl se barre d'un pli appliqué.

— Je n'ai pas dit mon dernier mot. Les conversations ont beau être stockées sur le cloud, on reste sur un Android. Les images téléchargées à partir des applications sont accessibles en direct. Il faut évidemment espérer que Couture a été assez bête pour faire des captures, mais qui sait. Je suis dedans à l'instant. Mais là aussi, je vois essentiellement du porno, et…

Elle marque une pause.

— Tu as trouvé ? relance Kate. Dis-moi que tu as trouvé !

Cheryl blêmit. Machinalement, elle porte sa main mutilée à sa bouche.

— Oui, Kate, j'ai trouvé. Il était bien con à ce point.

— Montre ! s'exclame Kate en se redressant.

— Tu peux rester où tu es. Je vais utiliser la télé pour faire une extension de mon écran. Autant que vous puissiez toutes voir ça.

Aussitôt dit, l'affiche de Mucha sur le téléviseur mural disparaît, remplacée par la vue du bureau de Cheryl : un drapeau de pirate en fond, plusieurs fenêtres ouvertes se chevauchant au premier plan. Dans la fenêtre principale s'aligne une série de miniatures de ce qui ressemble à des photos érotiques d'une femme nue, prises à la suite et dans le même décor.

Le curseur de sa souris se déplace jusqu'à la première de ces images pour l'afficher en plein écran.

— Oh, putain, dit Maÿlis.

La femme sur ces photos n'est pas seulement nue.

Elle a aussi la gorge tranchée de part en part.

71

Kate sent ses jambes flageoler. La nausée la saisit.

Elle s'effondre de nouveau dans le canapé. Le haut-le-cœur ne passe pas. Sur l'immense écran, la photo de la femme semble la dévisager. La traverser de son regard vide, figé par la mort. La plaie à la gorge est si profonde qu'on voit distinctement le blanc de l'os.

— Kate ? Tout va bien ? lui demande Cheryl.

— Sans déconner, murmure Kate. Je m'éclate, ouais.

Elle serre les poings. Elle tremble. Elle fait tout son possible pour se reprendre.

— Cette personne. Elle a été égorgée…

Pour ne pas crier, achève-t-elle pour elle-même.

— Pour l'empêcher de crier, reprend Farrah comme un écho à ses propres pensées.

Toutes deux sont toujours si semblables, en dépit de leurs étincelles. Kate observe en silence, tandis que Cheryl fait défiler le reste des images. Il y en a une dizaine en tout. La même personne figure sur tous les clichés. Celui qui les a pris a fait le tour de cette femme décédée, l'a immortalisée sous tous les angles. Sur une photo, elle est allongée sur le dos, jambes écartées. Sur une autre, elle est penchée sur le côté, genoux remontés sur sa poitrine, exposée de manière encore plus obscène.

— Il l'a manipulée pour chaque photo, finit par faire remarquer Kate, le cœur au bord des lèvres.

— Comme des poses d'actrice pornographique, ajoute Farrah. Ce type a joué avec un cadavre comme si c'était une poupée gonflable.

— On est certaines que ça ne peut pas être une mise en scène ? intervient Maÿlis. Avec tout le porno qu'il consommait, c'est peut-être juste un truc malsain…

— On peut toujours rêver, concède Cheryl d'une voix éteinte. Je vais lancer un programme de reconnaissance faciale pour cette personne. On saura si c'est juste une actrice ou bien si elle apparaît dans une affaire traitée par la police.

Kate essaie de réfléchir. Un effort de plus en plus difficile. Elle enfonce son dos dans le canapé, mains jointes sous son menton.

— Admettons que les images sont authentiques et que cette femme est bien décédée. On ne voit pas la personne qui les a prises. Ça pourrait être Couture ?

— Probablement pas, dit Cheryl. Il n'a fait que les enregistrer. À l'origine, quelqu'un d'autre les lui a envoyées sur Telegram.

— Tu ne peux pas savoir qui ?

— Pas facilement. Ces images n'ont pas de métadonnées EXIF qui nous donneraient les détails de l'appareil qui les a prises, de la localisation, date et ainsi de suite. Couture les a bien téléchargées depuis l'application, mais, avant lui, quelqu'un les avait enregistrées sous forme de capture d'écran, ce qui efface toutes ces informations. Quoi qu'il en soit, nous savons déjà que Couture n'est pas le cerveau de leur groupe. Pour moi, il s'agit du dernier maillon de la bande. Il prenait ses ordres de son flic, le fameux Séverin, qu'il craignait et idolâtrait en même temps. C'était très clair dans ses propos, quand il m'a enlevée.

Maÿlis elle aussi se recroqueville dans son fauteuil. Elle s'enveloppe dans son peignoir comme dans une armure illusoire. Elle a les yeux exorbités par ce qu'elle découvre.

— C'est quand même une preuve atroce. C'est exactement ce que vous vouliez, non ? Tu ne vas pas envoyer ça à la police ?

Cheryl se gratte le crâne. Ses yeux sont mi-clos et brillants. Il est évident qu'elle retient des larmes.

— Je te promets que je le ferai, Maÿlis. Mais pour l'instant, et même si ces photos se révèlent bien être celles d'une morte, ce ne sont pas des preuves incriminant directement Couture.

— Seulement nous, reconnaît Farrah, la gorge nouée. C'est nous qui avons tué cet homme. Les flics ont son corps. Ils ont notre signalement après la mort de Gaubert à Bordeaux. Pour l'instant, les seules qui risquent réellement quelque chose, c'est nous.

— Mais la justice pourra enquêter, non ? s'indigne Maÿlis. C'est leur métier ! Ça prendra peut-être du temps, mais…

— Nous n'avons pas ce temps, la coupe Kate. De plus, la justice, je peux te dire que nous ne la connaissons que trop bien.

Elle se retourne vers Cheryl.

— Est-ce qu'il y a d'autres fichiers de ce genre ? Quoi que ce soit qui nous apporterait des preuves concernant ses complices ?

— Je cherche.

Sur l'écran de télévision, une arborescence de fichiers se déploie à présent. Des dossiers contenant davantage de dossiers. Cheryl passe de l'un à l'autre jusqu'à arriver au répertoire photo principal de l'appareil. Il regorge de centaines d'images d'autres jeunes femmes nues, la plupart très jeunes et souvent très tatouées, mais toutes bien vivantes, leurs sourires exagérés et encourageants. Il y a également des vidéos de ces filles se livrant à des exhibitions et des actes sexuels avec une variété de jouets et de partenaires différents.

— Tout ça, ce sont des téléchargements à partir de l'application OnlyFans, leur explique Cheryl. Couture faisait des captures d'un peu tout ce qu'il aimait, visiblement. C'est dégueulasse et une partie de ces filles doivent être mineures en plus, mais ça non plus, ça ne nous avance à rien. La dernière fois que j'ai vérifié, cette plateforme avait à peu près deux cent cinquante millions d'utilisateurs. Ce n'est pas demain que le gouvernement va pouvoir y faire quoi que ce soit, ou seulement penser à embêter le moindre de ses usagers. Les lobbies ont trop d'argent à redistribuer.

C'est donc tout ce à quoi s'intéressent les hommes ? songe Kate, écœurée par la vue des corps dénudés, des fesses écartées et des prises de vue gynécologiques. La cohabitation de ces images pornographiques et de celles de la femme décédée lui est insupportable.

— Il y a des fichiers dans les dossiers cachés, remarque Cheryl.

D'un clic, elle les déverrouille. Davantage de jeunes femmes nues, à la différence que celles-ci ont été photographiées en pleines performances de body art : des crochets plantés dans leur dos, suspendues comme des lustres, la peau tellement distendue par leur propre poids qu'on se demande comment celle-ci ne se déchire pas totalement. Sur d'autres images, des corps transpercés de cathéters avec ce qui ressemble à des transfusions aboutissant dans des verres de champagne. Partout, des pinces, des hématomes, et toujours davantage de sexes féminins exposés, sujets à des insertions variées et des traitements humiliants.

— Je n'en peux plus, cède Kate. On en a assez vu, là, non ? C'est tout ce qu'il y a d'exploitable, Cheryl ?

— Il y a des fichiers effacés que je peux récupérer. Si vous me donnez une minute.

Elles retiennent leur souffle. Dans la fenêtre du logiciel, Cheryl ouvre de nouveau dossier après dossier, sous-section après sous-section. Des barres de progression défilent à mesure que le logiciel scanne les données à récupérer.

Une liste de noms de fichiers s'affiche au compte-gouttes.

— Bingo. C'est d'autres images. Effacées récemment.

La souris se déplace, la liste se transforme en alignements de vignettes colorées.

— Qu'est-ce que c'est que ça ? rumine Cheryl.

Kate ne dit rien, ne peut rien dire. Même s'il s'agit de miniatures, son cerveau saisit instantanément ce qu'elle a sous les yeux. Et ce qu'elle devine est impossible. Inacceptable. *Elle ne veut pas.* Elle sent sa langue se coller à son palais. Elle veut crier de ne pas cliquer sur ces images. *Par pitié.*

La première photo s'affiche en plein écran.

Elle a été prise dans la ferme de Mazars. Six ans auparavant.

Une photo de l'enclos aux cochons dans lequel elle était retenue.

— Non, murmure Kate. Non. *NON.*

L'image montre trois silhouettes dans la boue et la paille. L'une est étendue dans un angle, déjà blessée et agonisante. *Alya.* Une autre est debout, adossée contre les barreaux de bois, bras repliés comme pour cacher sa poitrine et tête penchée en avant masquée par sa chevelure. *Juliette.* Kate se reconnaît à peine dans la troisième. À genoux au centre de l'enclos. Ses bras si maigres, son visage cadavérique. Ses cheveux clairsemés tant elle s'était arraché de mèches. Leurs vêtements à toutes les trois sont maculés de lisier. Leur peau gluante. Cette horrible expression d'abandon sur son propre visage…

Les mots ne parviennent pas à quitter la gorge de Kate. Elle se passe la main sur le front, le trouvant trop chaud, puis trop froid, elle ne sait plus. Elle se sent à deux doigts de l'évanouissement.

Elle se regarde, la Kate du passé, la Kate effondrée dans la bouillie des déjections porcines. Et son image blafarde la regarde en retour. Une morte-vivante.

Kate ne savait même pas que Raphaël Mazars avait pris de telles photos.

C'est plus qu'elle peut supporter pour l'instant. Elle se lève, titube jusqu'à la baie vitrée et va vomir dans les massifs du jardin.

— Est-ce que ça va ?

Kate est accroupie au bord de la piscine. Elle contemple son reflet. Des ombres et des remous.

À contrecœur, elle redresse la tête vers Farrah.

— Non. Ça ne va pas. Ce type avait des photos de moi. Des photos prises par Mazars.

Farrah croise les bras et fait une grimace. Kate remarque que son œil voilé demeure écarlate.

— Cheryl a trouvé autre chose ? C'est ça ?

Farrah hoche la tête.

— Je sais que c'est très dur, mais il faut que tu le voies, toi aussi.

Kate la fixe sans bouger.

— Ça me concerne encore ?

— Disons que ça explique peut-être certaines choses.

Kate plonge ses mains dans la piscine et se passe de l'eau chlorée sur le visage et dans la bouche. C'est déjà mieux que l'arrière-goût de sa bile.

Des explications. Elle a besoin d'explications, oui.

— J'arrive.

Sur l'écran de télévision est affichée une dernière photo.

Kate la contemple, bouche bée.

— Tu comprends ce qui se passe ? lui demande Cheryl.

Kate se laisse tomber dans un canapé.

Les yeux rivés à l'écran. Les questions bouillonnant sous son crâne.

Deux hommes figurent sur l'image, adossés à un arrêt de bus. Tout sourire. Un selfie.

Le premier a le visage anguleux et des muscles développés de culturiste.

— À gauche, c'est un des types qui nous attaqués chez Benoît, commente Farrah.

— Je trouverai son identité. Ça prendra quelques heures, précise Cheryl.

— L'autre… murmure Kate d'une voix éteinte, une voix de fantôme.

Elle bataille pour garder son calme alors que son cœur bat à tout rompre.

L'autre homme sur la photo est Raphaël Mazars. Tout sourire. Faisant le V de la victoire avec ses doigts pour immortaliser le moment.

Elle n'arrive plus à parler.

— Qui que soit cet homme, il connaissait Mazars, murmure Farrah.

Maÿlis dirige son index vers l'écran.

— Si vous voulez la date de cette photo, je peux vous le dire. Le bout d'affiche qu'on voit derrière eux, c'est *Hérédité.* Le film est sorti en 2018.

Cheryl se tourne vers Kate statufiée.

— Soit un an après ton évasion de sa ferme. Quand Mazars était dans la nature. C'est pour ça que ces types sont après nous.

— Pour venger la mort de Mazars, balbutie Farrah.

— Je ne vois pas d'autre explication.

VII

À L'ORIGINE

72

Entre Paris et Bangkok,
Été 2018
(cinq ans auparavant)

Dans les souvenirs de Paul…

Il doit se l'avouer. Il s'est toujours posé la question.

En serais-tu capable ?

Ce n'était qu'une simple pensée, au début. Une blague de mauvais goût, rien de bien méchant, se justifiait-il en son for intérieur.

Pourtant, le fantasme se faisait de plus en plus pressant, chaque fois qu'il se posait en Thaïlande. Le temps d'escale était d'une nuit sur place, parfois deux. Il ne pouvait s'empêcher de retourner à la station Sala Daeng et d'aller se perdre dans les quartiers rouges de Bangkok. *Anonyme. Les poches pleines de bahts. Du feu dans la tête.*

En peu de voyages, il connaissait déjà chaque salon de massage, ping pong show, blowjob bar, pussy club… cette galaxie hypnotique de néons, de musique techno, d'excitation permanente des sens. Surtout que Paul consommait de l'alcool, beaucoup. C'était obligatoire en ces lieux. Évidemment, cela contribuait à brouiller davantage ses perceptions, à l'entraîner plus loin dans des chambres poisseuses, l'esprit enfiévré par les danseuses hilares de Patpong, leurs petits corps cuivrés illuminés par le kaléidoscope multicolore omniprésent, avec leurs visages juvéniles interchangeables, leurs sourires enjôleurs et leurs yeux déjà morts en dedans.

C'était exactement ça. Un détachement qui n'avait plus rien de vivant, plus rien de vraiment humain. Alors que lui n'était qu'intensité, puissance, masculinité. Il sentait le feu monter en ces moments-là. Ces pauvres filles pouvaient-elles voir la lueur de braise l'illuminer, de plus en plus violemment à mesure que s'estompaient sa volonté et ses bonnes manières ?

Bien sûr qu'elles ne voyaient rien. Paul leur balançait des mots orduriers, dans sa langue dont elles ne comprenaient rien, et elles riaient et s'activaient de plus belle sur lui comme les marionnettes vides qu'elles étaient. Alors il leur disait qu'il pourrait les éventrer, ces putes, là, comme ça. Il n'aurait qu'à écraser leurs gorges avec ses doigts jusqu'à percer leurs œsophages, ce serait si bon d'ouvrir leur carcasse de pantin famélique, oui, voilà ce qu'il voulait vraiment leur faire.

Un soir, il n'avait pu se retenir. Il en avait giflé une. Fort. Elle en avait saigné du nez. Il s'était attendu à ce qu'elle prenne peur, qu'elle appelle au secours le portier. La danseuse lui avait simplement signifié qu'elle voulait davantage de bahts pour ça.

Paul avait payé le double de ce que la fille aux yeux morts et gluante de gel lubrifiant lui réclamait.

Il était devenu un dieu du sexe cette nuit-là.

Une nuit qui s'était répétée, avec plusieurs jeunes filles parfois. Davantage d'alcool, davantage de bahts, davantage d'ecchymoses sur les fesses, les flancs, les joues, davantage de gloussements encourageants et de regards morts en dedans. Et toujours davantage de rivières de flammes rugissant dans son crâne.

En serais-tu CAPABLE ?

Évidemment que oui. Il le savait. Il le *voulait.*

Pourtant, Paul n'était jamais allé plus loin.

Pendant ces premières années.

Il n'était pas idiot. Il était bien des choses, mais pas celle-là. Il s'était toujours refusé de passer à l'acte, quand ces images se surimposaient sur les menus corps humides de sueur et qu'il empoignait leurs chevelures pour leur tirer le cou en arrière, dans cette puanteur surchargée de vapeurs d'encens des chambres longeant les tables de billard. Non, non, non. Il ne pouvait pas risquer de se faire attraper bêtement. Jamais.

Jusqu'à ce qu'il reçoive cette demande.

Cela faisait un moment. On cherchait à savoir s'il était toujours capable de procurer de faux papiers.

Le demandeur précisait que ce serait pour un passage de la France au Portugal.

Opération facile. Paul avait offert ce genre de services à de nombreuses reprises, il s'en était assez vanté. Il avait tous les contacts nécessaires pour la filière de passeports, ainsi qu'auprès du personnel des douanes à qui il était possible de graisser la patte. Jouer avec les failles du système avait toujours été une de ses passions.

Sauf qu'il ne s'agissait pas d'un client comme les autres.

Celui-là était spécial.

Très spécial.

Paul avait serré le téléphone quand il avait compris à qui il avait affaire.

Son cœur s'était mis à battre plus vite.

Le feu avait été si intense qu'il s'était demandé si sa peau allait finir par *réellement* entrer en combustion.

— Cela aura un coût, évidemment, avait-il articulé en calculant le moindre de ses mots. De mon côté, je peux tout centraliser sans le moindre problème, succès garanti. J'ai simplement une demande personnelle.

— *Laquelle ?*

— Je souhaite qu'on se rencontre avant. En chair et en os.

Une hésitation. De la méfiance.

— *Je ne comprends pas pourquoi. Tout ce qui compte, ce sont les documents.*

Paul avait ricané.

— Je peux fournir tout ce qu'il vous faut. Pas que pour l'impression des documents, d'ailleurs. Il vaut mieux s'assurer qu'une personne de confiance assure le contrôle à la frontière. Je me porte personnellement garant de la réussite de l'opération. Mais avant cela, je veux discuter en face à face, d'homme à homme. C'est non négociable.

— *Discuter de quoi ?*

— De la ferme à Espalion. De ce qui s'y est passé l'an dernier, et de tout ce qui s'y était passé avant, sans que personne ne s'en rende compte. Je sais très bien à qui j'ai affaire, voyez-vous.

Cette fois, un silence. Trop long.

— Pas de crainte, avait ajouté Paul. Je suis un fan. On pourrait dire que je suis en demande de conseils.

— *Je pense que finalement il vaut mieux s'arrêter là. Fan ou pas. Ce n'est pas comme ça que j'envisageais les choses.*

Alors Paul avait supplié. Il n'avait pas pu s'en empêcher. Lui le fier surhomme. Pour la première fois, *cela en valait la peine.*

— Par pitié. J'ai besoin de ça. J'ai attendu ce moment toute ma vie. C'est un signe. C'est vrai. Ça ne peut être que ça.

Silence.

Grésillement.

Puis la voix, un souffle glacial.

— *Un signe de quoi ?*

Paul s'était admiré dans le miroir de la chambre d'hôtel qu'Air France mettait à sa disposition pour la nuit, entre deux vols long-courriers. Il était nu. Il était en érection. Il voyait ses veines gonflées sous la lave qu'elles renfermaient, prêtes à éclater. Il voyait le feu en lui, le feu noir, obscurcir le monde autour de lui et ne laisser que sa silhouette d'Apollon.

— Pour devenir ce que je suis, avait-il murmuré. *Enfin.*

73

Sète,
Dimanche 11 juin

Le sommeil, enfin, même s'il ne dure qu'une maigre poignée d'heures. *Des bouts de rêves décousus, suffocants, Benoît dans ses bras, comme une possibilité de bonheur qu'elle a été trop stupide pour refuser, des flammes affamées et hurlantes tout autour d'eux, coupant court au moindre espoir, une nouvelle fois, définitivement.* La lumière du soleil tombe sur son visage. Farrah se réveille en sursaut.

Instinctivement, la jeune femme cherche la main de Benoît à côté d'elle.

Idiote.

Elle est allongée sur le lit qu'elle n'a pas défait. Elle redresse sa nuque douloureuse, se frotte les yeux qui la brûlent toujours. Il lui faut quelques instants pour reconnaître la grande pièce aux murs bleu pastel et aux boiseries claires. Devant la fenêtre, un fauteuil en osier suspendu au plafond par une chaîne. *La villa.* Au milieu de la nuit, Farrah s'est réfugiée dans la suite parentale, au premier étage. La salle de bains y est pourvue d'une énorme baignoire balnéo. Avant de s'allonger sur le lit, Farrah est d'abord restée près d'une heure dans ce jacuzzi, prostrée dans l'eau brûlante, incapable de penser, incapable d'agir.

Benoît…

Elle se mord l'intérieur de la bouche. Elle n'effleurera plus jamais la main de Benoît, non. Il n'écrasera plus jamais ses lèvres sur les siennes en lui disant qu'elle est la plus belle du monde et qu'il ne pourrait vivre sans elle.

Parce que cet homme l'a abattu.

Séverin.

Farrah se retourne sur le couvre-lit. Sa montre indique tout juste 6 heures du matin. Elle songe non sans amertume à son habitude de se réveiller avant l'aube, pour faire du sport ou simplement ne pas manquer le lever du soleil. Elle a toujours prétendu qu'elle souhaitait profiter de la vie un peu plus que les autres. Un mensonge à elle-même. Un de plus. Elle ne s'en rend compte que maintenant. Après toutes ces années de fuite en avant. Elle ne s'est jamais levée si tôt que pour montrer aux *autres* qu'elle était meilleure qu'eux.

N'y pense plus.

La seule chose que tu dois faire maintenant, c'est retrouver ce flic. Lui faire payer.

Tu dois AGIR.

Se rhabillant avec ses vêtements de la veille, Farrah se fait la réflexion qu'elle n'est même pas maquillée, que ses cheveux doivent être gras et hideux et que, pour la première fois de sa vie, elle se moque éperdument de son apparence. Elle ne ressent même plus le besoin de dissimuler ses yeux. Elle est telle qu'elle est, ça n'a plus aucune importance. Elle quitte la chambre en chaussettes, descend les marches pour revenir dans le vaste salon de la propriété.

Elle y découvre Cheryl enveloppée dans son peignoir et endormie dans un des canapés. Maÿlis n'est nulle part en vue, elle s'est probablement repliée dans une chambre. Quant à Kate, Farrah l'aperçoit dehors, installée sur une chaise longue au bord de la piscine. Elle va la retrouver d'un pas hésitant.

— Bonjour.

— Bonjour.

— Tu n'as pas dormi ?

Elle se rend compte que Kate a les joues striées de larmes sèches. Elle n'a jamais vu sa camarade dans cet état. Ont-elles toutes changé à ce point en l'espace d'une seule journée ?

— Non, je n'ai pas dormi, lui répond Kate d'une voix détachée. Les programmes de Cheryl continuent de tourner. Elle a fini par s'effondrer vers 3 heures, ou peut-être qu'il était déjà 4 heures. Je ne sais plus trop. J'ai un peu perdu la notion du temps.

Elle détourne les yeux vers l'horizon pâle avant d'ajouter :

— C'est bien passé aux infos. La maison de Tanya a totalement brûlé, hier.

Farrah crispe les poings.

— Sa famille ?

— Sa fille était chez ses grands-parents. La petite n'a donc rien, c'est déjà ça. Mais ni Tanya ni Fabien n'étaient dans les décombres de leur domicile. La voiture de Fabien a été retrouvée en bordure de la forêt où ils ont l'habitude d'aller courir. Il y a une recherche dans ces bois en ce moment même. Officiellement, à ce stade, ça n'est qu'une disparition inquiétante.

— Une belle perte de temps pour les forces de l'ordre, soupire Farrah. Ces types ont forcément caché les corps ailleurs.

— Ce que la police ne pourra jamais découvrir. Il est évident que ces salopards ont l'habitude de faire ce genre de choses et qu'ils s'en sont toujours sortis…

Kate se retourne enfin pour la dévisager.

— Ils font comme nous. Couture l'a bien dit à Cheryl. Nous leur avons servi de modèle.

Farrah croise les bras. Il fait plus frais qu'elle s'y était attendue à cette heure matinale. Le vent fait voler ses cheveux frisés devant son visage.

— Je sais.

— Il lui a dit qu'il voulait que je voie ce qui vous arrive. Tout ça se produit à cause de moi.

— Non, Kate. C'est à cause d'eux. On va les identifier. Tous autant qu'ils sont. Tu sais que Cheryl va y arriver. Dès qu'elle se sera reposée, elle va reprendre ses recherches.

Elle se sent maladroite, elle ne sait quoi ajouter et elle n'aime pas le tour que prend cette discussion. Elle ne tient pas à s'enliser dans le malaise habituel qui a toujours flotté entre Kate et elle.

— Dans l'immédiat, nous ne risquons rien ici, achève-t-elle d'une voix hésitante. Je vais me faire un petit déjeuner avant de tomber d'inanition. Est-ce que tu veux quelque chose ?

Kate décline l'offre d'un geste absent. Farrah rentre donc, place une capsule dans la machine à espresso et ouvre les placards. Ceux-ci regorgent de provisions : biscottes sans gluten, confitures, muesli, fruits séchés en bocaux, packs de lait. Farrah songe qu'elle n'a rien avalé depuis presque une journée entière, elle constitue un plateau généreux et retourne sur une des tables au bord de la piscine. En fin de compte, Kate se joint tout de même à elle et grignote des biscottes du bout des lèvres. Elles attendent, les yeux dans le vague à observer l'étendue de la Méditerranée, le temps que Cheryl émerge du canapé et les rejoigne pour boire un mug de thé. Aucune d'entre elles n'a le courage d'échanger le moindre mot.

— J'ai assez décompressé, finit par annoncer Cheryl en resserrant son peignoir. J'y retourne. Ça ne devrait plus prendre très longtemps.

74

Kate a fini par s'assoupir au soleil. Farrah est quant à elle remontée se laver les cheveux quand le timbre triomphant de Cheryl leur parvient depuis la véranda :

— Ça y est, les filles !

Farrah redescend l'escalier, une serviette mauve autour du crâne. Kate fait également irruption en s'étirant. Maÿlis est déjà installée dans un canapé, vêtue d'une robe jaune pâle qu'elle a de toute évidence empruntée dans un des dressings.

— Tu as trouvé leurs identités ? veut savoir Farrah, s'efforçant de ne pas céder à une euphorie trop prématurée.

Cheryl boit une gorgée de thé avant de reposer son mug et de bâiller.

— J'ai croisé tout ce qui était possible d'utiliser à partir du Web et des données du téléphone. Je pense avoir réuni une bonne partie de notre puzzle, qui confirme nos théories. Surtout, j'ai une chronologie plus précise des faits.

Elle s'interrompt, dévisage Maÿlis qui ne dit rien dans le canapé.

— Juste un détail… Jusqu'ici, tu n'es pas au courant de tout ce que nous avons fait, Maÿlis. Je veux être bien sûre que…

Maÿlis la foudroie du regard.

— Tu veux rire ou quoi ? Tu m'as utilisée pour servir d'appât à un assassin, Cheryl. Je vous ai aidées à tuer un homme, ce qui fait de moi votre complice. Je ne parle même pas de ma plaie à la cuisse qui aurait pu m'être fatale.

Je ne parle pas non plus du flic psychopathe qui nous a tiré dessus, ni du fait que j'ai échappé à un incendie causé par des armes de guerre, avant de devoir fuir la gendarmerie, et puis ces putains d'horreurs qu'on a regardées sur écran géant ! Ne t'en fais pas, j'ai terriblement conscience de tout ce que vous avez pu faire. Je pense qu'à ce stade je peux tout entendre.

Cheryl se racle la gorge, mal à l'aise. Kate lui signifie son approbation d'un mouvement discret de la tête.

— Explique-nous tout, Cheryl.

— Très bien. Dans ce cas, je vous envoie les images pour que ce soit plus clair.

Comme la veille, le téléviseur s'allume. Il affiche la photographie de l'homme en costume qui les a attaquées à Rodez. Farrah prend place sur un canapé à l'écart de ses camarades et croise les jambes, le visage empli de haine brute.

— Séverin, grince-t-elle entre ses dents. C'est lui, le flic.

— Séverin Léandre, capitaine de police à Nantes, complète Cheryl. On va commencer par lui. Il a trente-trois ans. Parcours professionnel discret, bien qu'il ait été cité dans plusieurs enquêtes internes pour bavures. Blanchi sans difficulté dans chacun des cas.

— C'est lui qui a descendu Benoît devant son appartement, appuie Farrah. Il ne sera pas blanchi pour ça, je peux l'assurer.

— C'est aussi lui que Couture a mentionné quand il m'a enlevée, poursuit Cheryl. Il m'a affirmé que Léandre avait dirigé l'assassinat de Tanya hier matin. Par ailleurs, c'est également lui qui avait ordonné à Couture de venir m'intercepter…

— Pour que tu ne leur fausses pas compagnie, ne peut s'empêcher de compléter Kate. Tu devais être leur prochaine cible après Tanya.

Cheryl grimace.

— Exactement. Je ne me souviens plus des propos exacts que Couture m'a tenus, mais il y était question d'une dette qu'il avait à l'égard de Léandre. Il avait l'air de lui obéir aveuglément. Ça ressemble à une relation de maître et esclave.

— Tu peux savoir où habite ce Léandre ? demande Farrah, la voix basse, vibrante de colère retenue.

— D'après toi ? lui répond Cheryl comme si la question l'offensait. Il est propriétaire d'un appartement dans le centre-ville de Nantes. Je précise que je ne lui ai trouvé aucune famille connue, je suppose donc qu'il vit seul. Quoi qu'il en soit, si je mets bout à bout les dates des fichiers du téléphone, il semble être le premier contact de Couture avec ses camarades prédateurs.

Cheryl change d'image. Le visage d'une jeune femme apparaît sur l'écran.

— Il y a deux ans, en mai 2021, la police a interrogé Couture au sujet de la disparition de cette fille-là. Sauf qu'il a été relâché au terme de sa première nuit de garde à vue. Un alibi indémontable, fourni directement par un flic.

— Léandre, donc, déduit Farrah.

— Je pense qu'il a donné un faux témoignage pour sauver la peau de Couture, approuve Cheryl, et qu'il a profité de cette occasion pour le recruter. Ces deux types se ressemblent, ce sont tous deux des assassins. Ils commencent une sorte de groupe.

— Comme nous, rumine Kate. Comme toi et moi quand nous nous sommes rencontrées, Cheryl.

— Ces porcs ne sont *en rien* comme nous, rétorque Cheryl. Ce sont des prédateurs, des *malades*, exactement comme ceux qui ont détruit nos vies. Maintenant, notez que, depuis cette garde à vue, Couture s'est tenu à carreau. J'imagine qu'il était l'apprenti de Léandre. Le flic lui a montré comment ne pas se faire pincer. La fille disparue n'a jamais été retrouvée. Léandre aurait aidé Couture à cacher le corps que ça ne m'étonnerait pas.

— On a bien compris, s'impatiente Farrah. Tout ce que je veux savoir, c'est si tu peux le localiser.

— J'ai déjà fait une recherche de son téléphone professionnel. Au moment où on parle, l'appareil borne à Nantes. Je parie que Léandre est retourné chez lui après leur coup d'éclat à Rodez. Peut-être même est-il au travail, comme si de rien n'était.

— Parfait. Je propose de lui rendre une visite, annonce Farrah. Dès aujourd'hui.

— On ne va nulle part pour le moment, la contredit le plus calmement possible Kate. On peut peut-être se contenter de le dénoncer à ses collègues.

Farrah s'enfonce dans le fauteuil, sa bouche formant un pli pincé. De son côté, Cheryl replie ses jambes en tailleur sur son fauteuil avant de poursuivre :

— En toute franchise, Kate... l'idée d'avertir ses collègues nantais me semble très mauvaise. On ne les connaît pas, ils seraient capables de lui ouvrir le parapluie. Je peux envoyer un message anonyme à la gendarmerie de Rodez, si tu veux, mais je n'ai que des déductions, aucune vraie preuve.

Farrah grogne de frustration, mais n'insiste pas.

Kate reprend la parole :

— Pourtant, Cheryl, tu as bien la preuve qu'ils ont eu un rapport avec Mazars. Il y a cet autre type, qui a fait un selfie avec lui alors qu'il était censé être mort ! Comment ces putains de photos ont-elles pu arriver dans le téléphone de Couture ?

— Pour ça aussi, je ne peux formuler que des suppositions, d'accord ? Si je reviens à ces images, où tu figures avec les deux autres captives, Couture les a reçues il y a un an presque jour pour jour. Il a eu le selfie de Mazars le même jour. Ça correspond au moment où, de notre côté, nous sommes allées à Nice pour Farrah.

— Pour nous occuper de mon ex et de ses deux goules, grogne Farrah, en jetant un regard lourd de sens vers Maÿlis.

— Des types que vous avez tués ? demande la jeune femme.

Farrah hoche la tête.

— Ceux qui m'ont privée d'un œil et laissé ce visage.

Elle s'éclaircit la gorge avant de poursuivre :

— Écoutez, Benoît a compris ce que nous avons fait uniquement en épluchant les fichiers des antécédents judiciaires. Ce flic a fait la même chose. Ça signifie qu'à cette date, l'an dernier, ces hommes ont pu déterminer qui j'étais.

— Je crois que c'est ce que sous-entendait Couture, calcule Cheryl. Il m'a dit que j'étais la dernière à avoir été grillée. Il l'a répété plusieurs fois et il était fier qu'on ne se soit rendu compte de rien. Admettons qu'ils ont commencé à nous cibler à partir de notre virée à Nice. Chaque fois que nous avons éliminé un de nos bourreaux, ils ont pu identifier l'une d'entre nous, exactement comme Benoît l'a fait.

Maÿlis tousse dans son poing. Alors que les autres se tournent vers elle, elle déclare d'une petite voix :

— Ce que tu dis, Cheryl, c'est que si vous ne vous étiez pas lancées dans votre vengeance en traquant ces mecs les uns après les autres, il ne vous serait rien arrivé…

Un silence poisseux flotte.

— Tout est ma faute, finit par murmurer Kate. Ils veulent nous tuer parce que nous avons éliminé les leurs. La loi du talion.

— Tu vas arrêter de te flageller ? la reprend Farrah d'un ton excédé. Ce n'est pas toi qui nous as toujours soutenu qu'il ne fallait pas se lamenter sur notre sort ? Comme tu l'as si bien dit, j'étais d'accord avec ce qu'on a fait. J'étais la première à vouloir me venger. Je suis aussi responsable que toi.

— Nous le sommes toutes, les coupe Cheryl. Il est trop tard pour revenir en arrière et, de toute manière, je vous le répète, ce n'est pas nous qui avons transformé ces salopards en violeurs et en assassins. Nous sommes leurs *victimes*, putain. Si nous en sommes arrivées là, c'est à cause de types comme *eux*.

— Je suis désolée, grommelle Kate. C'est donc depuis Nice que le troisième les a rejoints ? Celui qui a fait le selfie avec Raphaël Mazars ?

— Et qui était avec Léandre quand ils nous ont attaquées chez Benoît, ajoute Farrah. C'est lui qui a balancé les grenades. Explique-nous qui c'est.

Cheryl fait rouler ses épaules en arrière pour les décontracter.

— Il s'appelle Paul Talabot. Navigant commercial pour Air France. C'est le maillon suivant. Passons donc à lui. C'est là que ça devient vraiment dément.

75

Nouvelle image sur l'écran. L'homme porte un costume de steward qui épouse sa musculature. Cheveux très courts, coupe militaire. Bronzage doré, sourire carnassier et regard dédaigneux.

— Paul Talabot, répète pour elle-même Kate.

— Vingt-neuf ans, indique Cheryl. Originaire d'Antibes. Affecté aux vols long-courriers depuis huit ans. La plupart du temps, il est sur les vols pour l'Asie, mais je vous avoue que je n'ai pas pu trouver grand-chose de plus sur lui. Alors que tous ses collègues d'Air France inondent les réseaux sociaux des photos de leurs escales, de leurs hôtels de luxe, de leurs soirées paillettes… lui n'est nulle part. Comme les autres types de ce groupe.

— Il connaissait Mazars, dit Kate. Il ne s'affiche peut-être pas sur le Web, mais nous avons cette photo.

— Nous avons *les* photos. Je suis à peu près sûre que toutes ces images que Couture a téléchargées depuis Telegram viennent de Talabot. J'ai fait des recherches pour retrouver l'identité de la femme. Pour répondre à la question qu'on se posait hier, ce n'est pas une actrice, malheureusement…

Changement d'image. Un portrait de la femme en question, lançant un baiser à l'objectif sur un fond de forêt verdoyante.

— Voici la dernière photo prise par son téléphone. Elle s'appelait Lucia Flores, espagnole, vingt-quatre ans. Elle a disparu durant l'été 2018 lors d'un séjour en Thaïlande. Elle voyageait avec des amies avec qui elle faisait de la randonnée.

Ce sont elles qui ont trouvé ses affaires abandonnées dans sa chambre d'hôtel. La police a été contactée, il y a eu des recherches, son corps a finalement été retrouvé échoué dans le rivage de la mer d'Andaman, à des kilomètres de là où elle séjournait.

— La police thaïlandaise n'a pas recherché le meurtrier ?

— Lucia Flores portait un maillot de bain. Les autorités locales ont conclu qu'elle avait été emportée par les vagues de la mousson et que ce sont les récifs qui l'ont mortellement blessée. Par ailleurs, elle avait de la drogue dans le sang. Refus catégorique d'envisager autre chose que l'accident.

— C'est tout de même dingue, s'étonne Maÿlis. Sa famille n'a pas pu contester ?

— Elle a essayé. Sans grand succès, comme chaque fois. C'est aberrant, en effet, mais imagine qu'il y a, chaque année, des dizaines d'affaires de ce genre dans le pays et le résultat est toujours le même. Au mieux on minimise, le plus souvent on étouffe.

— Tu veux dire, des affaires de touristes qui meurent ?

— Des disparitions, des suicides, des chutes fatales en randonnée, des noyades, des overdoses, des viols mortels, je ne peux même pas tout vous énumérer. Ça fait régulièrement les titres des informations et il y a même des sites web qui recensent tous ces décès, je ne plaisante pas, j'ai trouvé la quasi-intégralité de la biographie de Flores sur l'un d'entre eux. Pour le gouvernement thaïlandais, ces controverses n'ont aucun lieu d'être. La thèse officielle est qu'il s'agit toujours de morts accidentelles, ou alors les touristes ont eux-mêmes provoqué leur décès. Ça a déjà fait scandale, notamment dans plusieurs affaires où des jeunes gens se sont pendus avec leurs propres mains attachées dans le dos, mais les autorités s'en foutent, rien ne leur fera reconsidérer leur version.

— Comme d'habitude, souffle Kate. C'est dans tous les pays la même chose ! L'incompétence et l'injustice…

— En l'occurrence, Talabot dispose à la fois du job idéal et de l'endroit rêvé pour assouvir ses pulsions, ajoute Farrah. Il n'y aura pour ainsi dire jamais d'enquête.

— C'est ce que je pense, conclut Cheryl.

Elle observe ses camarades tour à tour.

— Quant à la présence de ces photos dans les fichiers de Couture, ce que je déduis d'après les dates d'enregistrement, c'est que Talabot les a d'abord envoyées à Léandre, et que Léandre les a, à son tour, fait passer à Couture.

— Au moment de notre virée à Nice, songe Kate à voix haute.

— Talabot a certainement approché Léandre et Couture à ce moment-là, oui. Ou peut-être un tout petit peu avant.

Farrah passe une main nerveuse dans ses cheveux.

— Il leur aurait envoyé ces images comme la preuve de ses exploits ? Pour leur montrer qu'il était lui aussi déjà passé à l'acte ?

— C'est exactement ce que je crois, dit Cheryl d'une voix grave. Tout comme je pense qu'il a ajouté la photo avec Mazars comme preuve qu'il l'avait réellement côtoyé. Si on garde cette idée que Couture était l'apprenti de Léandre, on peut aussi s'imaginer que Talabot a été l'apprenti de Mazars.

— Ce qui fait de Paul Talabot le premier de la chaîne, déduit Kate.

— Dans mon hypothèse, oui.

— Ce n'est pas le cerveau de leur groupe pour autant, intervient Maÿlis. Si je vous écoute bien depuis tout à l'heure, Couture a d'abord été recruté par Léandre, et ensuite Léandre a été recruté par Talabot. Mais qui a recruté Talabot ? S'ils font tout ça pour venger Mazars, il faut bien que quelqu'un les ait mis sur votre piste.

Hésitation.

Cheryl se mord les lèvres. Elle resserre nerveusement son peignoir sur ses jambes croisées.

— Si c'était Mazars lui-même ?

— Mazars est mort, décrète Kate d'une voix blanche. C'est l'origine de tout ça, non ? Je l'ai tué. Je l'ai tué deux fois, merde ! Et la deuxième fois, je l'ai regardé se faire bouffer par ses cochons. En *entier*.

De nouveau, un silence empli de malaise.

Cheryl lève lentement sa main valide pour le rompre.

— Tout ce que je veux dire, c'est que ces hommes ne nous ont pas recherchées pour rien. La raison nous échappe encore, mais ils savent que c'est nous, et personne d'autre, qui avons éliminé Mazars. Pour eux, c'est une affaire personnelle.

— Elle l'est, cingle Farrah.

— Maintenant, comment on piège ces salopards sans que cela nous retombe dessus ? demande Kate.

Cheryl esquisse un sourire sombre.

— On trouve des preuves de ce qu'ils ont fait. Des éléments qui les incriminent.

Échange de regards interrogateurs.

— Tu as dit qu'on n'en avait pas, lui rappelle Kate.

— J'ai dit qu'on n'en a pas *encore*. Mais j'ai bien examiné les images du corps de Lucia Flores. Je vais devoir vous les montrer à nouveau, désolée…

Elles se tournent avec appréhension vers l'écran de télévision où reviennent les images terribles. Le corps de la touriste espagnole placé dans des positions obscènes. À quatre pattes. Sur le dos. Une poupée inerte, humiliée par-delà la mort. Un sourire écarlate béant à l'emplacement de sa gorge.

— Je vous l'ai dit, son corps a été retrouvé sur les récifs, et Flores portait un maillot de bain. Sur ces images, elle est nue.

— Donc Talabot l'a rhabillée pour que sa mise en scène soit crédible, déduit Kate. Peut-être que la drogue qu'elle avait dans le sang, c'est lui aussi qui la lui a injectée. Mais en quoi ça nous aide ?

— Il n'a pas fait que ça. Selon le webmaster de Farang Deaths qui a répertorié en détails l'état du corps, Lucia Flores n'avait aucun bijou sur elle, juste son maillot. Or, que voyez-vous sur ces images ?

— Un bracelet de cheville, murmure Maÿlis.

— Exactement.

Cheryl fait défiler les images. Le fin bracelet en or est présent sur chacune, soulignant la cheville. Sur l'un des clichés, où on a relevé les cuisses de la jeune femme sur son ventre pour exposer son sexe, on le voit même au premier plan.

L'évidence frappe Farrah.

— Il prendrait des trophées sur ses victimes ? Comme dans les romans ?

— Ce n'est pas si absurde, dit Kate, la gorge serrée. Les horreurs qu'on retrouve dans les romans sont, bien plus souvent qu'on le croit, des représentations fidèles de la réalité.

— Merci, ça faisait un moment que tu n'avais pas fait ta psy de comptoir, commente Farrah.

Kate sourit malgré elle. *Quand même.*

— Qu'est-ce que tu en penses, Cheryl ?

— Que Talabot habite dans le Gard. Totalement isolé. Les plus proches villages sont Cannes-et-Clairan et Montmirat, et ils se trouvent à plusieurs kilomètres l'un comme l'autre.

L'informaticienne affiche une vue satellite de Google Maps. Une maison entourée d'oliviers. Large piscine bleue. Loin de tout voisinage, en effet.

— S'il récupère des objets intimes sur ses victimes, il les conserve très probablement chez lui. Et si je me fie à toutes les photos qu'il a prises de cette touriste, je parie tout ce que vous voulez qu'il en a également pris des victimes. Des *preuves.*

Farrah se lève. Un rictus mauvais se dessine au coin de sa bouche. C'est plus fort qu'elle.

— On va chez lui aujourd'hui, à la nuit tombée pour qu'il ne nous voie pas approcher. On profite de notre avantage. Il ne peut s'attendre à ce qu'on l'ait identifié aussi vite, encore moins à ce qu'on lui tombe dessus.

— Sans armes ? interroge Kate en écartant les mains. Les fois précédentes, nous avions tout planifié avec tellement de soin…

— Je ne vous ai pas encore parlé du sous-sol de la maison, l'interrompt Farrah d'un ton sardonique. C'est aussi pour ça que j'ai choisi celle-ci. Les propriétaires possèdent tout un arsenal de chasse. Même leurs gosses de quinze ans ont leurs propres fusils et des munitions à ne plus savoir qu'en faire. Bienvenue dans le haut de gamme, les filles.

76

Rodez

Le son lui revient en premier. De loin, d'abord, se précisant peu à peu. *Un* bip *régulier.*

L'odeur arrive ensuite à son cerveau. *Produits désinfectants.*

Benoît Lescuyer cligne des yeux. Il finit par discerner des murs couleur crème. Un soleil aveuglant se déverse par la fenêtre, dans le bleu intense du ciel.

La douleur dans sa poitrine surgit dès que lui vient le réflexe de déglutir. Tout son corps le fait souffrir, jusque dans ses veines, dans ses muscles, ses os.

Il suffoque, prend conscience du tube inséré dans son nez. Il lève péniblement son bras bandé, contemple le cathéter relié au tuyau souple.

Je suis en vie, croit-il dire, avec un étonnement total, avant de comprendre qu'il n'a fait que le penser. Sa gorge est un foyer de souffrance âpre. Il tousse, s'étouffe de plus belle. Des images hantent son esprit. Ces deux hommes qui l'agressent dans sa rue. Celui en costume, son pistolet qui crache la mort sur lui, la joie cynique sur son visage, comme si tout cela n'était qu'un jeu trépidant. La fumée suffocante emplissant le ciel. La table d'opération, avec son kaléidoscope d'ampoules au-dessus de lui et des médecins penchés sur ses plaies, retirant de petits morceaux d'os rouges et gluants de son sternum entre leurs pinces chromées. Une spirale psychédélique de sensations cauchemardesques l'emporte et Benoît prie pour que l'effet des drogues masquant la douleur ne s'estompe pas trop vite.

Quand il rouvre les yeux…

Une femme en blouse se penche sur lui. Il ne l'a pas vue arriver. Benoît a encore beaucoup de mal à reprendre le fil du temps.

— Ne vous inquiétez pas, lui dit-elle en injectant le contenu d'une seringue dans la tubulure de sa perfusion. Vous aviez une belle plaie traversante à la hanche, une balle dans le biceps et une autre dans l'épaule. L'opération a duré plusieurs heures, mais le chirurgien a retiré tous les projectiles et tous les éclats d'os. Votre pronostic vital n'est plus engagé. Tout ira bien maintenant.

Benoît hoche faiblement la tête. Former des mots lui semble un effort surhumain. Les images surréalistes de son opération continuent de revenir par flashes, il bataille pour les chasser. *Tout ira bien.* Quelle blague.

— Merci…

Il voudrait pouvoir lui demander où est Farrah, si elle aussi est hors de danger, mais l'infirmière s'est effacée. Les sens de Benoît ont encore du mal à faire la mise au point et à distinguer le passage exact du temps, il ne perçoit que le goût entêtant de plastique du tuyau au fond de sa gorge et les sons diffus de l'hôpital, de bruits de pas, de portes battantes, de roues de chariots dans le couloir.

Nouveau clignement d'yeux…

Un homme en chemise blanche, cravate bleu marine et galons ostentatoires est à présent penché au-dessus de lui. C'est le lieutenant-colonel Arthur Strauss, le numéro 2 du groupement de gendarmerie en personne. Visage hâlé, traits ciselés par une hygiène draconienne, cheveux aussi ras que gris et regard scrutateur planté dans le sien.

— Je suis heureux de vous retrouver en un seul morceau, mon vieux.

Sa voix perçante, comme toujours d'une rigidité extrême, contraste avec ses paroles.

Benoît essaie de lui sourire. La douleur cisaille son thorax. Il n'arrive pas à déterminer s'il a été inconscient pendant quelques minutes seulement, ou pendant des heures entières. Il grogne un borborygme. Le lieutenant-colonel enchaîne :

— Le médecin ne m'accorde que quelques minutes, je ne vais donc pas tourner autour du pot. Votre appartement est parti en fumée. On a signalé la présence de quatre jeunes femmes, dont certaines étaient peut-être blessées, en train de fuir les lieux après qu'on vous a tiré dessus. J'ai besoin de savoir de qui il s'agissait et si ces femmes ont un lien avec votre agression. Est-ce que vous comprenez ce que je vous dis, Benoît ?

Crispation de ses poings sur le drap. Une seule chose occupe ses pensées. Une seule image.

— Farrah, souffle Benoît. Elle s'en est tirée ?

— Qui est Farrah ?

— Ma petite amie. Chez moi.

— Il n'y avait personne dans votre logement. S'il s'agit d'une des femmes repérées sur place, elle a mis les voiles en forçant un barrage de gendarmerie.

Benoît ne peut retenir un grand sourire douloureux. *Alors elle est en vie. Rien d'autre ne compte.*

— Qu'est-ce qui vous amuse tant ? interroge Strauss avec une exaspération manifeste. Est-ce que vous vous rendez compte de la gravité de ce qui est arrivé ? Vous avez déserté votre poste et vous êtes mêlé à un acte de terrorisme. Pour commencer. Nous avons réussi à limiter les fuites dans la presse dans l'immédiat, mais la préfète et le procureur n'échapperont pas éternellement à une demande de communiqué officiel. Et dans cet intervalle, c'est moi qui suis humilié.

Benoît fronce les sourcils.

— C'était un policier… commence-t-il.

— Séverin Léandre, anticipe Strauss.

Benoît écarquille les yeux. Le *bip* des machines à côté de lui se fait plus rapide.

— Comment…

— J'ai déjà ordonné une enquête auprès de l'inspection générale de la gendarmerie sur vos activités récentes, que croyez-vous ? Vous vous êtes renseigné sur cet homme auprès de la BDRIJ.

— C'était lui, mon colonel. Avec un autre homme…

Les yeux de Strauss se rétrécissent, son front se plisse.

— Pour votre information, j'ai parlé au supérieur du capitaine Léandre hier soir ainsi que ce matin. Il atteste que Léandre n'a pas quitté Nantes de la semaine. Ses heures de service le confirment, ses collègues le confirment, plusieurs tenanciers de brasseries le confirment. Hier soir, il était carrément en train de se battre dans un troquet, avec un taux d'alcoolémie digne d'un routier polonais.

— Je vous assure qu'avant cela, il était…

— Je n'ai pas le temps d'entendre des conneries. Je n'ai qu'une seule chose à vous dire.

Le lieutenant-colonel se penche au-dessus de lui. Sa mâchoire se contracte et sa voix se fait menaçante.

— Il y a cinq ans, au lieu de vous envoyer directement en retraite, j'ai moi-même accepté de vous recueillir pour sauver l'honneur. Je vous assure que je le regrette amèrement.

Benoît est estomaqué. Son supérieur renifle avec mépris.

— Vous avez multiplié les consultations sur le TAJ, en dehors de toute autorisation ou justification, concernant des hommes fichés, sans connexion apparente, mais qui se sont tous fait assassiner au cours des dix-huit derniers mois. J'espère que vous avez une bonne excuse pour lier ça à la gestion de vos soit-transmis.

— Je n'en ai pas. Mais…

— C'était une question pour la forme, bordel ! Il va y avoir une enquête pour déterminer dans quelle mesure vous êtes mouillé dans l'organisation et la planification de ces assassinats. Vous comprenez ce que je vous dis, ou vous êtes vraiment aussi débile que vous en avez l'air ?

Benoît se tend. La douleur dans ses cervicales l'empêche de bouger. Il ne peut que fixer le lieutenant-colonel avec tout l'aplomb dont il est capable.

— Je suis innocent. Vous ne vous imaginez quand même pas que j'ai pu commettre de tels actes ?

— Bien sûr que non. Il vous aurait fallu du sang-froid pour ça, et on connaît tous votre passif en la matière. Quoi qu'il en soit, ce sera au conseil d'enquête de faire son travail et de statuer sur votre punition.

Benoît contracte la gorge. Chaque syllabe lui fait mal.

— Mon colonel, écoutez-moi. Je suis sûr que je peux remonter aux personnes qui m'ont agressé. J'ai juste besoin d'un accès informatique.

Strauss souffle par les narines.

— Vous avez besoin de quoi exactement ? Une habilitation aux bases de données du pôle déontologie ?

Une bouffée subite d'optimisme.

— Affirmatif, mon colonel. Je suis plus doué que vous l'imaginez.

— Est-ce que vous voulez une strip-teaseuse en prime, pour vous détendre pendant que vous vous poursuivez vos investigations ?

Benoît écarquille les yeux. Douche froide.

— Hein ?

— Nom de Dieu, mais vous pensez être au cirque, ou quoi ? Maintenant que vous êtes tiré d'affaire, je vais m'assurer qu'on vous rapatrie au plus vite dans un logement à la caserne, cet hôpital est une passoire et je ne tiens pas à risquer un nouvel incident, au vu de vos petites aventures. Par la suite, qu'on détermine que vous avez le moindre lien avec ces assassinats ou non, je peux vous promettre que vous allez dégager des rangs de l'armée pour de bon, finito.

Benoît se contente de fermer les yeux, de serrer les paupières de toutes ses forces, comme si cela pouvait suffire à faire disparaître la réalité.

Cela fait des années qu'il s'est habitué à la frustration, ou qu'il fait semblant du mieux qu'il le peut. Il a depuis longtemps accepté d'être constamment mis plus bas que terre, cela fait partie du jeu, au sein de la Grande Muette. Mais ce qu'il sent monter en lui à présent est une *colère* aveuglante, qui le terrifie car il sait où ce genre d'émotion mène toujours. Il attend que le lieutenant-colonel claque la porte.

Quand il rouvre les paupières…

Une alerte sonore s'élève des machines. La douleur dévore son bras gauche. L'infirmière est de nouveau à ses côtés. Elle insère une seringue dans le robinet de sa perfusion.

— Madame. Non. Par pitié.

— Vous faites une crise d'angoisse, monsieur. Mais ne vous en faites pas, avec la dose que je vous mets, vous allez dormir comme un bébé.

— Je ne veux pas dormir ! s'insurge Benoît. Je suis sûr de pouvoir les localiser. Elles vont tomber dans un piège si je ne fais rien…

— Il faut vous reposer maintenant. Vous en avez besoin.

Benoît veut lui expliquer, la prévenir que des jeunes femmes sont en danger de mort, qu'il ne commettra plus les mêmes erreurs en se taisant, car le silence mène au pire, le silence n'enfante jamais que du chagrin et de la honte, il ne se taira plus jamais, mais les mots lui échappent, s'évaporent en simples gémissements en sortant de sa gorge. Toutes ses sensations s'estompent sans qu'il ne puisse plus ni appeler à l'aide ni seulement penser.

77

Environs de Nîmes

Elles sont parties en fin d'après-midi. La route départementale entrecoupée de ronds-points serpente entre les lotissements et les pinèdes. Farrah a mis le régulateur pour bien rester à 80 km/heure, ce qui rassure Kate. Ne *surtout pas* se faire remarquer.

Derrière elles, une voiture de police les colle depuis plusieurs minutes, comme pour les pousser à rouler plus vite.

— Mais doublez-moi donc, bande de crétins ! Il n'y a personne en face !

Le véhicule sérigraphié met enfin son clignotant.

Il déboîte brutalement pour la dépasser.

Quasi tétanisée, derrière son volant, Farrah attend qu'il la double en trépignant. Elles aperçoivent le policier assis sur le siège du passager qui tourne la tête pour les dévisager au passage.

Beaucoup trop longuement.

— Ils ont notre signalement, marmonne Farrah sur un ton de panique grandissante.

— Ils n'ont rien du tout, lui assure Kate, main cramponnée à la poignée. Regarde devant toi et souris, putain.

De l'index, Farrah redresse ses solaires Vuitton de rechange.

La voiture de police se rabat agressivement devant elles avant de continuer son chemin en faisant rugir son moteur.

— Tu vois, lui dit Kate. Juste des blaireaux locaux.

Elle reprend tout de même son souffle, qu'elle avait suspendu sans s'en rendre compte. Le moindre contrôle serait une catastrophe. Le coffre du SUV est plein de fusils semi-automatiques Winchester flambant neufs et de boîtes de cartouches de 30-06 à ogives 100 % cuivre. De quoi armer tout un commando. Par ailleurs, dans les réserves de chasse des propriétaires anglais de Farrah, elles ont également trouvé des flacons de kétamine. Solution injectable dosée à 100 mg/ml, le produit vétérinaire que Tanya leur fournissait habituellement. Kate doit avouer qu'elle savoure cette ironie.

Maÿlis, les mains entortillées sur ses cuisses, se manifeste tout à coup.

— Il y a une galerie marchande, là-bas.

— C'est bon, soupire Farrah. Tu peux y aller. Ça ne sert à rien de débarquer chez notre homme avant la nuit, et ça ne nous fera pas de mal de faire une pause.

Elle met le clignotant et se range tout au bord du parking, derrière une imposante haie. Kate ouvre la fenêtre, laissant pénétrer le parfum des plantes aromatiques et la chaleur du soleil, toujours étouffant en dépit de la soirée qui avance. Le son des cigales se mêle au chuintement des véhicules passant à vive allure à quelques mètres d'elles.

— Attends…

Farrah fouille dans son sac et en sort une liasse de billets de cinquante euros qu'elle tend à la jeune fille.

— Tu prends des bouteilles d'eau pour nous. Tu payes tout en liquide, tu ne te fais pas remarquer. Tu t'achètes un téléphone à carte prépayée et tu n'appelles *que* tes parents, c'est bien compris ?

Hochement vigoureux de la tête.

— Merci, Farrah.

Maÿlis quitte le véhicule et se hâte vers le centre commercial. Farrah l'observe s'éloigner avant de se retourner vers Cheryl. Elle baisse ses lunettes noires.

— On est d'accord que tu places une confiance absolue dans cette gamine ?

— D'abord, oui, et par ailleurs toi, avec ton gendarme, tu serais gentille de nous épargner ce genre de réflexions.

Maÿlis parle à ses parents tous les deux jours au minimum. S'ils essayent de la joindre depuis hier, ils vont finir par s'inquiéter.

Farrah gratte nerveusement le coin de son œil voilé.

— Je t'assure que je n'ai rien contre elle, mais tu comprends que cette situation rendrait dingue n'importe qui.

— Elle m'a sauvé la vie, elle a déjà bien assez montré à quel point elle est fiable. Elle dira juste à sa famille qu'elle va bien, qu'elle était sortie ou je ne sais quoi. Elle trouvera une excuse pour justifier que son téléphone est en panne. Ça nous épargnera des problèmes, au contraire. À ce stade, tout ce qu'on peut s'éviter est à prendre, non ?

— Tant qu'on s'en sort vivantes, grommelle Farrah.

Kate n'intervient pas, mais son regard courroucé sur Farrah est suffisamment équivoque.

Cheryl s'avance entre les sièges, les lèvres tordues par l'agacement.

— OK, maintenant j'en ai assez de tes sous-entendus, Farrah. Et de votre putain de compétition malsaine à toutes les deux.

— Je ne vois pas de quoi tu parles, tente d'éluder Farrah.

— Il n'y a aucun problème entre nous, ajoute Kate d'un ton rigide.

— Je *sais* ce que Farrah te reproche, Kate. Je suis au courant depuis le début, je n'ai juste jamais osé aborder le sujet. Là, je n'en peux plus.

Un silence soudain. Le débit cardiaque de Kate monte en flèche. Elle presse sur le bouton pour remonter sa vitre, coupant le chuintement de la circulation.

— Qu'est-ce que tu crois savoir exactement ?

Cheryl effleure le bras de la thérapeute.

— Tu t'imagines qu'on se dit toujours toute la vérité, Kate ? Que cette pauvre Tanya ne nous a jamais raconté de mensonges sur son passé ? Et Farrah, est-ce qu'elle nous a prévenues qu'elle fréquentait toujours son gendarme ? Personne ne peut lui en vouloir pour ça, et personne ne peut t'en vouloir à toi non plus, quoi que tu aies fait pour sauver ta peau. Aucune d'entre nous ne peut jurer qu'on aurait fait mieux, en pareilles circonstances.

Kate réplique du bout des lèvres :

— Ce que j'ai fait pour survivre ne regarde que ma conscience, Cheryl. Si je dois avoir honte de quelque chose, c'est d'avoir eu l'idée de vous réunir. C'est moi qui vous ai entraînées dans ce bain de sang. Si ces hommes nous poursuivent, c'est uniquement à cause de ça.

— C'est faux, martèle Cheryl. T'es donc vraiment nulle à ce point, comme psy ?

— Si vous continuez toutes à me le répéter, je vais commencer par le croire, se renfrogne Kate.

Cheryl colle de nouveau son dos sur la banquette et presse les mains de part et d'autre de son crâne tatoué.

— Putain, mais à aucun moment ça ne t'a effleurée que je puisse savoir que tu étais une survivante de prédateur, toi aussi, avant même que je vienne sonner à ton cabinet ? Que si je t'ai choisie comme psy, c'était justement parce que j'avais déjà compris *tout* ce qui t'était arrivé ? Que je voulais que ce soit une personne comme *toi* et pas une autre qui m'aide ?

Kate reste bouche bée.

— Merde, dit Farrah. Celle-là, je ne l'ai pas vue venir.

— Sérieusement, relance Cheryl en les dévisageant à tour de rôle. L'une et l'autre, vous avez vu ce que je peux faire avec un ordinateur. Vous n'avez jamais capté que je pouvais tout connaître sur vous, les doigts dans le nez ?

Kate ne réplique rien. Elle est livide. Elle pense aux promesses et aux mensonges, et aux désillusions sans fin de la vie.

— Tu t'imagines encore avoir eu l'idée de notre groupe toute seule ? renchérit Cheryl. Tu crois que l'envie de retrouver nos bourreaux pour se les faire, elle vient de toi toute seule ? Tu ne te doutes pas que c'est précisément tout ce dont je rêvais, quand je suis venue te consulter ? Que je t'ai tendu des centaines de perches, en attendant patiemment que la décision vienne de toi ?

— C'est bon, murmure Kate. J'ai compris.

— Il serait temps. Tu crois que ça ne me travaille pas, moi aussi ? Parce que j'en suis aussi malade que toi, Kate. La vie nous avait toutes sauvées, si tant est qu'on puisse appeler ça être « sauvées ». Et qu'avons-nous fait de ce cadeau ? Au lieu de nous accrocher à ce que nous avions, nous avons préféré replonger. Nous l'avons fait de notre plein gré. Nous sommes *toutes* responsables de ce qui nous arrive. Maintenant, cela ne change pas ce qui se passe, et cela ne change certainement pas le fait qu'on va trouver une solution, parce qu'il le *faut*.

— Nous la connaissons, la seule solution, intervient Farrah.

Cheryl croise les bras, glissant sa main déformée sous le tissu de la chemise en soie noire qu'elle porte à présent – spécialement choisie pour elle par Maÿlis dans les penderies de la villa.

— Tout ce que je sais, c'est que divisées nous n'avons aucune chance, tu nous l'as assez répété, Kate. Ce que tu as subi dans l'Aveyron, ce que tu as dû faire, c'est arrivé parce qu'un prédateur avait réussi à vous monter les unes contre les autres.

— Et ça n'arrivera plus jamais, marmonne Kate.

— Ce n'est pas ce que je veux dire, reprend Cheryl. Ce qu'il faut que tu comprennes, que tu acceptes *vraiment*, c'est que tu n'es pas la seule fautive.

Elles demeurent silencieuses pendant de longues secondes. La chaleur qui monte dans l'habitacle devient étouffante, Farrah remet le moteur en marche pour allumer la clim.

— Je propose de clore cette discussion une fois pour toutes, murmure-t-elle. Cheryl, promets-nous juste que tu ne te trompes pas et que personne ne peut nous voir entrer dans la propriété de Talabot.

Les lèvres de Cheryl se retroussent dans un réflexe de pure fierté.

— Est-ce que je me suis déjà trompée dans la *moindre* de mes recherches ? La maison de ce porc est totalement isolée par des vignes et des champs d'oliviers. La poignée d'habitations la plus proche se trouve à plusieurs centaines de mètres, ce sont des résidences secondaires et elles sont toutes vides aujourd'hui.

— Comment tu peux en être sûre ?

— J'ai hacké les compteurs Linky, qu'est-ce que tu crois ? Il n'y a que celui de Talabot qui affiche une consommation électrique active au cours des dernières heures.

Cheryl se racle la gorge avant de poursuivre, d'une voix plus calme à présent :

— En outre, il n'y a qu'un seul accès à la maison, que Google Maps ne reconnaît même pas comme route carrossable. Tu te gareras à côté du court de tennis, tout au début du chemin. De nuit, si on coupe à travers les champs, notre petite ordure ne nous verra jamais arriver.

Kate ne dit rien.

Elle se contente de serrer les dents et les poings.

78

Lieu-dit La Courmette,
22 h 30

Un soir violet aux senteurs de lavande tombe sur l'horizon vallonné du Gard. Paul Talabot se verse un verre de ginger beer bien frais avant de passer dans la véranda. Il vient de faire une heure de sport tout rond. Pompes, abdominaux, squats avec sa barre chargée à plus de cent kilos. Il se débarrasse de son débardeur encore trempé de sueur pour l'étendre sur le dossier d'une chaise. Torse nu, muscles gonflés à bloc, Paul se sent une pêche d'enfer. Tout ce qu'il souhaite, là, tout de suite, c'est reprendre la traque de leurs petites justicières, cependant il doit attendre le feu vert du boss avant d'entreprendre quoi que ce soit. Cela ne le dérange pas outre mesure. Paul a toujours considéré que, sans confiance solide, il ne peut y avoir de vraie puissance.

Bien sûr, Séverin pense différemment. Il le lui a très clairement fait comprendre, lors de leur dernière conversation.

Une divergence d'état d'esprit qui, dans une éventuelle situation de crise, pourrait devenir problématique. Car s'il y a une chose dont Paul est persuadé, c'est qu'avec ce genre d'attitude les types comme eux finissent *toujours* par se faire attraper, un jour ou l'autre. Il compte s'en ouvrir au boss, quand ils se retrouveront. On ne sait jamais.

— Arrête de cogiter, champion, soupire-t-il pour lui-même. Avec tout ça, tu en as même oublié la piscine !

Il pousse un panneau vitré et contourne la maison pour aller allumer le robinet extérieur. Le tuyau en plastique posé au fond de la piscine vide crachote, glougloute, avant d'envoyer un beau jet d'eau continu.

Paul se poste au bord du bassin et trempe de nouveau les lèvres dans le soda au gingembre dont la fraîcheur contraste avec la température ambiante, qui ne descendra probablement pas de la nuit. Au moins, cette chaleur aura fini de durcir la peinture. Paul a entièrement refait sa piscine. Cela lui a pris une semaine, entre le nettoyage, les réfections, la peinture et l'apprêt, mais son bassin est redevenu comme neuf. À présent, il songe qu'il faudra deux bonnes journées pour le remplir avant de pouvoir en profiter comme il se doit. Il a conscience que le département est en « alerte sécheresse » et que l'arrosage et le remplissage des piscines sont interdits, mais il s'en contrefout éperdument. Il est chez lui. Il a payé bien assez cher cette maison, à l'écart de tout et à la vue idyllique, pour ne pas se laisser emmerder par ce genre de caprice de fonctionnaires planqués dans leurs bureaux climatisés et engraissés par ses impôts. Si le monde est en pénurie d'eau, ce n'est tout de même pas sa faute. Au contraire, même, c'est le moment ou jamais d'en profiter tant qu'il en reste !

La ginger beer pétille. Paul la savoure à petites gorgées. Il contemple la nuit tombant sur les beaux oliviers plantés sur les huit mille mètres de son terrain, il écoute le bruit rassérénant de l'eau au fond du bassin et le chant des grillons.

Au-delà de ses arbres, derrière sa haute clôture, se profilent les rangées de ceps taillés au carré des vignes.

Il y surprend tout à coup un mouvement.

Quelqu'un avance lentement dans la vigne.

Paul contracte ses abdominaux tout en scrutant le bleu encore clair de la nuit. *Personne* n'est censé se trouver là. Le propriétaire de cette parcelle n'habite même pas dans le coin. Pourtant, il ne s'est pas trompé : une ombre bouge. Trop grande pour qu'il s'agisse d'un animal, même d'un sanglier.

Paul recule en faisant attention à ne pas faire de bruit. Les seules lumières allumées dans sa maison sont celles de la cuisine et de la véranda. Là où il se tient, il est protégé par l'obscurité. Invisible.

La personne qui marche dans la vigne, elle aussi, se croit invisible. Elle s'approche de la clôture, doit la trouver trop haute pour être franchie à cet endroit, continue de longer la propriété.

Il n'en faut pas davantage à Paul pour comprendre l'urgence d'une réaction de sa part. Il entre par le portail ouvert du garage, abandonne au passage son verre sur l'établi et gravit la volée de marches jusqu'au séjour, le couloir, son bureau plongé dans la pénombre.

Armoire blindée à code. Pistolet Beretta. Chargeurs. Jumelles de commando à vision nocturne. Paul est friand de ces gadgets qu'il achète lors de ses voyages à l'étranger.

À pas de loup, il va se poster à la fenêtre du séjour qui donne sur l'arrière de la maison. Ses yeux épousent la vision verte des jumelles, il fouille l'obscurité qui se détache désormais avec une parfaite netteté. Là ! Il repère l'intruse au moment où elle enjambe la clôture derrière la haie de photinias. La femme se fraie un passage dans les buissons. Paul peut distinguer ses traits comme en plein jour, et il constate qu'il ne s'est pas trompé : il s'agit de la copine du flic qu'ils ont descendu la veille.

— Farrah Duhamel. Tu as toujours été une belle petite coquine.

Il reste stupéfait que ces foutues nanas aient pu le retrouver aussi facilement, toutefois il ne peut réprimer un sourire résolu.

— Je te promets que tu ne vas pas être déçue du voyage, et tes copines non plus.

Il tire la culasse du pistolet pour chambrer la première balle.

Le problème est qu'il ne peut pas tirer d'ici sans ouvrir la fenêtre.

Il recule donc vers la véranda, presse l'interrupteur pour y éteindre la lumière.

Silence et immobilité.

Avec prudence, Paul se place à l'endroit où l'un des panneaux de verre est ouvert.

Il tend le bras dans la nuit et, jumelles dans l'autre main collées sur ses yeux, cherche de nouveau la silhouette furtive.

Il l'aperçoit sous les oliviers.

Il n'a plus qu'à la mettre en joue et…

Le chant des grillons cesse net, révélant un bruit de pas.

Quelqu'un. Derrière lui. *L'autre côté de la véranda.*

Paul se retourne, il n'a pas le temps de comprendre, de voir d'où vient l'attaque, la détonation claque.

La balle le manque, mais elle pulvérise la baie derrière lui. Paul reçoit des débris tranchants sur son dos nu alors qu'il fait feu à son tour, au hasard. La personne au-dehors continue de tirer, les vitres de la véranda s'effondrent de toutes parts dans un vacarme de tous les diables.

Quand une des balles lui traverse la jambe, Paul pousse un rugissement de rage autant que de douleur. Il s'écroule à genoux, roule sur lui-même dans les débris, aussi vite qu'il le peut, pour se réfugier dans le séjour.

Pendant quelques instants, il n'y a plus que le son des derniers morceaux de verre se fracassant et s'éparpillant, et les aboiements des chiens de chasseurs au loin, dans les collines.

Paul plaque son ventre au sol. Il bande ses muscles pour lutter contre la souffrance insoutenable qui embrase sa cuisse, sans grand succès. *La vache, que ça fait mal !* Il se force à ne pas gémir. Il a toujours son arme en main. Ces femmes sont dangereuses, il ne peut leur enlever ça. Pour autant, il n'est pas près de se laisser avoir aussi facilement qu'elles l'imaginent.

Il tâtonne pour saisir son téléphone. Application Telegram. Message groupé.

Elles sont là. Elles sont armées. Ramenez-vous vite.

Dehors, une voix féminine s'écrie :

— Je l'ai eu !

Il devine qu'il s'agit de la psychologue, leur cible ultime, la pire de toutes ces salopes. *Kate Morrigane*. Il la laisse pavoiser autant qu'elle veut. Il rampe en silence jusqu'à l'armoire contenant ses armes.

— Tu vas voir si tu m'as eu…

Mais voilà qu'elle recommence à tirer. Cette cinglée doit canarder au hasard. Des bouts de murs pleuvent, des échardes de meubles giclent en tous sens. Le tableau sous verre du couloir explose.

— Tu l'auras cherché, grogne Paul en atteignant l'armoire.

Il trouve immédiatement ce dont il a besoin. Un gros cylindre. *Grenade GLI-F4*. Cadeau de Séverin, un souvenir des surplus de Notre-Dame-des-Landes. Puisque c'est à la guerre comme à la guerre…

— Blitzkrieg ! ricane-t-il nerveusement tout en arrachant la goupille du bouchon allumeur.

Il lance la grenade dans le couloir, de biais, pour qu'elle parvienne jusqu'à la véranda – et à la foutue gonzesse qui s'y trouve –, et s'empresse de se mettre à couvert de l'autre côté du bureau.

79

Ses talons écrasant les débris de verre, son fusil braqué au hasard devant elle, Kate avance prudemment dans la véranda.

Elle comprend ce qui se produit dès l'instant où elle entend le tintement de l'objet sur les dalles. Après ce qui est déjà arrivé à Rodez, il ne peut s'agir que d'UNE chose.

— Salopard…

Il ne lui faut qu'un instant pour s'extraire de la véranda, fuir vers le jardin. Elle n'a toutefois pas le temps de trouver un abri. Le son de l'explosion est si puissant qu'il lui déchire les tympans. Les derniers panneaux de verre sont pulvérisés. Kate reçoit une pluie de projectiles, certains lui entaillant les mains, les bras, le cuir chevelu.

En quelques instants, dans un sifflement insupportable, un nuage de gaz lacrymogène envahit la maison tout entière.

Kate est à genoux, à moitié sonnée, elle oriente son fusil vers les volutes tourbillonnantes. Dans l'obscurité, il lui est impossible de distinguer quoi que ce soit.

— Il faut l'empêcher de sortir ! crie-t-elle en espérant que les autres se tiennent prêtes.

Elle est interrompue par un coup de feu tiré depuis l'écran de fumée. Elle se sent repoussée en arrière, les jambes coupées par une douleur phénoménale.

Du premier coup ! Paul voit avec satisfaction la femme s'effondrer dans le gazon. Comme il l'espérait, la sotte ne s'est pas doutée qu'il allait profiter du nuage de lacrymo pour revenir à l'assaut. Il a tout juste distingué sa silhouette, à peine pris le temps de viser, ses yeux agressés par les jets de gaz. Maintenant il repart en rampant vers le bureau, pris de quintes de toux. Son corps est entaillé de toutes parts, parcouru d'éclairs de douleur. Sa jambe traversée par la balle lui fait un mal de chien et continue de perdre du sang. Qu'importe. Il reprend ses jumelles à vision nocturne, se laisse glisser sur les marches menant au garage. Réfugié contre l'établi, sous la fenêtre, il essuie ses paupières gonflées, se mouche, colle les jumelles sur ses yeux. Il n'a aucun mal à repérer l'autre fille, embusquée derrière la piscine, au centre du terrain. Elle l'attend, évidemment, fusil à l'épaule en position de tir. Elle va voir ce qu'elle va voir ! Paul se redresse à genoux, lève son pistolet à deux mains et commence à tirer vers elle. Deux, trois coups. Il rate sa cible de peu. Les balles ricochent. Son pot de clématites explose, traversé par un projectile. L'écho des tirs semble se répercuter sans fin dans les collines.

Paul n'aperçoit plus son adversaire, celle-ci se terre derrière le bassin sans oser se relever. Il doit en profiter. Il se risque à l'extérieur, claudique sous les oliviers en direction de son véhicule garé dans l'allée. Au tout dernier moment, il se rend compte qu'une autre des filles l'y attend. Il reconnaît le canon d'un fusil luisant sous la lune, s'écarte au moment où tonnent les coups de feu. La femme tire au hasard, à coup sûr, mais ses balles passent tout près de lui.

— Putains de furies, enrage-t-il en fonçant vers la haie de photinias. Vous ne l'emporterez pas au paradis !

Devant la maison, Kate se remet péniblement à quatre pattes. La souffrance aiguë lui coupe le souffle. Elle comprend qu'elle a été touchée à l'épaule, la blessure est profonde, son bras couvert de sang. Une bouffée de vertige brouille ses sens.

Des pas dans la pelouse. C'est Cheryl qui approche, s'accroupit à côté d'elle. Sa voix est chargée d'inquiétude.

— C'est une sale blessure, Kate. Il faut te sortir de là tout de suite.

Kate presse sa plaie, se raidit sous la douleur.

— Je crois que la balle est ressortie, on verra après. Il ne faut pas le laisser filer. Surtout pas.

— On va l'avoir, lui promet Cheryl. On est plus nombreuses que lui.

Paul manœuvre péniblement dans la haie, pose un pied sur la clôture, se hisse en gémissant de douleur et en jurant toutes les insultes qu'il connaît dans sa barbe. Sa jambe gauche ne le porte plus. Il roule sur le terrain du voisin. Ahanant, muscles tendus, il rampe entre les oliviers, sur la terre sèche et rêche.

Tout ce qu'il perçoit est le son des grillons et des chiens qui aboient toujours avec autant d'hystérie dans le lointain.

Les jumelles ne lui dévoilent aucune ennemie à ses trousses. *Pour le moment.*

En revanche, dans la maison du voisin, située à deux cents mètres de là, toutes les lumières se sont allumées.

— Me dis pas que cette andouille est chez lui…

Le type qui possède cette villa, un chef d'entreprise parisien, ne se montre habituellement que pour les vacances, quand il débarque avec sa femme et leur fille. Il n'a aucune raison de se trouver là ce soir.

Pourtant, c'est bien lui qui accourt dans sa direction en agitant une lampe torche et en criant pour attirer son attention. Le foutu abruti.

— Qui est là ? C'est vous, Paul ? Mon Dieu, c'était bien une explosion, chez vous ?

Paul se redresse en position accroupie, luttant pour ne pas tourner de l'œil. La lumière de la torche l'éblouit. Il couvre son visage d'une main.

— Éteignez cette putain de lumière !

L'homme baisse enfin sa lampe en s'approchant de lui. Paul constate qu'il porte un short et une chemise à manches courtes ouverte, qu'il a probablement enfilée à la hâte pour sortir de chez lui. Il cherche à se souvenir de son prénom et ne le retrouve pas.

— Vous êtes avec votre famille ?

— Quoi ? Non, non, je viens d'arriver pour préparer la maison pour les vacances, mais… enfin merde, que s'est-il passé ? Vous êtes blessé ? Mon Dieu, vous êtes plein de sang ! On vous a agressé ?

— Je dois avouer que oui. Mais tout va bien se passer.

Paul tend son arme et presse la détente.

Ils sont si près l'un de l'autre qu'il n'a même pas eu besoin de viser. La balle pénètre dans le thorax de son voisin, le repousse en arrière dans les branches d'un olivier où l'homme reste suspendu, bouche ouverte, mort sur le coup.

— Il a toujours fallu que tu fourres ton nez dans les affaires des autres.

Des bruits derrière lui. Et la lumière de la torche est toujours allumée au ras du sol, désignant sa position ! Paul se retourne, tâtonne pour retrouver les jumelles. Vision verte. Il repère une des filles qui vient de passer par la brèche derrière les photinias. Cheveux frisés. C'est Farrah Duhamel. Elle brandit son fusil devant elle, mais il sait que dans le noir elle ne peut rien voir.

— Viens donc par là, murmure-t-il en levant son pistolet d'une main, l'autre maintenant fermement les jumelles devant ses yeux. Cette fois, c'est la bonne pour toi.

Il perçoit le froissement dans les branches trop tard.

Il pivote aussi vite qu'il le peut.

Une silhouette juvénile se tient à côté du cadavre crucifié de son voisin. Elle aussi a un fusil.

Elle tire la première.

L'arme de Paul lui échappe des mains. La balle a traversé sa main droite en emportant plusieurs de ses doigts. La douleur est inimaginable. Paul s'effondre, convulse, tandis que son sang ruisselle de sa plaie. Il tâtonne pourtant, sans parvenir à retrouver son arme.

— Vous savez pas à qui vous avez affaire, s'essouffle-t-il. Vous n'êtes *rien*.

Un objet sous ses doigts. La torche. Il l'empoigne, braque le rayon vers son assaillante. À sa surprise, c'est une fille qu'il ne connaît pas. Elle a l'air si jeune, si inoffensive. Elle éjecte la lampe d'un coup de pied avant d'écraser son talon sur sa main blessée. Paul hurle.

— Salope !

Dans son dos, Farrah arrive en courant.

— Maÿlis ! Tu l'as eu !

L'autre fille recule prudemment au cœur de la pénombre.

Paul a bien l'intention de se relever, en dépit de la souffrance qui dévore tout son corps. Il pense au feu sous sa peau, à cette puissance qui le fait tenir debout, qui le rend indestructible et qu'elles ne comprendront jamais. Farrah se penche sur lui, lui plante une seringue dans le torse et il ne pense plus rien.

80

L'homme gémit, gigote, finit par ouvrir des yeux ébahis, baigné dans l'éclairage bleuté de la piscine. Les filles l'ont attaché sur une chaise en plastique et placé en plein centre du bassin. Elles n'ont pas éteint le robinet. Le tuyau continue d'envoyer son jet régulier à ses pieds, plongés à présent dans plusieurs centimètres d'eau.

Paul Talabot bande ses muscles autant qu'il peut, sans parvenir à se dégager. Et pour cause, ses poignets et ses chevilles sont retenus à la chaise par des Serflex, il n'a pas la moindre chance de se libérer de tels liens. Il en perd le souffle, semble sur le point de défaillir, ce qui est évidemment trompeur. Même grièvement blessé et ligoté, cet individu demeure dangereux, elles en ont toutes parfaitement conscience.

Assise face à lui au bord de la piscine, Kate savoure cependant leur victoire. Elle a désormais un bandage autour de l'épaule. Elle songe qu'elle a eu de la chance, la balle de Talabot n'a fait que l'effleurer, entaillant sa chair sans pénétrer dans le muscle ou, pire, dans l'os. Kate souffrira pendant quelque temps, à n'en pas douter, mais elle n'est pas en danger.

Le seul à avoir du souci à se faire, à présent, c'est le porc qu'elles ont fait prisonnier. Après que Farrah lui a injecté une double dose de kétamine, elles en ont profité pour le déplacer et l'emprisonner sur cette chaise.

— Tu commences à comprendre ce qui t'arrive ? lui lance Kate.

Talabot lève enfin la tête, la tourne en tous sens. Les quatre femmes sont en effet assises sur le rebord, chacune d'un côté de la piscine. Il dévisage Kate avec répugnance.

— Descends donc me l'expliquer en face, toi.

— Si ce n'est que ça…

Elle se laisse glisser au fond de la piscine. Là, elle tire un couteau de chasse de son étui et le tient fermement. La lame revêt une couleur phosphorescente à la lumière des LED.

— T'espères me faire peur avec tes grands airs ? marmonne Talabot d'une voix pâteuse sous l'effet de la drogue. T'es mal tombée, espèce de blondasse frigide. Tu ne fais que nourrir le feu.

Kate lui enfonce la lame dans sa cuisse valide. Talabot hurle. Et maintenant il pleure également. Elle le fixe droit dans les yeux.

— À défaut de te faire peur, je peux au moins te faire mal. À tout prendre, ça me va.

Au-dessus d'eux, Maÿlis s'agite :

— Kate, fais attention, s'il te plaît. Si on le tue de cette manière, on aggrave notre cas. Il faudra rendre des comptes à la fin.

Kate ricane nerveusement. Elle arrache le couteau de la cuisse de l'homme, dans un nouveau jaillissement de sang.

— Il a l'air d'aimer ça, pourtant. Je te rappelle que tu lui as tiré dessus, Maÿlis. Tu l'as privé de quelques doigts. Tu crois que tu n'auras pas de comptes à rendre, quoi qu'il arrive ?

La jeune femme baisse la tête.

— Il pourra quand même être jugé. Quand on aura les preuves de ce qu'il a fait. Il sera mis à l'ombre pour longtemps.

— Longtemps n'est jamais assez pour ces mecs-là, gronde Kate.

Cheryl se redresse.

— Écoutez, je pense que la lacrymo s'est suffisamment dispersée, maintenant. Je vais aller fouiller dans ses affaires. Je suis sûre d'obtenir tout ce dont nous avons besoin.

— On ne sera pas trop de deux pour ça, ajoute Maÿlis en se levant à son tour et chancelant un instant sur sa jambe bandée. J'ai assez vu cette ordure.

Farrah reste à sa place, assise sur le rebord de la piscine.

Le regard braqué sur leur prisonnier.

81

Avant de s'aventurer dans le champ de ruine qu'est désormais la véranda, Cheryl se dirige vers un étendoir extérieur où pendent des tee-shirts. Elle en attrape un pour elle et un pour Maÿlis. Toutes deux les nouent comme des foulards pour protéger leurs bouches et leurs nez, et ensuite seulement elles pénètrent dans la maison.

Maÿlis presse les interrupteurs. Les lumières illuminent chaque pièce. Le nuage de gaz lacrymogène s'est en grande partie évaporé, mais ses relents acides demeurent encore dans l'air, leur irritant quasi instantanément les prunelles.

— Ne te frotte surtout pas les yeux, conseille Cheryl en traversant les différentes pièces. On va faire vite. Ce doit être ici.

Un ordinateur posé sur un bureau. Une armoire ouverte contenant tout un tas d'armes et d'accessoires militaires.

— C'est un malade, décrète Maÿlis en parcourant les grenades, pistolets et autres poignards minutieusement alignés.

Elle continue la fouille des autres meubles sans perdre de temps. Cheryl, quant à elle, s'est installée devant l'ordinateur et sort de sa poche son précieux Tamagotchi personnel, tout de plastique blanc et orange et dont l'écran digital affiche un dauphin en train de s'agiter gaiement. Le petit gadget contient tous les scripts dont elle peut avoir besoin. Elle n'a qu'à le connecter au port USB. En moins de trente secondes, l'ordinateur de Talabot est déverrouillé. Trente de plus et elle accède à ses fichiers sauvegardés sur le cloud.

— C'est bon, j'ai trouvé ses archives ! lance-t-elle à Maÿlis qui est sortie de la pièce. Et toi ? Quelque chose d'intéressant de ton côté ?

— Je suis dans la chambre. Je crois que j'ai quelque chose, moi aussi !

La jeune femme revient en boitillant dans le bureau. Elle réajuste le tissu devant sa bouche et son nez.

— Cheryl ! Il y a un coffre caché derrière ses fringues, dans l'armoire ! Mais il est encastré dans le mur.

Cheryl gratte machinalement son poignet gauche. Tout son corps lui fait mal. Sous son bandage, elle sent que la plaie à l'estomac que lui a laissée Couture suinte, malgré les points de suture. Elle refuse de se plaindre, au contraire elle opine du menton à l'attention de sa camarade.

— Juste un instant. Je lance le téléchargement de tous les fichiers de Talabot sur un disque externe.

Elle débranche le Flipper Zero avant de se lever.

— Et maintenant, on va voir dans ce coffre quels sont les trésors de guerre de ce salaud.

82

— Ne reste pas trop près de lui, marmonne Farrah, toujours perchée au bord du bassin, le fusil en travers des genoux.

— Parce que tu crois qu'il peut nous faire quoi que ce soit ? Il est réveillé, mais la kétamine agit toujours.

Kate presse la lame du couteau sous la pomme d'Adam proéminente de Talabot. L'homme s'arc-boute, se contracte, impuissant.

— N'est-ce pas, connard ? chuchote-t-elle. Nous sommes plus fortes que toi. Maintenant nous allons avoir les réponses à nos questions sur ta petite bande de dégénérés.

— Tu risques de ne pas les aimer, ces réponses…

La lame glisse, entaillant la peau de sa gorge. Du sang ruisselle. Des larmes scintillent dans les yeux de Talabot.

— N'est-ce pas des gros pleurs de bébé que je vois ? remarque Kate. Écoute, nous savons déjà que tu connaissais Mazars. C'est pour le venger que vous vous êtes organisés ainsi ?

— Qu'est-ce que tu crois ? Évidemment…

Il déglutit avec difficulté. Kate retire la lame pour le laisser parler.

— Dis-le donc. Je veux l'entendre de ta bouche de salopard.

L'homme tousse. Davantage de larmes s'écoulent de ses yeux, mais il ne quitte pas Kate de son regard glacé.

— Tout ce que j'ai pu accomplir dans ma vie, c'est grâce à lui. Grâce à Raphaël Mazars. C'est moi qui l'ai fait passer au Portugal, ouais. Et en échange, il m'a permis de devenir qui j'étais. C'est un grand homme…

— C'était une CREVURE ! s'emporte Kate en lui frappant le visage du manche de son couteau. Et n'en parle pas au présent, putain ! Il est mort ! Il est MORT !

Elle le frappe une nouvelle fois. Talabot fait saillir ses maxillaires contractés.

— C'est tout ce que tu sais faire, pouffiasse ? Geindre et te plaindre ? Ou alors tu vas m'achever comme tu l'as achevé ? Tu aimes ça, exécuter des mecs sans leur laisser de chance, hein ?

— Je crois que tu as largement eu ta chance. J'ai vu les photos de tes petits exploits.

Enfin les traits de l'homme se froissent. Il crache un filet de sang qui se dilue dans l'eau à ses pieds.

— Comment vous les avez eues ? C'est Grégoire qui les avait gardées, je parie ?

— Nous savons que c'est toi qui as recruté les autres, poursuit Kate sans tenir compte de sa question. Mais toi, qui t'a recruté quand Mazars est mort ?

Une jubilation brutale illumine derechef le visage de son prisonnier, qui glousse d'un air entendu. Kate fronce les sourcils.

— Qu'est-ce qu'il y a de si drôle ?

Talabot bave. Il est pris de tremblements. La douleur de toutes ses plaies doit être terrible, et pourtant il rit. Kate est à bout.

— Réponds ! Comment tu as su que nous avions éliminé Mazars ? Qui a pu te le dire ?

— Tu ne te souviens donc pas ? Pauvre débile…

Il tousse. Une ligne de sang s'écoule de sa narine.

— … tu l'as eue sous les yeux, et pourtant t'es tellement conne que t'as rien compris.

Kate lui remet le couteau sous la gorge. Elle presse.

— Ça suffit. Accouche !

Le regard de Talabot se réduit à des fentes narquoises.

— C'est l'une d'entre vous, connasse. Ça a duré des années. Tu percutes toujours pas ?

Kate appuie plus fort le couteau sur sa gorge, lui faisant pencher la tête en arrière. Davantage de sang afflue. Talabot suffoque, mais continue de la fixer sans ciller, dans un défi ultime.

— Tu mens ! crache Kate.

De nouveau, l'homme sourit, en dépit de la plaie qui s'étend sur sa gorge. Ses pectoraux sont contractés à en exploser, les fibres musculaires agitées de frissons sous sa peau.

— Réfléchis.

C'est ce que Kate fait. Elle réfléchit à toute vitesse. Mais non. Cela n'a aucun sens. Talabot se moque d'elle. Il essaie de lui retourner le cerveau. Il ne peut y avoir d'autre explication.

Elle cherche Farrah des yeux.

— Tu as entendu ce qu'il a dit, Farrah ?

Mais sa camarade n'est plus assise au bord de la piscine.

— Farrah ?

Elle crie alors :

— Cheryl ! Maÿlis !

Seul le silence lui répond. Les chiens hurlent toujours, sans doute très loin. Les sons portent, dans les collines.

— Mais qu'est-ce qui se passe, putain ?

83

La chambre de Talabot est située de l'autre côté de la maison. Fenêtres fermées, l'isolation phonique est parfaite.

Le câble du petit dauphin virtuel connecté au coffre-fort, Cheryl fait défiler la liste des applications et sélectionne celle nommée « Sentry Safe ».

— Ton gadget peut même ouvrir ça ? s'étonne Maÿlis.

— Tu sais, avec le numérique, plus personne n'est vraiment protégé. Mais ce plug-in ne marche pas sur tous les coffres non plus.

Sur l'écran orange, le dauphin digital s'anime avec euphorie tandis que le code s'affiche.

— Celui-là, en tout cas, a bien une faille. C'est ballot, pour un coffre à plus de mille euros vendu comme inviolable, conclut-elle non sans un rictus de fierté.

— Tu es surtout une tueuse. Je n'arrête pas de te le dire.

La voix de Maÿlis s'étouffe et la jeune femme se mord les lèvres.

— C'est pas comme ça que je voulais le dire, hein…

— J'ai bien compris, t'inquiète, sourit Cheryl tout en ouvrant la porte du coffre.

À l'intérieur, des liasses de billets en devises étrangères, des fioles de ce qui ressemble à des produits anabolisants, ainsi qu'une boîte à archives. Cheryl se saisit de la boîte, blêmit en découvrant son contenu. Il ne s'agit pourtant de rien d'autre que tout ce à quoi elle s'était attendue.

Des images de jeunes femmes nues, aux corps disposés comme ceux d'actrices pornographiques.

Des femmes *assassinées*.

— Ses victimes, murmure Maÿlis. Mon Dieu, elles sont si jeunes !

Une deuxième boîte, plus petite, se trouve tout au fond du coffre. Cheryl l'ouvre à son tour.

— Et ça, ce sont les petits souvenirs de ce fils de chien. Kate avait raison.

Une collection de boucles d'oreilles, de fins bracelets, de bagues, soigneusement disposés dans les compartiments capitonnés de la boîte. Tous les trophées récupérés par Paul Talabot sur ses victimes. Cheryl indique une chaînette étincelante.

— Ça ressemble bien au bijou de cheville de la fille disparue en Thaïlande. Lucia Flores.

— Des preuves solides, approuve Maÿlis. La police aura de quoi faire, avec ça, non ?

Cheryl essuie de la sueur piquante sur son front.

— Il faut espérer. On embarque tout ça et on retourne au bureau. Le téléchargement doit être fini.

En effet, de retour devant l'ordinateur, elle constate que tous les documents ont bien été transférés sur son disque. Elle déconnecte le boîtier amovible et le place dans son sac.

— Tu as vérifié ce qu'il y avait dans ces fichiers ? demande Maÿlis.

— Je le ferai après. Il y a trop de dossiers. Regarde.

D'un mouvement de souris, elle développe l'arborescence des fichiers. Les vignettes s'affichent l'une après l'autre sur l'écran. La quantité de photos sauvegardées est impressionnante.

— Il a tout stocké comme un bon petit fétichiste. Ça sera sa fin.

Même sur les miniatures, elle n'a aucun mal à reconnaître les photos de la ferme de l'horreur. C'est une partie de celles que Talabot avait envoyées à Léandre et sur lesquelles figure Kate.

— En tout cas, ce qui est certain, c'est qu'il voue un culte à la mémoire de Mazars.

Elle ne peut s'empêcher de cliquer sur la première image. Kate et les deux autres captives, dans la boue de l'enclos de Mazars.

— Comment ce salopard a pu récupérer tout ça…

Elle serre les dents en faisant défiler les photos, l'enfer de Kate, tel qu'elle le leur a décrit maintes fois. Les journées de claustration qu'elle a subies au fond de l'Aveyron. Ces clichés illustrent avec une terrible précision tout ce qu'elle a traversé.

Là, la première fille allongée dans un angle de l'enclos. Gravement blessée. Cheryl cherche à se souvenir du prénom que Kate leur avait donné. *Alya.*

Là, la deuxième est prostrée dans un autre coin. *Juliette.*

Et là, elles sont entremêlées dans la boue dans un nœud de jambes et de bras, s'affrontant avec rage.

Kate a beau leur avoir raconté l'histoire à sa manière, décrétant qu'aucune d'entre elles n'avait survécu aux traitements inhumains de Mazars, Cheryl n'a jamais été dupe. Depuis le début, au fond d'elle-même, elle s'est toujours doutée de ce qui s'était vraiment passé dans cette ferme.

Mais de voir, *pour de vrai*, ces images qui montrent les prisonnières en train de se battre. *Entre elles.* Cheryl se mord les lèvres jusqu'à en avoir mal.

La violence est pire à chaque nouvelle photo. Les corps arqués à se briser. Les cheveux empoignés. Le visage d'Alya, défoncé à coups de gamelle.

Et puis Kate.

Kate à califourchon sur une des filles. Le regard fou. Les mains nouées sur son cou. Kate encore, lui frappant la tête contre le mur de l'enclos, lui ouvrant la tempe comme un fruit trop mûr.

Sur l'ultime photo, on voit distinctement Kate, à genoux, sur le corps de l'autre captive. Il n'y a aucune ambiguïté, Kate lui a entièrement ouvert la gorge avec les dents. Le sang de la fille lui barbouille le menton, les joues, le front, un masque terrifiant où percent des yeux écarquillés et fiévreux. Le visage écarlate de Kate est relevé en arrière, sa bouche ouverte en un cri figé et déchirant.

— Elle les a tuées ? s'étrangle Maÿlis.

Cheryl ne dit rien, son souffle est coupé, la tension trop importante. Elle se contente de presser le pad pour naviguer de photo en photo.

Elle s'arrête sur une nouvelle série d'images.

Le lieu est différent.

Elle le reconnaît. *Mon Dieu, elle ne le reconnaît que trop bien.*

Cheryl n'est pas sûre que ce soit l'explication qu'elle espérait.

C'est plutôt le pire des cauchemars qu'elle pourrait avoir eu.

— Oh putain. Ce n'est… pas possible…

84

— Farrah ! crie Kate en pataugeant dans la piscine en direction de l'échelle.

Derrière elle, Talabot rit, un rire douloureux, entrecoupé de quintes de toux.

— C'est la fin pour vous, maintenant.

Kate ne comprend pas de quoi il parle, elle n'a pas le temps d'entrer dans son jeu malsain. Elle empoigne les barreaux fixés à la paroi. Les remonter s'avère bien plus difficile que prévu avec son épaule blessée. Elle geint, force, parvient à se hisser sur le tek et reprend sa respiration sur le dos, l'immensité de la nuit et de sa poudre d'étoiles au-dessus d'elle.

— Putain, mais où vous êtes, les filles ? Farrah ! Réponds-moi !

Elle se met à genoux.

Avec sidération, elle distingue une silhouette étendue, un peu plus loin. Elle aperçoit le fusil qui lui a échappé des mains.

— Farrah ! répète-t-elle. Qu'est-ce qui t'est arrivé ?

Elle n'ose se redresser, cherche à rejoindre son amie en progressant à quatre pattes pour ne pas attirer l'attention.

Quand les ombres se froissent et bougent.

Une silhouette émerge de la nuit.

Kate se statufie. Elle dévisage la personne qui avance vers elle. C'est une femme de son âge, aux longs cheveux bouclés, que les vêtements noirs fondent aux ténèbres.

— Il vous restait une seringue de kétamine, lui annonce la nouvelle venue. Comme ça, ta copine Farrah saura ce que ça fait. C'est ce qui s'appelle l'arroseur arrosé.

Alors Kate se redresse finalement, avec une lenteur incrédule, elle brandit le poignard devant elle. Elle détaille sans y croire les traits de cette personne surgie de nulle part. Ou plutôt, cette personne surgie du passé. Ce visage si terriblement familier.

C'est IMPOSSIBLE, voudrait-elle crier.

Et pourtant…

La femme éclate d'un rire éraillé.

— Alors, tu te souviens enfin de moi, Kate ? Est-ce que tu comprends, maintenant ?

Elle défait le bouton de son col, dévoilant l'épaisse cicatrice qui parcourt son cou comme un collier étrange. *Comment ne pas se souvenir ?* La femme porte ensuite la main à ses cheveux pour les repousser en arrière.

Kate, stupéfaite, fixe la tempe ainsi exposée. Le crâne déformé par la vieille blessure qui y a laissé un creux horrible et profond.

Ce visage.

Cette folie sauvage, dans les yeux de cette jeune femme. Cette jeune femme-là. Celle qu'elle était, quand elles se sont battues toutes les deux, au milieu de la boue et des mastications des porcs. Quand Kate, par désespoir, ne pensant qu'à survivre, avait serré les dents sur sa gorge jusqu'à lui déchirer la peau.

— Juliette, murmure-t-elle sans pouvoir y croire. Tu es… tu n'es pas… *morte* ?

La femme relâche ses cheveux et penche la tête sur le côté, laissant sa chevelure retomber comme un rideau sur ses traits.

— Je me doute que ça ne t'a jamais effleurée. Tu as toujours été si égoïste. Cette fois, nous sommes pourtant arrivées à la fin, toi et moi. *Ma petite truie.*

Kate serre convulsivement le manche du poignard tout en dévisageant cette femme qui se tient au-dessus du corps recroquevillé de Farrah.

Elle comprend, maintenant.

Tout.

Trop tard.

Celle qui fut prisonnière de Mazars avec elle, la jeune femme qu'elle était persuadée d'avoir achevée de ses mains six ans auparavant, lève ostentatoirement un objet en plastique sombre terminé par une lampe. Kate reconnaît un shocker électrique, quasiment le même que le sien.

Dans son dos, des phares embrasent brutalement la nuit.

— Séverin a fait vite, se félicite la femme en noir, de son timbre rendu à jamais rugueux par sa blessure. Heureusement que Paul a eu le temps de nous prévenir, ou nous aurions presque pu manquer ce superbe final.

85

Les photos sur l'écran font à Cheryl l'effet d'un coup de poing dans l'estomac.

Cette femme, qui était dans la boue des cochons avec Kate. Cette femme sur laquelle Kate était accroupie, pleine de sang.

Cette femme qui, sur ces autres photos, tient Raphaël Mazars dans ses bras. *L'affreuse plaie autour de son cou à peine cicatrisée. Sa tempe gauche à jamais enfoncée par les chocs contre le mur de l'enclos.* Les séquelles de ce que lui a infligé Kate.

— Qui c'est, cette personne ? interroge Maÿlis en constatant l'effroi de sa camarade.

— C'était elle, au Portugal… Quand nous avons pénétré dans la maison…

Maÿlis la dévisage sans comprendre.

— Quelle maison ?

Cheryl abaisse le tee-shirt qui lui servait de foulard, une expression de pur dégoût sur les traits.

— Quand nous sommes allées chercher Raphaël Mazars pour nous occuper de lui, il y avait une femme attachée sur un lit. Nous avons cru qu'elle était captive. Mais c'était elle. Elle était *avec lui* !

Prise par un sentiment d'urgence, elle vérifie qu'elle a bien le disque dur dans sa poche avant de débrancher l'ordinateur.

— Je ne comprends pas, murmure Maÿlis. Ce fameux Mazars avait une complice ?

— On ne s'est jamais posé la question… mais… ce n'est pas possible… elle était… c'était juste… une victime… comment…

La voix de Cheryl s'étouffe tandis que des phares illuminent l'entrée de la maison.

— Maÿlis, nous devons partir d'ici. Tout de suite.

86

Au bord de la piscine, Kate a parfaitement conscience que ses chances de s'en tirer sont minces. De plus en plus minces à chaque seconde qu'elle passe sans réagir.

Elle lève le couteau. Elle ne sait ce qui la fait le plus souffrir, le sentiment de trahison, toutes ces années de honte enracinée en elle pour rien, ou la colère absolue qui la submerge, demandant à jaillir.

— Tu ne m'as pas encore eue…

Elle s'élance en hurlant vers la femme.

Celle-ci esquive la lame et écrase l'extrémité du taser contre le cou de Kate. La décharge lui coupe instantanément les jambes. L'appareil crépite tandis que Kate s'effondre, le poignard lui échappe, elle ne parvient même plus à crier sous les spasmes qui la secouent, de plus en plus douloureux.

— J'ai déjà gagné, exulte l'autre femme sans relâcher l'envoi d'électrochocs dont les claquements secs et répétés emplissent la nuit. Tu vas voir, j'ai tout préparé pour toi. Ça fait un an que je le prépare. Mon Raphaël sera vengé et, toi, tu seras morte.

87

Le pick-up s'arrête face à elles, les épinglant dans la lumière aveuglante de ses phares, alors que Cheryl et Maÿlis émergent des vestiges de la véranda.

— Cheryl ! Attention ! tente de la prévenir Maÿlis. On n'est pas armées !

Mais Cheryl ne peut plus penser à rien. Se tenant instinctivement le ventre à mesure que le sang mouille son bandage et que les braises de la blessure se font plus piquantes entre les points de suture, elle effectue quelques pas chancelants vers la piscine, avant de se figer à la vue de Kate étendue sur le sol. Sa silhouette est agitée de convulsions tandis que s'élèvent les crépitements implacables d'un taser.

La femme accroupie au-dessus de Kate stoppe enfin l'afflux électrique et relève un visage illuminé de joie triomphante.

— Cheryl ! La dernière petite apprentie justicière. Et tu as une copine avec toi, comme c'est mignon.

La portière du pick-up s'ouvre, Séverin Léandre en sort, un pistolet à la main.

— Je vous ai manqué, les chéries ?

Cheryl l'ignore. Aveuglée par la rage, ignorant la douleur qui la plie en deux, elle reprend sa progression vers la femme en noir.

Elle entend à peine Maÿlis vociférer son nom de toutes ses forces.

Avant qu'elle puisse atteindre Juliette, le policier fait feu.

La balle traverse son dos et ressort par sa poitrine.

Cheryl s'effondre à genoux. Elle pousse un gémissement étranglé. Du sang jaillit entre ses lèvres.

Elle n'a que le temps de songer à tout ce qu'elle aurait aimé dire à Maÿlis. À combien elle s'en veut, même si c'est bien trop tard.

Au deuxième coup de feu, la moitié du crâne de Cheryl est emporté. *De l'os et du sang.*

Cheryl s'écroule face contre terre.

Définitivement.

Maÿlis hurle, la tête entre ses mains. Un hurlement si aigu qu'il s'enraye, comme si sa gorge se déchirait.

L'homme en costume se tourne vers la jeune femme.

— Quant à toi… qui que tu sois, c'est dommage, tu n'avais rien à voir avec ces histoires…

Maÿlis ne le laisse pas finir sa phrase, elle se replie dans la véranda aussi vite qu'elle le peut. L'homme fait feu, plusieurs fois, sans parvenir à l'atteindre.

Elle remonte le couloir, s'engouffre dans le bureau de Talabot, se précipite sur les étagères chargées d'arsenal de guerre.

Elle entend les chaussures de l'homme crisser sur les débris de verre dans la véranda. Il l'interpelle :

— Tu crois aller où comme ça, petite ? Il ne reste plus que toi, tu sais.

Maÿlis saisit des grenades au hasard. Deux des tubes sont de couleur claire, le troisième entièrement noir. Elle les dégoupille sans réfléchir, fonce à l'entrée du bureau et les lance l'un après l'autre en direction du séjour.

— Essaie de me suivre, connard !

Elle se rue vers l'escalier du garage quand la première explosion secoue la maison, la prenant par surprise et la propulsant en avant dans les marches. Elle les dévale cul par-dessus tête, roule sur le sol dur du garage alors que les deux autres détonations se succèdent, c'est comme si chacune était plus violente que la précédente, soufflant jusqu'aux fondations. Le béton du garage se disloque. Des murs s'effondrent à l'étage avec de terribles craquements.

L'épais nuage de gaz arrive déjà dans l'escalier, amenant une odeur pestilentielle de phosphore en même temps qu'une lueur vive et blanche monte du cœur de la maison.

Maÿlis se redresse en toussant et crachant. Elle ne peut pas se permettre de perdre la moindre seconde. Elle ne cherche pas non plus à rejoindre les voitures, une option bien trop dangereuse. Elle boitille dans la direction où l'obscurité lui semble la plus dense. Elle atteint une haie, s'écorche dans des épines et des branches, enjambe tant bien que mal la clôture de la propriété et se retrouve dans un champ de vignes. Alors que l'incendie monte dans la maison, illuminant la nuit de lueurs violentes, elle se plaque sur la terre sèche et avance le plus silencieusement possible entre les ceps.

88

Assis sur les fesses au milieu du gazon, Séverin Léandre secoue la tête, légèrement sonné. Il attend que le sifflement dans ses oreilles s'atténue, ce qui tarde à venir. Le souffle des explosions l'a repoussé à plusieurs mètres de la maison. Tout en contemplant les volutes de fumée envahir le ciel, il effleure sa joue droite. Brûlure intense. Un éclat de quelque chose, peut-être du verre, l'a proprement giflé, sur ses doigts il sent l'humidité poisseuse du sang. Mais, plus que tout, il ressent une *humiliation* féroce.

— Petite pute.

— Ah, bravo ! s'écrie la femme en noir. C'est toi qui te vantes toujours d'être meilleur que les autres, c'est ça ?

Séverin contracte la mâchoire en tournant la tête vers elle. Juliette est accroupie auprès de la silhouette inanimée de Farrah Duhamel. Elle lui entoure les poignets d'une bande de Serflex, avant de relier ces deux bracelets par un troisième.

Quand elle se redresse, la lueur vacillante de l'incendie baigne la jeune femme, soulignant les mouvements fluides de sa robe d'encre, le blanc de craie de son visage, l'autorité absolue de ses traits. Tout en elle n'évoque que détermination et efficacité.

— J'ai administré sa dose de kétamine à Kate, elle aussi dort comme un bébé à présent. Tu vas la mettre dans le coffre de ma voiture. Farrah ira dans le tien. Rien ne s'est passé aussi simplement que je l'espérais, mais nous y sommes malgré tout. Ma vengeance va se dérouler comme je l'ai prévu. Je ne laisserai *rien* se mettre en travers de mes projets.

Séverin hoche la tête, se lève à son tour en vacillant. Juliette s'est approchée du dernier corps étendu au sol : Cheryl Laborde. Elle presse la semelle de sa botte sur le crâne tatoué où manque désormais une partie béante, imprime un mouvement de va-et-vient. La silhouette menue ballotte dans la flaque de sang.

— Celle-là a eu son compte. Je suis dégoûtée de ne pas avoir pu filmer sa mort. Je voulais tant pouvoir montrer à Kate la fin de chacune d'entre elles…

— Sa petite amie est encore dans la maison, lui rappelle Séverin.

— Ou alors, elle a trouvé le moyen de passer par-derrière et se planque quelque part dans les champs, rumine Juliette en scrutant l'horizon nocturne. Elle semble un peu plus maligne que ses amies et nous n'avons malheureusement pas le temps de jouer à cache-cache. Ces flammes doivent se voir à des kilomètres.

Séverin grommelle son approbation tout en récupérant le sac de Cheryl abandonné un peu plus loin dans le gazon. Dedans, un disque dur, des câbles.

— Je parie que la petite surdouée avait fait des copies des archives de Paul là-dessus. Et ça… (Il ouvre la boîte contenant les bijoux.) Ce sont les souvenirs de ses bonbons. Il avait dû les laisser traîner bien en vue. Ils sont tous aussi amateurs, c'est pas vrai.

Juliette fait un geste excédé.

— En parlant de Paul, il est toujours dans la piscine et il est plutôt mal en point. Commence par aller t'occuper de lui, qu'on ne perde plus de temps, maintenant.

Séverin époussette son costume, remet soigneusement son col de chemise en place.

— Toujours à ton service, boss.

Paul Talabot redresse la tête à son approche. Il respire difficilement, mais dévoile un large sourire, ses dents fluorescentes sous les LED.

— T'en as mis du temps.

— Ne t'en fais pas, je n'en aurai que pour quelques instants.

Séverin approche à grands pas, pose son pied sur le torse de son camarade prisonnier et pousse d'un coup sec.

La chaise bascule. Talabot se retrouve sur le dos dans un grand éclaboussement. Il redresse la tête hors de l'eau pour beugler :

— Séverin ! Putain ! C'est pas drôle !

— Tu crois que je plaisante ?

Le policier penche la tête sur le côté. Il le dévisage avec un dégoût ostentatoire, murmurant du bout des lèvres :

— Tu es faible, Paul. Regarde comment des gonzesses t'ont dérouillé ! Il a fallu que Juliette vienne te sortir de là, comme un chaton perdu qui attend sa maman.

— Elles m'ont eu par surprise. Détache-moi, merde, qu'on se barre d'ici avant que les pompiers se radinent !

— Je crois que tu n'as pas compris ce que je suis en train de t'expliquer, cher collègue. Notre association était plaisante, je te l'accorde, mais il y a un moment où même les meilleures choses doivent prendre fin.

Séverin presse son pied sur la tête de Talabot pour la maintenir plongée dans les quelques centimètres d'eau. Talabot s'agite, avale de l'eau, la recrache en s'étouffant.

— Séverin ! Je t'en supplie ! Mon frère, merde !

Le policier ricane, le visage figé par une cruauté froide.

— Tu es un bel abruti. Tu m'avais demandé si je te tuerais et je t'ai répondu que cela ne servirait à rien, tu te souviens ?

Talabot grimace, se démène, sans effet sur les liens qui le maintiennent attaché à la chaise. Il boit la tasse, vomit de l'eau, tousse et tousse.

— Mais oui, putain ! C'est ce que tu as dit !

— Maintenant, en revanche, ta mort a une utilité. On pourra la mettre sur le dos de ces chieuses. Tu n'as qu'à voir ça comme la cerise sur le gâteau.

Il appuie de nouveau, replongeant la tête de Talabot sous la surface. Talabot se cambre de plus belle, se contorsionne, bande ses muscles comme s'ils étaient sur le point d'éclater.

Les liens de plastique qui entourent ses chevilles sont passés dans les pieds de la chaise. Au prix d'un ultime regain d'adrénaline et en se désarticulant, Talabot parvient à faire suffisamment glisser une de ses jambes pour libérer son pied droit. Le gauche suit aussitôt. Mouvement de bassin, Talabot balaye violemment les jambes de Léandre, qui tombe à son tour à la renverse dans l'eau.

— Saloperie de traître ! beugle Talabot en bataillant pour se débarrasser de la chaise qui maintient encore ses deux poignets dans son dos.

Il est en transe. Ses forces décuplées. Il tire si fort qu'il parvient à arracher le Serflex de sa main gauche, abandonnant un paquet de sa propre chair sur le plastique.

Qu'importe. Il se redresse en levant la chaise au-dessus de lui avec un hurlement de rage.

Séverin Léandre, bras tendu, presse la détente.

La balle traverse le front de Talabot et pulvérise l'arrière de son crâne.

Cette fois, il s'écroule pour de bon.

Le policier s'approche de lui et lui tire deux balles de plus dans le thorax.

— Culturiste de mes deux. Je t'avais prévenu qu'à la fin c'est toujours la loi de la nature qui s'applique. C'est con, ça aurait pu te servir de leçon.

Juliette apparaît au bord de la piscine.

— Qu'est-ce que tu viens de faire, là ?

Séverin lui lance un sourire vicieux.

— Nous rendre un fier service. Ça devrait faire tourner en bourrique mes collègues assez longtemps pour qu'on règle les derniers détails.

Il sort de sa poche la carte d'identité de Kate Morrigane, qu'il avait récupérée sur le corps inanimé de la thérapeute avant de descendre dans le bassin. Il la jette dans l'eau.

— Tu vois bien que je *suis* le meilleur.

La femme en noir soupire.

— Si tu le dis. Maintenant, assez joué. Il est temps de se bouger les fesses.

89

Et puis ils sont partis.

Les coffres claqués, les portières refermées. Le bruit des moteurs s'éloignant jusqu'à disparaître.

La nuit n'est plus emplie que par le chant des grillons et le crépitement des flammes.

Maÿlis attend encore, à plat ventre au milieu de la vigne.

Ils ne reviennent pas.

Personne ne vient.

Lentement, Maÿlis rebrousse chemin vers la maison.

Elle traverse le jardin jusqu'à la piscine, jusqu'au corps de Cheryl.

Cette vision cauchemardesque de son crâne ouvert.

Cette émotion insoutenable qu'elle doit pourtant affronter.

Maÿlis avance timidement une main, la pose sur cette poitrine qui ne bat plus, qui ne battra plus jamais, et c'est comme si son propre cœur explosait de l'intérieur, comme si un hurlement de rage primale montait tout au fond d'elle, mais ne parvenait pas à sortir.

Elle caresse le front de Cheryl, tout doucement, suivant le bord de son atroce blessure, elle dépose un baiser sur ses paupières gluantes de sang et elle serre son amie dans ses bras.

Elle la presse contre elle si fort qu'elle en a mal, alors elle la presse plus fort encore.

De longues minutes où plus rien n'existe qu'elles et la nuit immense.

Avant de tâtonner dans sa poche pour en sortir le téléphone qu'elle a acheté sur la route.

Maÿlis compose le numéro des pompiers.

Les yeux secs.

La gorge muette.

Une partie de son âme éternellement perdue.

VIII

LES CHOIX

90

Kate rêve…

Comme dans tous ses rêves depuis six ans, au cœur de ses cauchemars qui refusent de la libérer de leurs griffes avides, elle a toujours vingt ans, toujours la vie entière devant elle, après, plus tard, quand elle en sera sortie. *Il le faut, sinon à quoi bon ?* Et pourtant, elle suffoque dans les éclaboussures de purin, emmêlée et haletante, ventre contre ventre, bras et cuisses tordus, sur cette autre fille enragée, cherchant à l'immobiliser et à lui arracher les cheveux, dans le brouhaha assourdissant de l'orage, les cris de cochons et les encouragements fiévreux de Raphaël Mazars.

Les coups qu'elle reçoit brouillent les sens de Kate. Elle étouffe, elle panique. Elle n'entend plus rien que les pulsations de son cœur. Elle est submergée par ses pulsions primales, aveuglée par une frénésie viscérale. Tendue à se briser, elle recourt à l'unique défense qui lui reste. Refermer ses dents sur la peau de son adversaire. Mordre de toutes ses forces dans la gorge de Juliette jusqu'à arracher la peau, le muscle, l'artère. Elle reçoit le sang dans les yeux, dans les narines, dans la gorge et elle se sent enfin

(victorieuse ?)

libérée de l'étreinte mortelle.

Maudite à jamais.

Kate ouvre les yeux avec un grand hoquet et se plie en avant.

Tu n'as plus vingt ans. Tu n'auras plus jamais vingt ans.

Tout son corps est secoué de tressaillements irrépressibles.

(*survivante ?*)

Elle roule sur le dos. La douleur dans son épaule blessée se réveille.

Elle reconnaît le contact poisseux de la paille humide entre ses doigts.

— Non, murmure-t-elle. Non, non, non…

Ce n'est pas un cauchemar.

Ou plutôt, le cauchemar est réel.

91

Aveyron,
Août 2017
(six ans auparavant)

Dans les souvenirs de Juliette…

D'abord, c'était le désespoir, absolu. C'était la fureur, asphyxiante. Et puis c'était l'abandon, forcément. Une cascade d'émotions, violentes, se chevauchant et se dissolvant l'une dans l'autre, s'échappant d'elle par pulsations brûlantes de sa gorge avec les jets de son sang, leur parfum de cuivre se mêlant aux relents suffocants des animaux.

Juliette Reniaud a bien cru que tout finissait là, dans cet enclos, égorgée par plus forte qu'elle et laissée pour morte dans la boue. Sa vie aurait duré dix-neuf ans en tout et pour tout. Et quelle vie exactement ? D'abord, une enfance malmenée par des parents pour qui elle n'existait pas et pendant laquelle elle avait eu l'impression de ne faire qu'encaisser. Puis, après la mort de ceux-ci, après toutes ces années sous l'autorité acerbe de ses grands-parents qui l'avaient élevée sans amour, à leur tour, elle avait encaissé encore. Elle avait encaissé les gifles. Elle avait encaissé le rabaissement permanent. Elle avait encaissé les privations et les brimades pour le moindre prétexte. Se demandant quand arriverait le point de rupture où elle ne pourrait plus encaisser, où il faudrait qu'elle s'en aille, faute de pouvoir se défendre. Elle avait cru ce jour venu pourtant. Juliette avait décidé de fuir une fois pour toutes cette existence-là. La décision la plus importante qu'elle ait jamais prise, enfin. Quand cet homme, si beau, si prévenant, avait fait irruption dans sa vie, qu'il lui avait proposé de la prendre en stop pour l'arracher à son quotidien, pour ne plus jamais avoir à encaisser, elle l'avait cru, forcément. Comment aurait-elle pu se douter qu'elle ne faisait que tomber sur un monstre de plus ?

Juliette a-t-elle eu le choix ? Lui a-t-on jamais *laissé* une seule chance de s'en sortir ?

Pourtant, Juliette a rouvert les yeux.

Le tonnerre a rugi, comme pour l'encourager.

Elle respirait.

Avec une grande difficulté, certainement pas assez, mais ses poumons se remplissaient tout de même d'air. La douleur atroce dans son cou lui prouvait qu'elle était encore en vie.

Subitement, l'abandon avait disparu.

Enfin, l'espoir revenait.

Un espoir si immense et si fou qu'elle n'avait *pas le droit* de le laisser s'échapper.

Juliette s'est hissée sur les coudes. Tant bien que mal, elle s'est traînée dans la boue jusqu'à Raphaël Mazars. Étendu. Couvert de sang. Elle a regardé cet homme qui l'avait séquestrée, qui l'avait humiliée, qui l'avait transformée en simple animal, déterminée à lutter pour sa survie à n'importe quel coût. Jusqu'au meurtre, cette régression absolue, sans retour. Elle s'est penchée sur son corps inanimé, et elle a compris que lui aussi respirait encore, en dépit des coups de couteau que lui avait assenés Kate.

À son tour, l'homme a ouvert les yeux. Il a fixé Juliette. Il ne gémissait pas, ne se plaignait pas. Sa poitrine se soulevait à peine. L'envie de l'achever l'a submergée. Aussi loin que se souvienne Juliette, chaque personne qu'elle avait connue l'avait battue, utilisée, fait souffrir.

Elle avait fini d'encaisser.

Elle avait assez subi.

L'évidence la frappait maintenant. C'était SON TOUR de faire souffrir. De se venger de ce salopard, de QUELQU'UN, pour une fois dans sa vie. Elle a noué ses mains sur la gorge de son bourreau. Elle l'a regardé dans les yeux. Lui aussi a plongé les yeux dans les siens. Ils luisaient. Ils luisaient tellement sous les lueurs de l'orage. Juliette a serré.

Elle a serré de plus en plus fort.

Et la pluie continuait de se déverser avec rage, avec toute sa rage.

Et Raphaël Mazars tressautait, ses yeux se révulsaient, de la mousse se formait aux coins de sa bouche tordue de douleur.

Le tonnerre rugissait ses cris sauvages, ses cris de guerre.

Juliette, elle, ne soufflait plus le moindre son. Elle ne pensait qu'à l'acte qu'elle commettait. Donner la mort à cet homme-là, ce monstre-là. Dans son esprit, oh ça oui, il y avait des cris. *Meurs, salaud, meurs ! Mourez tous !* Des cris muets, comme ils l'avaient toujours été. Des hurlements assourdissants, à l'intérieur, effaçant les supplices et les larmes, emplissant enfin Juliette de *quelque chose* de plus fort que tout ce qu'elle avait jamais ressenti.

Alors elle n'avait pu s'empêcher de penser à sa famille. Cet endroit sordide qu'on la forçait à appeler foyer, dans lequel elle allait forcément retourner, parce qu'elle n'avait aucun autre endroit où se réfugier. Tout à coup, elle avait pris conscience que tout recommencerait inexorablement. L'enfer qui avait été toute sa vie se refermerait de nouveau sur elle. Elle n'avait plus pensé qu'aux coups qui reviendraient. À son regard qui devrait se baisser, encore, toujours.

Et dans ce même instant foudroyant, elle avait également pris conscience du *plaisir* que lui avait procuré la mort d'Alya. Entre ses mains. Par sa volonté.

Elle avait pris conscience de ce même plaisir, toujours aussi intense, qu'elle éprouvait en cet instant. Cette jouissance cruelle et désespérée de tenir cet homme-là entre ses doigts. De sentir son pouls diminuer et son regard se voiler lentement.

Elle a serré jusqu'à sentir l'ultime souffle s'échapper des lèvres de cet homme, de ce monstre au visage d'ange.

Alors elle s'est penchée et a posé sa bouche sur la sienne.

Elle a aspiré sa mort.

Ou il a aspiré sa vie.

Tous les deux, dans leurs sangs mêlés, ils ont fini par s'agripper l'un à l'autre. Ils sont restés enlacés assez longtemps pour que Juliette se rende compte que leurs pouls étaient synchrones.

Jusqu'à ce qu'il murmure, d'un timbre de fantôme, l'ombre de sa belle voix habituelle :

— Les gendarmes vont venir.

Juliette l'avait serré plus fort. Dans ses bras. Dans son cœur meurtri qui entrevoyait enfin, pour la première fois, un véritable sens à cette existence injuste.

Elle l'avait regardé dans les yeux. Le lisier dans lequel ils étaient vautrés était peu à peu lavé par la pluie. Le sang était lavé. Ne restait que l'urgence.

— On s'en fout. On est tous les deux, maintenant. Toujours.

92

Allongée sur le dos, Kate fixe un haut plafond traversé de barres de fer et de glissières en inox. Des rais de lumière tombent par plusieurs vasistas, illuminant des murs couverts de carrelage jaune sale, du béton fissuré et davantage de rails et de barres.

Ce n'est pas un enclos à cochons.

Et pourtant...

Ses vêtements trempés collent à sa peau. L'odeur à la fois doucereuse et rance de la paille flotte autour d'elle.

Rien n'a changé.

Kate est de nouveau captive. La prison est peut-être différente, l'enfer demeure identique.

— Un abattoir, lui dit Farrah.

Kate sursaute. Elle n'avait pas vu sa camarade, prostrée de l'autre côté de la salle. Entre elles se dressent plusieurs blocs en ciment, dont, au milieu de la salle, une plateforme encadrée de barrières métalliques. Farrah appuie son dos contre une colonne.

— Un abattoir ? répète Kate.

— On est dans la salle d'exécution des bêtes. Tu ne reconnais pas le couloir de la mort ?

Kate s'assoit elle aussi, en essayant de faire abstraction de la douleur dans son épaule, sous le bandage souillé qui a commencé à se défaire. Elle observe autour d'elle, se sentant hébétée, terriblement perdue. La plateforme et les rampes situées entre elles délimitent, en effet, une allée à la fonction lugubre et évidente. Au-dessus, le circuit de glissières longe cet espace : comme une chenille métallique, avec des crochets fixés à intervalles réguliers et permettant sans le moindre doute de déplacer les carcasses.

Retenant à moitié sa respiration pour oublier la puanteur, Kate cherche des yeux une sortie. Elle ne repère qu'une trappe fermée par une plaque, au bout de l'allée centrale, par laquelle devaient passer les animaux. L'autre côté de la pièce est barrée par un portillon en métal assorti d'un grillage montant jusqu'au plafond. Derrière ce passage s'étend une autre salle, au sol de béton lisse, où sont empilées des palettes en bois. Il y a une table et des chaises au milieu, et même un écran de télévision posé sur une des piles de palettes. On a aménagé cette deuxième pièce à la manière d'un véritable petit salon.

Pour venir nous observer. Comme des animaux. Exactement comme Mazars le faisait.

En scrutant les murs carrelés, Kate finit par distinguer la plaque rouillée qui indique : *Abattoirs E. Castillo et Fils, depuis 1920.*

— Je parie que tu n'as pas ce genre de palace à la vente…

Farrah la fusille du regard, derrière ses cheveux dénoués et rugueux, collés à son visage.

— Tu arrives à faire de l'humour ? Sérieusement ?

Kate pose doucement la nuque contre le mur, cherchant la position la moins douloureuse.

— C'était beaucoup plus drôle dans ma tête.

Elle déglutit avec difficulté, avant d'ajouter :

— Ça fait longtemps que tu as repris connaissance ?

— Non, même pas dix minutes, bredouille Farrah en se massant les tempes. Au cas où tu te poses la question, il n'y a pas d'issue, j'ai vérifié. Tout est fermé à clé. Mais comment on est arrivées là, bon sang ?

— Tu ne te souviens pas de ce qui s'est passé chez Talabot ?

— Je me rappelle être au bord de la piscine. On tenait le type… et puis un autre m'est tombé dessus. Je n'ai aucun souvenir de son visage, mais il m'a injecté notre propre kétamine…

— *Elle*, la coupe Kate. C'est Juliette.

Farrah redresse la tête.

— Qui ça, Juliette ?

— Juliette Reniaud. La fille qui était captive avec moi, dans la ferme de Mazars. C'est la personne que…

Kate détourne le regard. La montée de malaise qu'elle ressent lui fait perdre tout repère.

— Celle que je croyais avoir tuée.

— Sans déconner ? laisse échapper Farrah. Cette foutue histoire ?

— J'étais *sûre* qu'elle était morte. Elle avait perdu tellement de sang…

Kate trébuche sur ses propres mots. Les souvenirs l'étouffent. La honte de son propre aveuglement la cisaille.

— C'est pour ça qu'on n'a jamais retrouvé de corps. Ils ont dû s'enfuir ensemble. Voilà comment il a réussi à s'en tirer, à se soigner, à se cacher… Ils étaient deux, depuis le début. Je ne comprends pas comment j'ai pu être stupide à ce point !

L'effarement déforme le visage de Farrah.

— Attends. Ce type était tout seul, au Portugal.

— C'est ce qu'on a cru, mais il y avait une femme dans sa chambre, à l'étage. Ce n'est pas du tout l'endroit où il gardait ses victimes, normalement. Elles restaient dans l'enclos. Et moi, comme une conne, j'ai cru qu'il avait changé de fonctionnement, qu'il s'était mis à les violer, pour je ne sais quelle raison… Je me récitais mes cours de psy de première année, l'escalade, les niveaux… Ça ne m'a même pas effleurée qu'il puisse avoir une complice.

— Cette femme, c'était ta Juliette ? bafouille Farrah.

— C'est ce que je suis en train de t'expliquer.

— Mais comment tu ne t'en es pas rendu compte, putain ? Tu étais là ! Tu l'as vue !

Kate émet un grognement honteux.

— Je ne l'ai pas *regardée*, Farrah. C'était trop dur, je n'ai pas pu, je ne me suis même pas approchée de cette foutue chambre. C'était plus fort que moi, je n'ai pas eu le courage ! Je vous ai laissées gérer, je me disais qu'il s'agissait juste d'une pauvre femme comme nous…

— Juste ? Mais enfin, c'est pas vrai !

— Farrah, moins fort.

— Non ! Merde ! Depuis le début ! On en revient toujours à TOI ! Toujours *TOI* !

— S'il te plaît…

— Et Cheryl ? s'écrie alors Farrah. Et Maÿlis ?

L'espace d'un instant, Kate n'ose rien répondre.

— Kate ? Qu'est-ce qui leur est arrivé ?

— Je crois que le flic a eu Cheryl. Maÿlis… je ne sais pas.

Farrah écrase ses mains dans la paille et en jette des poignées gluantes autour d'elle.

— Alors, voilà où on en est ? Tout ce qu'on a réussi, c'est causer davantage de souffrance ? C'était bien, les beaux discours. On n'a sauvé personne, Kate. On ne s'est même pas sauvées nous-mêmes…

La voix de Farrah s'étouffe, brisée par un reniflement de détresse, puis des pleurs.

Pour la première fois, Kate ne trouve rien à lui répondre.

Il n'y a plus rien à dire.

Elle se contente de serrer les dents jusqu'à la souffrance.

Alors, de l'autre côté du grillage, leur parvient le grincement d'une porte, avant qu'un sifflement ne s'élève, ramenant les horribles souvenirs ainsi qu'une onde glacée dans sa colonne vertébrale.

Un air évident. Que tout le monde connaît sans en savoir le nom.

La *Sarabande*.

93

Ce n'est pas Raphaël Mazars qui apparaît. C'est l'héritage de cet homme, ce qui est, en fin de compte, encore pire.

Juliette Reniaud avance sans se presser. Les talons de ses bottes claquent sur le béton. Sa robe noire flotte autour d'elle, accentuant la pâleur de sa peau.

Elle ne cesse de siffler l'entêtante mélodie qu'une fois arrivée devant le grillage.

Tout comme Raphaël le faisait, se remémore Kate, pétrifiée d'effroi. *Elle reproduit tout à l'identique. Dans son esprit, Juliette est vraiment* devenue *Raphaël. Mimétisme. Identification. Folie.*

Kate n'essaie même pas de se redresser. Farrah reste immobile, elle aussi, lui lançant simplement un regard inquiet, auquel Kate répond d'un timide hochement de tête. Toutes deux ont conscience que la barrière qui sépare les deux pièces est inviolable. Qu'elles le veuillent ou non, elles sont captives, à la merci de leur nouveau bourreau.

— Juliette, murmure simplement Kate.

— Kate, lui répond Juliette avec une délectation malveillante.

Ses cheveux sont attachés, dévoilant sans équivoque sa longue cicatrice. Kate ne peut détacher ses yeux de cette balafre qui prend naissance sur la gorge et parcourt la moitié du visage de Juliette, comme une virgule blanche, jusqu'à la naissance de l'oreille.

— Comment trouvez-vous le nid que je vous ai préparé ? Les petits établissements de jadis finissent l'un après l'autre en liquidation, quand ils ne sont pas condamnés pour maltraitance animale. Le dirigeant de celui-ci a tout perdu à cause des nouvelles normes sanitaires. J'ai racheté son matériel aux enchères pour une bouchée de pain, il y a un an déjà. Comme le temps passe, n'est-ce pas ?

La discordance entre le ton enjoué de cette femme et l'horreur de leur situation est abyssale. Farrah lui crache :

— Quand je pense qu'on t'a prise pour une victime et qu'on avait cru te libérer, chez Mazars !

Juliette émet un rire glacé.

— Oh, j'étais une victime, je l'étais plus que vous toutes réunies, et bien avant de rencontrer Raphaël. *Lui*, il m'avait libérée. Et *vous*, vous êtes venues me l'arracher. Vous l'avez mis à mort comme un chien.

— Que je me souvienne, tu ne l'as pas beaucoup défendu, cingle Farrah.

La femme en noir tapote le grillage du bout de son taser.

— Tu t'imagines que c'est ce genre de provocation qui va te sauver ? Est-ce que tu as vraiment envie de vivre, petite truie, dis-moi ?

Farrah se raidit. Elle vibre de colère contenue sans oser répliquer. Juliette rit de nouveau.

— Tu vois ? La peur fait cet effet. J'étais totalement paralysée de trouille, oui. Je vous ai laissées massacrer mon Raphaël sans intervenir parce que je n'en étais plus capable, je m'étais injecté du tranquillisant pour bétail. Celui que Raphaël utilisait sur les… *autres*. Je ne savais pas quoi faire d'autre sur le moment. J'ai cédé à la panique, j'ai cru que c'était la police qui débarquait. La seule idée qui m'est venue, c'est de m'attacher avec les menottes sur le lit, comme vous m'avez découverte. La drogue a fait effet beaucoup plus vite et bien davantage que je l'imaginais, ensuite c'était trop tard…

Elle approche son visage de la grille. Sa bouche se positionne entre les croisillons métalliques et Juliette passe la langue sur ses lèvres, lentement.

— De toute manière, à quatre contre une, je n'aurais eu aucune chance, non ? Je n'avais aucune idée de qui vous étiez. La seule que je connaissais parmi vous, c'était toi, Kate.

Kate se replie machinalement en position fœtale.

— Mon Dieu, Juliette… Qu'est-ce qu'il a fait de toi…

— Tu es bien mal placée pour me juger, Kate. Tu n'as même pas eu le courage d'entrer dans la chambre et de me regarder en face ! Si tu savais ce que ça m'a fait, d'entendre ton prénom, de reconnaître ta voix ! Cette *colère* ! Cette *honte* ! Raphaël et moi, on ne parlait même plus de toi, tu sais ? Ce qui était arrivé avec toi, c'était du passé, on avait tout recommencé à zéro. Raphaël avait ses besoins, oui, et moi, je l'aidais parce que c'était bien normal, non ? Ce qu'on vivait, c'était la liberté et l'amour, c'était tellement BEAU ! Mais toi, pendant tout ce temps, tu avais monté un groupe de combat pour venir nous *assassiner* ! J'ai gravé le physique de tes copines dans ma mémoire. Je devais découvrir qui vous étiez exactement. Il me fallait comprendre *pourquoi* vous vous étiez réunies ainsi. Trouver des alliés à ma cause s'est révélé bien plus facile que je l'aurais imaginé. C'était à mon tour de tout organiser avec méthode. La peur devait changer de camp. La peur, et la *souffrance.*

— Non mais tu entends les conneries que tu racontes ? explose Farrah. Mazars vous avait kidnappées pour vous briser, toi et Kate ! Il vous a torturées pendant des jours !

Juliette se tourne vers elle. Un spasme de fureur parcourt un instant son visage.

— Raphaël nous *testait.* Il nous a mises à l'épreuve, il voulait savoir de quel métal nous étions faites. Est-ce qu'il m'a fait peur, lui aussi ? Bien sûr ! Est-ce qu'il m'a fait du mal ? Évidemment ! Je l'ai haï, au début, forcément, qu'est-ce que tu crois ? J'étais perdue et désespérée ! Alors qu'il cherchait simplement une personne digne de lui ! Il m'a ouvert les yeux, Farrah. C'était moi, cette personne qui lui était destinée. Le moment était enfin venu de faire mes choix. Raphaël m'a permis de reprendre le contrôle de mon existence, de ne plus *jamais* me retrouver dans le troupeau des victimes. C'était l'instant que j'attendais depuis toujours, tu peux comprendre ça ?

— Assassiner des innocents ? Faire couler leur sang, briser des vies pour le plaisir ? C'est *ça*, dont tu rêvais ?

— Personne n'est innocent. La question est de savoir qui mérite réellement de vivre.

Farrah se prend la tête dans les mains.

— Putain, t'es totalement cinglée.

Juliette rit encore, un rire comme une promesse de douleur et de larmes, avant de pivoter de nouveau vers Kate, qu'elle fixe avec une haine intense et totale.

— Et toi, madame la psy, qu'as-tu à dire à ce sujet ? Tu penses aussi que je suis « cinglée » ? Moi, je vais te dire la seule vérité qui compte : c'était la première fois que j'étais heureuse. La première fois que j'avais quelque chose de vrai dans ma vie. Il a fallu que tu viennes tout me reprendre. Pourquoi ? Tu avais une famille qui t'entourait, espèce de petite privilégiée ingrate. Rien ne t'empêchait de poursuivre ta vie comme tu le souhaitais. Il te suffisait de laisser les cauchemars derrière, d'attendre qu'ils s'évaporent et qu'ils disparaissent. C'est ce qu'on doit faire, c'est ce qu'il te *fallait* faire. Rien de tout ça ne serait arrivé alors. Mais non ! Tu as préféré venir chez nous, pour me priver de ma vie, *une deuxième fois* ! C'est toi qui as décidé de faire revenir les cauchemars et le sang, toi qui m'as déclaré la guerre. Tout ce qui arrive, c'est uniquement à cause de *toi*, Kate.

Sa voix baisse jusqu'à devenir un murmure glacé :

— Tu as lavé le cerveau de tes copines. Tu les as entraînées dans ta petite croisade pitoyable. Le résultat, tu veux que je te le montre ? Je t'ai gardé un souvenir pour que tu puisses comprendre tout ce que tu as récolté.

Juliette se retourne, presse une télécommande, l'écran de télévision installé derrière elle s'allume. Tanya y apparaît, immobilisée dans une position tordue, transpercée par deux flèches qui la clouent à la carrosserie de son véhicule. Des rires – Kate reconnaît ceux de Talabot et de Léandre – s'élèvent. La voix de Juliette résonne dans les enceintes du téléviseur : « Cette vidéo, je la fais pour toi, Kate ! Je veux que tu voies ce qui arrive à ces pauvres abruties qui t'ont fait tellement confiance. Tu t'es bien servie d'elles ? Maintenant c'est mon tour. De la part de Raphaël Mazars ! En souvenir du bon vieux temps ! »

— Mon Dieu, arrête ça ! gémit Kate.

Elle détourne le regard pour ne pas avoir à subir la mise à mort de sa camarade. Les chocs violents et humides de la lame dans la chair se répercutent dans les pièces vides. Juliette met la vidéo en pause. L'image s'arrête sur la dépouille de Tanya, la bouche ouverte en un cri muet, les yeux fixes, le couteau plongé entre ses côtes jusqu'à la garde, le sang partout. La femme en noir rit de plus belle.

— Au contraire, je veux que tu regardes attentivement, Kate ! Et toi aussi, Farrah, il faut que tu le voies bien ! Tanya est morte à cause de Kate. Votre petite Cheryl est morte à cause de Kate. Quel beau résultat, hein ? Maintenant, il ne reste que vous deux, et je vais avoir le plaisir de vous voir crever à votre tour. En souvenir de mes amis dont vous m'avez privée. J'ai *tellement* hâte.

Kate se sent tétanisée. Il n'y a rien à répondre à une telle monstruosité. Elle songe à Michel Fourniret et Monique Olivier, à Marc Dutroux et Michelle Martin, à Fred et Rosemary West. Les victimes d'actes de brutalité réagissent toutes différemment à leurs épreuves. Pour certaines, le traumatisme émotionnel est si grand qu'il entraîne des répercussions jusque dans la structure du cerveau. La violence apparaît comme l'unique recours. S'identifier à son bourreau devient la seule manière de supporter la dévastation psychologique. Juliette a dû basculer il y a des années. Le mal qui la ronge est irrattrapable.

Pourtant, il lui faut bien se redresser. Faire face. Dents serrées sous le feu dans son épaule, Kate colle son dos contre le mur et affronte le regard de Juliette.

— Non, je n'y suis pour rien. Tu peux te raconter tout ce que tu veux, tout ce qui peut bien conforter ton délire. C'est Raphaël, le seul coupable. C'est lui qui nous a volé nos vies. Et à toi, il t'a même volé l'esprit. Tu ne te rends même pas compte que tu reproduis ce qui a achevé de te broyer.

Juliette crache à ses pieds. Un pli d'exaspération tord ses lèvres.

— Sérieusement, c'est ça, ton analyse de thérapeute ? Tu me rappelles ce qu'on dit des cordonniers qui sont les plus mal chaussés. Tu ne comprends rien à la grandeur de notre relation qui te dépasse. Tout ce que je fais, je le fais parce que ça m'*excite*. Parce que ça remplit enfin ma vie. Avec Raphaël, nous avions cette force, cette puissance à qui RIEN ne résistait. Nous n'avons pas tué des femmes, non, non. Nous avons juste joué avec des petites TRUIES parce que nous étions SUPÉRIEURS à ces choses, parce que nous le POUVIONS, et elles ne pouvaient RIEN. Et regarde-toi donc, putain d'hypocrite ! Tu n'es pas différente de nous !

— Tu racontes n'importe quoi.

— Je ne raconte que la vérité, Kate. C'est toi qui as commencé. Tu m'as laissée me vider de mon sang sans aucun remords, et ensuite tu as poignardé Raphaël à mort.

— J'ai fait ce qu'il fallait pour survivre, se défend Kate. Raphaël ne m'avait pas donné le choix, et toi non plus.

— Tous ces mecs que vous avez traqués en meute ? Vous n'aviez pas le choix, c'est ça ? Vous n'avez pas tout planifié froidement, vous ne les avez pas massacrés comme s'ils étaient moins que des animaux ? Vous n'avez pas fait irruption au domicile de Paul dans le but de le *torturer* ?

— Ce n'est pas la même chose !

— Ah bon ? Tu veux dire que tu n'y as pris aucun plaisir ? Allez, Kate, un peu de courage, à la fin ! Ose prétendre que tu n'as pas envie de venir me tuer, là, tout de suite ? Ose donc mentir en me regardant dans les yeux, vas-y…

La respiration de Kate s'emballe. Son épaule mutilée palpite de douleur sous le bandage. Elle ne peut s'empêcher d'accrocher du regard l'écran, où la pauvre Tanya reste figée, les yeux écarquillés, la bouche ouverte. Kate pense à la fillette de Tanya qui devra grandir sans parents. Elle pense à ces hommes qui les ont assaillies, ces monstres aux ordres d'un monstre encore plus déséquilibré et plus dangereux qu'eux tous réunis. Alors elle se retourne et dévisage Juliette. Tout son visage semble en effervescence malgré elle. Oh *oui*, elle en a envie. Elle ne *désire* que ça, pouvoir se jeter sur cette femme, cette meurtrière immonde, l'égorger une nouvelle fois, une fois pour toutes. Mais ce n'est pas pareil, évidemment, ce n'est pas du tout la même chose. *N'est-ce pas ?*

— Tu le vois bien, ricane Juliette face à sa torpeur coupable. Vas-y donc, fantasme jusqu'au bout, ma grande ! Imagine que tu arrives à me tuer, là, maintenant. Tu arraches mes entrailles pour venger tes copines. Tu arrives à sortir d'ici. Ensuite, que feras-tu ? Tu crois que tu t'arrêteras de verser le sang ? Sois honnête, tu sais *très bien* ce qui se passera, Kate. Tu ne penseras qu'à retrouver Séverin pour l'éliminer lui aussi, en premier lieu. Et après ça ? Il te faudra bien chercher d'autres coupables à massacrer, hein ? N'importe qui, n'importe où. Parce que tu en as *besoin*, maintenant que tu as découvert ce que ça fait, que tu as goûté à ce pouvoir. La seule manière d'oublier le mal qu'on nous a fait, c'est d'en faire au moins autant à d'autres. C'est prendre du *plaisir* en le faisant ! Je le sais, au fond de toi tu le sais, et Farrah elle aussi, elle le sait très bien.

— C'est faux, gémit Kate.

— C'est faux, intervient Farrah en écho, d'une voix tout aussi peu assurée.

— Vous me faites rire, toutes les deux. Vous allez donc me montrer ce que valent vos beaux discours. Vous ne devinez pas pourquoi je vous ai réunies ici ?

Un silence de malaise flotte durant quelques instants. L'air semble être devenu plus froid. Kate et Farrah échangent un regard pétrifié, chacune blottie contre un mur opposé de la salle.

Leur détresse arrache un nouveau gloussement à Juliette.

— Oh, oui, regardez-vous bien, mes petites truies. Parce que vous ne sortirez jamais d'ici. L'une de vous deux, tout au moins. C'est ce que Raphaël aurait aimé. Il ne tient qu'à vous de me montrer ce que vous avez dans le ventre. Je suis sûre que ça rappellera des souvenirs à Kate.

Juliette se baisse, saisit une gamelle en fer qu'elle entrechoque contre la grille, avec un enthousiaste renouvelé.

— Je laisserai l'une de vous en vie, je vous le promets. Mais pour cela, il faudra qu'elle tue sa camarade de ses mains. C'est la seule condition, tout ce que vous devez avoir en tête à partir de maintenant. On va voir combien de temps vos jolies excuses tiennent le coup, et ce à quoi vous êtes *vraiment* prêtes pour survivre.

94

Rodez,
Dimanche 11 juin,
9 h 15

Les portes de l'ascenseur chuintent, les semelles des trois militaires crissent sur le revêtement de lino bleu du couloir. Le lieutenant-colonel Strauss, suivi d'un pas servile par la lieutenante Denise Guerrin et l'adjudant Jean-Christophe Artigues, ne compte pas perdre de temps et il le fait savoir à qui veut l'entendre depuis leur passage à l'accueil.

— Je me contrefous de ce que le médecin a signé ou pas. Médicalement, Lescuyer est en état d'être déplacé. Alors on le transfère à la caserne dès aujourd'hui et on le place entre les mains du conseil d'enquête. Le service communication de la préfète ne nous lâchera pas tant que nous n'avons pas mis la situation sous cloche.

— Bien, mon colonel, se sent obligée d'acquiescer Guerrin.

Artigues lui lance un regard désapprobateur de biais.

Le lieutenant-colonel ouvre la porte et s'engouffre dans la chambre.

Il est bien forcé de s'immobiliser.

— C'est une blague ?

Devant eux, le lit est vide.

— Ils ne l'ont tout de même pas changé de service sans nous prévenir ?

La lieutenante Guerrin s'approche de la poche de transfusion, contemple le tuyau souple pendant dans le vide.

— Peut-être pour un examen ?

Le lieutenant-colonel est déjà sorti en trombe de la pièce et appelle à grands cris un responsable.

— Où est votre supérieur ? J'aimerais être tenu au courant de ce qui se passe ici !

— Et c'est reparti, soupire Artigues avec une moue triste à l'intention de sa collègue. Benoît n'est pas une flèche, c'est sûr, mais il ne mérite pas d'être traité comme ça.

Une heure et de nombreux coups de téléphone, vociférations et menaces plus tard, il est évident que personne dans l'hôpital n'a la moindre idée d'où a pu passer leur patient.

Le lieutenant-colonel Strauss se résout à déclarer une désertion.

95

— Tu n'auras rien de nous, décrète Kate, le regard plongé dans celui de la femme en noir.

— Tu en es bien sûre, Kate ?

Juliette rit, tout en faisant glisser la gamelle sur les barres du portillon. *Clank, clank, clank.*

— Arrête ça ! hurle Farrah. Putain de tarée !

N'y tenant plus, elle fonce vers le grillage.

Juliette a anticipé et presse le taser sur la grille. Le terrible grésillement semble démultiplié, Farrah pousse un râle en s'effondrant à genoux dans la paille.

— Farrah ! s'écrie Kate en accourant aux côtés de sa camarade.

— Si j'étais toi, j'en profiterais tout de suite, commente Juliette en agitant le taser encore crépitant. Tu peux sans doute l'achever tant qu'elle n'est plus tout à fait à son avantage. Si tu veux que je sois franche, c'est peut-être la toute dernière chance qui se présentera à toi.

Kate tressaille. Farrah la regarde de biais, ses muscles toujours contactés par l'action du taser. Kate lui sourit, passe un bras autour de ses épaules et redresse la tête pour défier Juliette du regard.

— Pourquoi tu ne viens pas te battre, plutôt ? Tu n'as pas envie de prendre ta revanche ?

— Ma revanche sera bien plus savoureuse que tu peux l'imaginer, lui promet Juliette.

— Tu ne pourras pas te cacher éternellement, parvient à articuler Farrah. Il y a eu trop de morts. La police finira par remonter jusqu'à toi et tes copains psychopathes.

Le rire de Juliette étouffe ses paroles.

— Comme tu y vas, Farrah ! La police ! Rien que ça ! Pourquoi pas la justice, tant que tu y es ?

Elle recommence à taper furieusement contre les barreaux avec la gamelle.

— Tu sais aussi bien que moi comment vont nos institutions, Farrah ! *Aucune* ne fonctionne ! Sincèrement, tu te souviens de la manière dont ton mec et ses acolytes ont été punis pour ce qu'ils t'ont fait ? *Rien.* Tu te souviens de l'écoute qu'on t'a donnée ? *Aucune.* C'est bien pour ça que tu as fait le travail toi-même, non ? Et après ça ? Après que tu as assassiné trois petits anges dans leur cité, y a-t-il eu la moindre enquête ? Est-ce que tu as jamais été inquiétée ? Est-ce que tu le seras jamais ? Non ! Non, et non !

Cessant les chocs de métal contre métal, Juliette jubile. Elle se poste de nouveau tout contre la grille, son taser levé.

— Depuis un an, combien d'hommes avez-vous éliminés, déjà ? Cinq ? Six ? Davantage ? J'en perds le compte ! C'était pourtant facile de vous retrouver. Il suffisait de vraiment le vouloir. D'utiliser son cerveau. Comme *moi* je l'ai fait. Les forces de l'ordre, elles, n'en ont rien à foutre, quand bien même elles décideraient de s'intéresser à nos crimes, on ne leur en donnerait pas les moyens, les flics n'ont pas le droit de faire la moindre vague s'ils tiennent à leur carrière. Vous savez l'une comme l'autre que ce n'est pas près de changer, si ce n'est en pire. Il n'y a pas de justice autre que celle qu'on se fait soi-même.

Son regard n'est plus que vide sans fond. Son visage une expression de haine viscérale.

— À présent, le choix est donc entre vos mains. *Littéralement.* Je vous laisse y réfléchir, mais, si j'étais vous, je le ferais tant qu'il me reste des forces.

96

La porte s'est refermée.

Juliette les a laissées se décider.

Quelle que soit la durée de ce répit, dans l'immédiat, Kate et Farrah sont seules.

— Je m'en veux tellement, murmure Kate.

Farrah retrouve la force de se redresser la première. Avec des mouvements nerveux, elle s'éloigne de Kate, ébouriffe ses cheveux collés par la sueur, comme pour chasser le dernier contrecoup du taser.

— On n'a plus le luxe de se complaire dans les regrets. On doit sortir d'ici avant que cette folle revienne, Kate.

Kate émet un grognement dubitatif. Sa détresse ne cesse d'augmenter. Ses dents claquent toutes seules. Elle a conscience que c'est la fièvre qui monte, sa blessure à l'épaule s'infecte, mais pour le moment elle ne peut rien y faire – en supposant qu'il y ait jamais un quelconque *plus tard* pour s'occuper de ce genre de choses. Tout ce qu'elle peut faire est de contempler le grillage séparant les deux salles. Sur l'écran de télévision, l'image de Tanya les fixe, comme une accusation. La mort de Tanya, celle de Cheryl, autant de coups de poignard, d'irrémédiables preuves de son échec. De toutes les illusions dont Kate s'est bercée, de tous les mensonges qu'elle s'est répétés.

Ses poumons la brûlent. Le désespoir la broie.

Est-ce qu'elle a raison ? Est-ce que tout est vraiment ma faute ? Sommes-nous si semblables au bout du compte ?

Cela n'a plus aucune importance à présent, n'est-ce pas ?

— Putain, murmure-t-elle en posant son front contre ses genoux.

Farrah, en contraste complet avec elle, semble incapable de rester immobile. Elle effectue le tour de la pièce en ruminant, palpant le carrelage des murs. Elle se hisse sur la plateforme centrale, dégage la paille le long de la rigole destinée à l'évacuation du sang des animaux. Elle essaie même de déloger la grille qui se trouve en dessous, ne parvenant qu'à en retirer de petites tiges grises qui se brisent entre ses doigts.

— Ce sont des restes d'os. Tu m'étonnes que ce genre d'endroit soit obligé de fermer. Je n'ose pas imaginer comment ils traitaient les animaux.

Elle relève ensuite la tête, suivant du regard le circuit des crochets.

— Les bêtes étaient abattues ici, et ensuite le mécanisme les emmenait là-bas, elles devaient passer par cette trappe…

Elle donne plusieurs coups de pied dans la plaque bouchant le passage. Inamovible.

— Ça ne sert à rien, Farrah.

— Je *t'interdis* de dire ça ! On va se sortir de là. On ne va pas baisser les bras maintenant ! Peut-être que si on arrivait à atteindre les vasistas…

Joignant le geste à la parole, Farrah se hisse alors sur la rambarde et tente de lever les mains vers les crocs fixés aux rails.

— Farrah… insiste Kate.

Sa camarade s'élance, reste suspendue pendant quelques instants au crochet rouillé, avant de pousser un cri aigu et de retomber au sol.

— Ça va ?

— Au moins, on sait que ces trucs ne se décrochent pas, se contente de répliquer Farrah en massant son poignet.

— Tu vois bien qu'il n'y a pas d'issue de ce côté. La seule manière de sortir d'ici, c'est que cette cinglée ou un de ses amis psychopathes ouvrent le cadenas du portillon.

— Comme si elle allait le faire, tiens.

Kate n'a pourtant rien d'autre à proposer. Elle tente de se relever, mais le vertige qu'elle éprouve est trop intense, elle se cale de nouveau contre le mur et grelotte. Elle prend conscience de la crampe douloureuse dans son estomac, de son état de déshydratation avancé. Une quinte de toux la plie en deux.

— Sans nourriture et sans eau, on ne tiendra pas longtemps, Farrah. *Moi*, je ne tiendrai pas longtemps.

— Bien sûr que si. Tu es déjà passée par là.

— Et ça s'était tellement bien terminé, raille Kate.

— Putain, t'es infernale.

Farrah revient s'asseoir à côté d'elle. Elle a beau afficher un air dur, il est évident qu'elle puise déjà dans ses réserves pour tenir le coup. Elle respire en haletant, comme en hyperventilation. Kate lui saisit la main et Farrah la serre.

— Je crois que j'ai toujours été jalouse de toi, Kate. Tu as choisi d'aider les autres, alors que moi je me suis contentée de courir après le pognon et de me couper de tous les gens que je connaissais.

Kate ne peut réprimer un rictus nerveux.

— Si j'étais aussi belle que toi, tu crois que je perdrais mon temps à écouter les problèmes des autres ? Je serais dans les bras de jeunes mecs sublimes et à ce stade je pense que ça me suffirait bien !

Farrah pose sa tête contre son épaule.

— Eh bien, si tu savais ce que je donnerais pour un shampooing, là…

Elles contemplent le grillage, et, derrière le grillage, l'image de Tanya.

— On ne va pas la laisser gagner, dit Kate.

— On ne va pas la laisser gagner, approuve Farrah d'une voix grave.

Kate déglutit difficilement avant de reprendre :

— Tu m'avais demandé si j'en serais encore capable. Si je me retrouvais à nouveau dans cette situation, s'il fallait s'entretuer pour survivre…

Crispation. L'amertume plisse le visage de Farrah.

— Tu m'avais répondu que jamais tu ne le referais.

— Ça n'a pas changé. Au cas où tu te poses encore la question. *Jamais* je ne referai une telle chose, Farrah.

Elle lève les yeux, observe le plafond de l'abattoir et ses rails rouillés.

— Et toi ?

Farrah lève elle aussi la tête, son regard bicolore subitement implacable.

— Et moi ?

— Tu me tuerais, si c'était la seule solution pour sauver ta vie, Farrah ?

— Absolument rien ne pourrait me forcer à te faire du mal, Kate. On s'est lancées dans cette aberration ensemble. On restera ensemble jusqu'au bout.

Kate lui serre plus fort la main. *Des promesses.*

Focalise-toi.

— Alors, comment on sort d'ici ?

Farrah est secouée d'un nouveau rire nerveux.

— J'attends que tu donnes la solution. C'est toi la cheffe, non ?

Kate serre les paupières. Elle sent ses larmes ruisseler en même temps qu'elle rit, malgré elle, elle aussi.

— Je t'emmerde, Farrah.

Elle laisse s'écouler un long silence, avant de murmurer :

— Tu as entendu ce qu'elle exige. Une seule d'entre nous pourra s'en sortir. Il faudra que ce soit toi, Farrah. Il faudra que tu me tues.

97

Nîmes

Maÿlis attend.

On l'a installée dans une chambre individuelle au centre hospitalier. À son arrivée, au beau milieu de la nuit, elle a découvert un service des urgences évoquant un purgatoire gémissant et surpeuplé, des malades entassés par dizaines dans le couloir, certains âgés, allongés sur des brancards et qui se plaignaient d'attendre leur prise en charge depuis des heures. Même en passant avant quantité de monde – privilège de son escorte policière –, la jeune femme a dû patienter jusqu'à l'aube avant qu'un médecin puisse l'examiner. Le bilan est en demi-teinte. Si, en fin de compte, ses plaies par arme blanche s'avèrent avoir été très bien suturées par Benoît, notamment celle de sa cuisse, et si ses nombreuses ecchymoses sont sans gravité, ses voies respiratoires présentent des lésions dues à l'inhalation de vapeurs corrosives. Une surveillance médicale de plusieurs jours a été ordonnée afin de contrôler l'évolution de ses poumons, ses reins et son foie. Ses parents ont été prévenus, ils n'ont néanmoins pas le droit de venir la chercher tout de suite. Avant tout, des enquêteurs tiennent à lui parler et lui interdisent tout contact avec l'extérieur.

Alors Maÿlis attend…

Assise sur le fauteuil à côté du lit, son regard erre de la fenêtre n'offrant aucune vue au poste de télévision affichant celle des malheurs quotidiens. Les chaînes d'info évoquent plusieurs agressions et fusillades en région nîmoise, Maÿlis n'est même pas certaine que la *sienne* figure dans cette énumération déprimante de faits divers. Elle réfléchit à ce qu'elle va raconter aux policiers, à comment elle va le leur raconter. Elle a besoin d'être écoutée, que quelqu'un prenne les choses en main. Pour elle, pour ses camarades prisonnières, quelque part, à qui il faut apporter des secours, vite.

Elle attend…

Quand l'homme et la femme en uniforme viennent frapper à la porte, il est déjà plus de midi. Les agents se présentent poliment. Ils doivent à peine avoir une quarantaine d'années chacun, visages décontractés. Ils poussent des chaises de part et d'autre de Maÿlis pour s'installer. La femme lance un enregistrement sur une tablette, l'homme ouvre quant à lui un carnet à spirales. Afin de rassurer Maÿlis, ils lui expliquent qu'elle n'est pas en garde à vue. Il ne s'agit pour l'instant que d'une simple audition en tant que témoin, mais dans le cadre d'événements graves, dont ils tiennent à comprendre les circonstances exactes. À ce stade de leur enquête, trois personnes ont été retrouvées sans vie dans le périmètre de la maison incendiée : Paul Talabot lui-même, le propriétaire de la maison la plus proche, ainsi que la voisine toulousaine de Maÿlis, Cheryl Laborde. Maÿlis opine. Oui, elle était présente sur les lieux au moment des faits. Oui, elle peut reconnaître les coupables. Oui, il faut que la police agisse tout de suite, deux autres personnes au moins sont en danger.

Elle a tellement tourné son récit dans sa tête qu'elle n'est plus certaine de savoir par quoi commencer.

— Cheryl était chassée par des assassins. Ils se sont regroupés en une sorte de meute…

Ses mots se précipitent et se bousculent. Elle explique que ces gens viennent de tous les coins du pays, que leur tête pensante est une femme, qu'avec un complice elle a kidnappé ses deux amies, ils vont leur faire du mal, il faut intervenir au plus vite pour les sauver.

— Ce sont des narcotrafiquants ? l'interrompt l'homme en tapotant nerveusement son stylo sur la page de son carnet.

— Quoi ? Mais non, pas du tout, balbutie Maÿlis, déstabilisée par cette interprétation aussi spontanée que déplacée. Je vous dis que ce sont des tueurs sadiques, comme Patrice Alègre ou Guy Georges, sauf qu'aucun n'a jamais été attrapé…

— Mademoiselle, nous comprenons tout à fait que vous venez de subir un événement traumatique, la coupe à son tour la femme. Toutefois, nous avons besoin de faits concrets pour pouvoir déterminer ce qui s'est passé dans cette propriété, cette nuit.

— Ce que je vous explique n'est pas concret ? Je vous dis que ces gens ont capturé deux personnes. Je n'ai aucune idée de là où ils peuvent les avoir emmenées, mais, ce qui est certain, c'est qu'elles sont en danger de mort, là, maintenant.

— Nous avons retrouvé la carte d'identité de Mlle Morrigane dans la piscine, auprès du corps de la victime, acquiesce l'homme. Cela atteste en effet de sa présence sur les lieux.

Maÿlis reste sans voix, abasourdie par le terme employé. *Victime.* Est-ce donc ce qu'est devenu Paul Talabot ? Après l'incendie qui a tout dévasté, elle songe que les uniques preuves des crimes de cet homme sont désormais conservées dans les affaires de Cheryl, et que celles-ci ont été emportées par les ravisseurs de Kate et Farrah.

— Ce qui nous inquiète particulièrement, relance la policière, c'est que des armes de guerre ont été utilisées dans cette maison. Les émanations des grenades au phosphore auraient pu vous coûter la vie, mademoiselle.

— C'est vrai. Mais je vous dis que l'urgence…

— Nous souhaitons à tout prix éviter que ce type de matériel serve à d'autres narchomicides dans la région, vous comprenez ? Il y a une menace constante d'émeute dans plusieurs quartiers, nous maintenons une paix fragile comme nous le pouvons, mais devons nous montrer très vigilants à ce sujet.

Narchomicides ? Maÿlis ne connaît même pas ce mot, et non, elle ne comprend pas de quoi lui parle la policière, de sa voix si calme, si mécanique, si éloignée de l'urgence de la situation. Elle pourrait évoquer la sortie à la piscine de ses enfants ou sa liste de courses à faire, sur ce ton-là.

Elle ne t'écoute pas. Pas un traître mot de ce que tu peux lui raconter.

Maÿlis s'accroche à un sourire forcé. Refusant de baisser les bras, elle reprend son histoire depuis le début, aussi méthodiquement et précisément qu'elle en est capable. À chaque mot qu'elle aligne, elle voit les visages de ses interlocuteurs se refermer un peu plus.

— Un policier ? souligne la femme, toujours sur le même ton incrédule et impersonnel. Vous êtes bien certaine que c'est un fonctionnaire de police qui a tiré sur votre amie ?

— En même temps, reprend l'homme, Nantes est une plaque tournante pour les stupéfiants aussi importante que Nîmes. Ils ont bien leurs ripoux, eux aussi.

Tu viens de leur parler pendant plus de vingt minutes et ils se moquent totalement de ce que tu as dit, ou de ce qui peut bien arriver à Kate et à Farrah. Ils attendent juste de pouvoir classer cette affaire en deal de drogue ayant mal tourné, la refiler à un autre service, passer à autre chose de moins compliqué. Statistiques. Manque de moyen. Absence totale d'investissement.

Toutes les attentes naïves de Maÿlis s'effondrent au fond d'elle. Elle serre instinctivement les poings. Refuse de cesser de sourire, même si elle a envie de pleurer, de crier, de les secouer.

— Est-ce que vous avez compris ce que je vous ai expliqué ?

— Mais bien sûr, nous vous écoutons attentivement, lui assure l'homme d'un ton dégoulinant de paternalisme. Malheureusement, dans l'état des faits, ce genre d'histoire ne va pas beaucoup nous aider.

— Pardon ? Je vous dis qu'il y a deux femmes en danger de mort ! Ce sont *elles* qui ont besoin de vous !

— Ne haussez pas le ton, je vous prie. Vous devez comprendre qu'il y a une procédure très stricte à respecter. En outre, après ce genre de règlements de comptes, les témoins nous racontent toujours des histoires un peu délirantes.

— Je ne suis pas délirante, monsieur. Je vous ai donné tous les éléments, ils sont vérifiables. Les gendarmes de Rodez pourront confirmer l'attaque dont je vous ai parlé. Benoît Lescuyer allait enquêter sur Léandre…

— Un vrai roman, insiste l'homme en retenant mal sa moquerie. Par les temps qui courent, la haine des forces de l'ordre est devenue un vrai fléau chez les adolescents. Nous sommes obligés d'aborder ce genre d'accusation avec le plus de recul possible. Mais ne vous inquiétez pas, tout sera vérifié, point par point. Déjà, nous savons que vos analyses n'ont pas révélé de stupéfiants dans votre sang.

— Je ne me drogue pas. Et je ne suis pas une ado, j'ai presque vingt-deux ans ! Par pitié, est-ce que vous…

Elle se tourne vers la femme.

— Vous, vous ne me croyez pas non plus ?

Le regard absent de la policière n'est en rien rassurant. Maÿlis la dévisage, désespérée, elle se demande si elle ne décèle pas enfin un léger doute, l'ombre d'une compassion féminine, l'espace d'un bref instant. Avant que le visage de la femme ne se durcisse à nouveau et qu'elle ne secoue la tête avec une désapprobation condescendante et sans appel.

— Comme mon collègue vous l'a expliqué, nous mettrons tout en œuvre pour rassembler les preuves dans le respect des règles. Par ailleurs, la qualification des faits que nous serons amenés à découvrir reviendra au procureur de la République. C'est lui qui décidera de l'orientation de l'enquête, ainsi que du service saisi.

— Mon Dieu, vous voulez dire que vous n'allez rien faire ?

— Bien sûr que si. Trois personnes sont décédées dans des circonstances inquiétantes, une enquête judiciaire approfondie va être conduite. Ce que nous essayons de vous expliquer, c'est que la vitesse d'une investigation est différente de celle de l'émotion, c'est un travail de fourmi et de collaboration entre divers services. Il faut nous faire confiance, c'est notre métier.

Non. Ils ne feront RIEN.

Les policiers lui rappellent qu'ils doivent attendre l'avis du médecin, que si elle n'a pas pris part aux meurtres de cette nuit, elle n'aura rien à craindre, qu'elle sera prochainement convoquée dans leurs locaux, qu'ils vont s'employer à retracer la provenance des armes utilisées…

Maÿlis a décroché depuis longtemps. Elle les entend dérouler machinalement leur discours, leurs inébranlables remparts de justifications administratives, mais elle n'écoute plus un mot. Elle tourne les yeux vers la fenêtre, plonge dans le seul bout de ciel bleu qu'elle peut entrevoir.

Dans les courbes des nuages translucides, son imagination dessine le visage de Cheryl.

Elle se souvient du rire enthousiaste de Cheryl, quand elles discutaient des films d'horreur des années 1970, de la musique de Goblin, de Bruno Nicolai et d'Ennio Morricone. Quand Maÿlis se moquait de sa configuration de montage vidéo et lui proposait de venir lui installer des outils plus performants, un jour… qui ne viendrait plus *jamais.*

Elle songe également à Kate et à Farrah, abandonnées à elles seules comme elles l'ont été jadis, comme elles le seront toujours. *Parce qu'il n'y a aucun moyen disponible, beaucoup trop de délinquance et qu'à la fin personne n'est là pour les victimes.*

Personne pour se préoccuper d'elles.

Personne pour leur porter secours.

Quand l'homme et la femme en uniforme se lassent de parler dans le vide et prennent congé, elle ne se fatigue même pas à leur dire au revoir.

Elle baisse les yeux sur ses mains délicates posées sur le drap devant elle. Elle les fixe en se souvenant du corps de Cheryl dans ses bras. Du goût de son sang sur ses lèvres. De la sensation de rasoirs arrachant son cœur et y laissant un gouffre qui jamais ne se refermera entièrement.

S'il existe une manière d'atténuer ce sentiment effroyable qui lui charcute les entrailles, Maÿlis ne la connaît pas.

Tout ce qu'elle peut faire, à présent, est d'envoyer ses pensées à Kate et à Farrah. Prier pour qu'ensemble elles soient assez fortes. Pour qu'elles traversent l'impossible encore une fois.

Quel qu'en soit le prix.

98

Arrive le moment. Le grincement de la porte, de l'autre côté du bâtiment, tandis que le cauchemar de Kate revient vers elles. Le sifflement de toutes ses nuits sans sommeil s'élève de nouveau. S'approchant. Pour la toute dernière fois.

Kate a beau s'être juré de ne rien laisser paraître, de ne pas baisser le regard, la mélodie de la *Sarabande* pénètre en elle, ramenant les souvenirs, ramenant la peur, ramenant les choix impossibles et les promesses intenables.

Elle constate par ailleurs que Juliette s'est coiffée d'un bonnet gris arborant le logo de l'album *Violator*, comme une ultime provocation à son intention.

Elle se contente de serrer les dents. Farrah et elle se tiennent droites, côte à côte, face à leur geôlière.

— Alors, alors ? s'exclame celle-ci en s'approchant du grillage. Êtes-vous décidées à me montrer ce que vous avez dans le ventre, mes petites truies ?

Elle s'empare de la gamelle et frappe contre le portillon.

— Allez ! Un peu de motivation !

— Arrête ! s'époumone Kate. Arrête ton cirque, putain, ça ne sert à rien !

Ses cris ont au moins le bénéfice d'arrêter le geste de Juliette. La femme la fixe, son sourire malsain s'agrandit.

— Bien sûr que si. Il n'y a qu'une conclusion possible, Kate. Si toi, tu ne veux rien comprendre…

Elle désigne Farrah de l'index.

— … je suis sûre que ta petite copine borgne, elle, se montrera plus motivée. C'est logique que tout finisse ainsi, après tout, et puis je vais être sincère, la regarder t'éventrer de ses propres mains va m'emplir de joie. Qu'en penses-tu, Farrah ? Tout ce que tu as à faire, c'est de me montrer que tu es digne. Alors tu pourras me rejoindre. Contrairement à Kate, je tiens mes promesses.

Farrah crache dans sa direction.

— Ça te va, comme réponse ?

— Toujours les grands airs, soupire Juliette. Alors, Kate et toi, c'est la confiance absolue, c'est ça ? Tu ne veux pas décevoir ta copine ?

— En effet, dit Farrah. Je ne toucherai pas à un cheveu de Kate.

— Tu as peut-être réussi à te créer une famille de psychopathes, ajoute Kate, et tu vas peut-être nous voir mourir toutes les deux, mais tu n'auras pas le plaisir de nous retourner l'une contre l'autre.

Juliette les observe tour à tour. Un pli calculateur traverse sa bouche.

— C'est là où vous vous trompez, toutes les deux. Vous voulez que je vous le prouve ?

Elle tape dans ses mains.

— C'est le moment, Séverin !

Le grincement de la porte se fait de nouveau entendre.

Des bruits de pas et de raclements s'élèvent alors que Séverin Léandre apparaît, transportant sur son épaule une silhouette inanimée dans un drap maculé de sang.

— Oh mon Dieu, s'étrangle Farrah tandis qu'il dépose Benoît Lescuyer sur la table.

99

Le cœur de Farrah se comprime comme s'il allait imploser.

— Tu as vu ça ? lui lance Juliette avec une odieuse exaltation. Il t'a si bien aidée jusqu'ici, ça aurait été dommage qu'il n'assiste pas au bouquet final, non ?

Allongé sur la table, le gendarme est agité de frissons fiévreux. Son regard se rive à celui de Farrah. Il la fixe avec une expression de désarroi mêlé de souffrance insoutenable.

— Benoît… non, non, non…

Le souffle de Farrah est coupé. Son sang se fige dans ses veines. Sa gorge n'est plus qu'un nœud d'acier.

— Il faut l'excuser, il est un peu défoncé, s'amuse à son tour Léandre en réajustant sa veste de costume gris perle. J'ai dû forcer sur la morphine pour qu'il se tienne tranquille.

Benoît tente de sortir un bras du drap dans lequel il est enveloppé. Farrah voit les pansements dont il est couvert, et le sang qui a tout imbibé. Elle ne sait ce qu'elle doit éprouver. De la joie de le savoir encore en vie ? Ou de la terreur d'imaginer ce que ces monstres vont lui faire ensuite ?

— Il n'y est pour rien, gémit-elle en s'approchant lentement du grillage. Laissez-le…

Le policier tire son pistolet de son holster et écrase le canon contre la tempe de Benoît.

— Juliette commençait à douter du fait que je suis le meilleur. Disons qu'il s'agit de ma contribution à sa petite fête.

— Pitié. Pas *lui*…

— Je suis tellement désolé, beauté, souffle Benoît.

— Benoît…

— Assez d'effusions, les interrompt Juliette en repoussant de la main le pistolet de Léandre. Vous allez finir par m'attendrir.

À la place, elle tend le taser et le presse contre le cou de Benoît. Le flux électrique se déverse, le corps du gendarme blessé tressaute, poids mort, sur la table.

— Arrête ! crie Farrah en tapant des poings contre le grillage. Putain, arrête !

— Il suffit de le demander, dit la femme en noir en interrompant le crépitement.

Elle dépose son taser sur la palette, à côté du téléviseur. Ses doigts glissent sur la surface de bois rugueux jusqu'à empoigner un long couteau de cuisine qui attendait un peu plus loin.

— Je n'ai pas encore testé le matériel de cet abattoir. Tu crois que ça coupe encore ?

— Par pitié… *non.*

Alors que Juliette place la lame sous la gorge de Benoît, Farrah tombe à genoux devant le portillon et s'accroche aux barres. Des larmes impossibles à contenir inondent ses yeux.

— Je vous en supplie… Tout, mais pas ça…

La femme en noir se fend d'un sourire pervers.

— C'est à toi de décider. Tu as le choix entre rester une petite princesse égoïste comme tu l'as toujours été, ou bien nous montrer à tous que tu sais prendre la bonne décision pour l'homme que tu aimes. Je veux du sang, Farrah. Je veux la mort. Sa mort à elle.

Un choix.

Farrah jette un regard à Kate, qui demeure pétrifiée en retrait.

Impossible.

Elle se retourne vers Juliette, plus pâle qu'une morte.

— Je ne peux *pas.*

— Bien sûr que si, tu le peux. C'est elle qui t'a entraînée dans cet enfer, Farrah. Si tu la tues de tes mains, non seulement tout sera pardonné, mais je te promets également que ton petit ami n'aura rien à craindre. J'ai suivi une formation d'infirmière, figure-toi, je suis douée pour rapiécer ce genre de blessures. Raphaël aurait pu te le dire, s'il avait été là...

Elle accentue la pression de la lame contre la gorge de Benoît, qui ne peut que laisser échapper un geignement étranglé. Du plat de la main, il parvient à taper sur la table, faiblement, en signe de supplication.

— ... Mais si tu n'en es pas capable, bien entendu, ce cher Benoît va mourir, et ce sera uniquement ta faute. Je vais le faire lentement. Pour ça aussi, je suis douée.

Les yeux de Juliette étincellent.

Derrière elle, Léandre sort un téléphone de sa veste.

— Je pense qu'il faut immortaliser ce beau moment.

— Ah, Séverin, tu as toujours la bonne attention quand il faut, lui dit Juliette tout en pressant la lame jusqu'à ce que le sang jaillisse de la gorge de Benoît.

Farrah hurle de toute son âme.

— C'est un oui ? s'amuse Juliette en écartant le couteau suintant.

Benoît hoquette, yeux fermés. La plaie qui s'ouvre sous son menton n'est pas mortelle – pas encore –, mais le sang s'écoule en abondance sur son torse, souillant le drap d'une énorme flaque rouge.

— *Oui*, souffle Farrah en tremblant.

Elle s'écarte de la grille. Elle se colle contre le carrelage jaune, dérapant dans la paille humide. Elle presse les mains contre le mur, tourne la tête en direction de Kate, adossée à la rampe du couloir de la mort.

Elle fixe Kate et Kate la fixe.

Aucune ne parle. Elles savent l'une et l'autre qu'aucune bonne décision ne pourra être prise.

— Il se vide plus vite que j'aurais cru, la presse Juliette. C'est maintenant ou jamais.

Du revers du poignet, Farrah essuie les larmes sur ses joues.

— Farrah, murmure Kate.

— Kate, dit Farrah, d'une voix blanche.

Elle s'élance vers elle.

— Attends ! hurle Kate.

Mais Farrah n'a plus la possibilité d'attendre. Elle a déjà saisi sa camarade à la gorge, elle la repousse contre une colonne, lui heurtant l'arrière du crâne contre le béton.

— Pardonne-moi, Kate.

100

Juliette laisse échapper un cri de joie tandis que les deux femmes roulent l'une sur l'autre. Elles se cognent contre les bases en béton, gémissent en s'agrippant le visage. Kate ne se laisse pas facilement faire, elle parvient à empoigner la gorge de Farrah à deux mains.

Juliette s'approche du grillage, se colle contre les croisillons.

— Oh, oui. Enfin…

Tandis que Benoît Lescuyer reste prostré sur la table, les paumes désespérément pressées sous son propre menton pour endiguer l'hémorragie, Séverin Léandre s'approche lui aussi de la barrière. D'un effleurement de doigts sur l'écran de son téléphone, il zoome au maximum pour filmer la mise à mort en gros plan. Une expression radieuse illumine son visage, lui donnant l'air d'un enfant devant un spectacle.

De leur côté, Kate et Farrah continuent de pousser des ahanements étouffés dans la paille. Kate étranglant Farrah, et Farrah lui assenant de furieux coups au visage pour se dégager. La plaie à l'épaule de Kate s'est rouverte. Le sang suinte en abondance.

— Farrah… souffle Kate en plongeant son regard dans le sien.

Farrah lui envoie une gifle, suivie d'une autre. Elle lui saisit les cheveux, lui écrase la tête contre la rampe en fer. Plusieurs fois. De plus en plus fort à chaque fois.

Kate ne peut retenir des sursauts désespérés. Elle finit par relâcher le cou de Farrah. Leurs bras s'entremêlent, leurs mains cherchent à griffer, chacune tente de saisir l'autre. De nouveau, elles rampent dans la paille avec des cris saccadés et essoufflés, et de nouveau elles se repoussent, chacune se cognant contre la rampe de la coursive.

Juliette exulte.

— Je vais t'achever, s'écrie Farrah d'une voix qui ressemble à un sanglot désespéré. Je n'ai pas le choix, Kate.

Elle se jette sur elle une ultime fois.

Kate est violemment repoussée, elle bascule par-dessus les barres et s'effondre dans le couloir de béton. Farrah enjambe la balustrade à sa suite et se laisse retomber sur elle. Son coude percute la clavicule de Kate, qui pousse un cri déchirant. Elles s'empoignent, se contractent, se cognent de plus belle contre les angles de l'espace étroit. Kate avale des brins de paille et de la boue. Rien ne finit donc jamais. Sauf que cette fois, c'est elle qui perd.

(*Une seule d'entre nous pourra s'en sortir.*)

Farrah parvient à se retrouver assise sur elle. À présent, c'est elle qui serre la gorge de Kate. Elle tourne le dos à leurs spectateurs, le visage tordu par un mélange de sauvagerie et de désespoir.

(*Il faudra que ce soit toi, Farrah.*)

Kate ne parvient plus à respirer.

(*Il faudra que tu me tues.*)

Farrah se penche vers elle comme pour l'embrasser.

Elle chuchote tout bas :

— Comme on a dit. Fais-moi *confiance.*

Kate espère avoir bien compris. C'est pourtant ce qu'elle a demandé à Farrah, pendant leur court moment de répit. Entièrement son idée, encore, puisque c'est toujours à elle de prendre les décisions. Mais subitement elle doute, Kate a peur de ne plus *pouvoir* faire confiance. À personne, jamais. Elle se cambre, elle se débat, les mains de Farrah continuent de se resserrer sur sa trachée.

(*On fera semblant, Farrah, évidemment. Mais il faudra que ce soit réaliste. Tu vas devoir me faire du mal. Beaucoup de mal. Suffisamment pour que l'autre cinglée puisse y croire.*)

Elle s'accroche aux bras de Farrah. Elle tire sur ses manches, déchirant son chemisier. Elle griffe le cou de Farrah si fort qu'elle y dessine des stries rouges.

Lui faire confiance.

Kate ne trouve plus aucun oxygène.

(*Il ne faudra surtout pas que tu te retiennes, tu m'entends ? Même si j'ai l'air de réellement mourir. C'est ce qu'on veut. C'est la seule solution.*)

Elle se sent perdue. Elle est terrifiée à l'idée de s'être trompée.

Trop tard pour y remédier. Pour revenir en arrière. Elle ne parvient plus à lutter.

Aussitôt, la pression sur sa gorge se relâche. Un tout petit peu.

Faire confiance.

(*Ensuite ? On n'a rien à perdre, de toute manière...*)

Juliette s'accroche à la grille, haletant autant que si elle s'était retrouvée au centre de l'affrontement, sans perdre une miette du déchaînement de violence. Séverin passe le téléphone dans l'interstice du portail pour mieux filmer.

Ils contemplent les deux filles basculer, un coup sur la droite, un coup sur la gauche. Leurs coudes et leurs épaules frappent les barres de la rampe de manière désordonnée et brutale. Farrah a toujours les mains rivées à la gorge de Kate, dont l'épaule perd de plus en plus de sang.

— C'est ça ! exulte Juliette. Tue-la maintenant ! TUE CETTE TRUIE !

Kate est secouée de soubresauts, encore et encore, et Farrah se met à hurler, à hurler, sans s'arrêter, à se briser les cordes vocales, et des flots de larmes font scintiller ses joues.

Sous elle, le corps de la thérapeute se fige enfin, pourtant Farrah continue de crier et de sangloter.

Puis, comme si elle subissait un électrochoc, elle s'effondre sur sa camarade.

Les deux corps reposent l'un sur l'autre, emmêlés, indissociables.

Séverin tend le téléphone autant qu'il le peut.

— Je ne vois pas bien… mais ça a quand même de la gueule !

Juliette presse le front contre les croisillons, yeux plissés pour essayer de comprendre ce qui s'est produit.

— Farrah ?

Aucun des deux corps ne bouge. Aucun ne semble respirer.

Séverin éclate de rire.

— Ces abruties se sont carrément entretuées !

Juliette se frotte le nez. Elle frappe la lame du couteau contre le grillage, sans susciter la moindre réaction.

— Tu crois vraiment ?

— Tu as vu comme elles étaient hystériques, non ? Et Duhamel qui beuglait à la mort, elle voulait tellement s'en sortir qu'elle a dû en avoir un arrêt cardiaque, cette truffe.

Sur l'écran de son téléphone toujours brandi, on aperçoit en gros plan la chevelure emmêlée de paille de Farrah, sa peau cuivrée humide de sueur, de crasse, de sang. Le sang vif et luisant de Kate. Toujours cette immobilité totale.

— Il n'y a qu'une manière d'être fixé, il faut aller vérifier, ajoute le policier. Ou alors, tu les laisses pourrir comme ça toutes les deux ? Moi, c'est ce que je ferais.

Juliette sort une clé de sa poche. Elle lance un regard de biais à Benoît, recroquevillé et se convulsant à mesure qu'il se vide de son sang.

— J'ai donné ma parole, Séverin. J'ai été dans cette situation. Je suis sûre que Farrah me remerciera. Qui sait, elle nous rejoindra peut-être, si elle n'est pas totalement stupide.

— Vous me faites tous bien marrer avec vos principes, soupire le policier en ajoutant un geste nonchalant. Mais c'est toi le boss.

Un rictus de fierté déforme le visage de Juliette.

— Oui. C'est *moi*.

Elle déverrouille le cadenas, pousse le portillon et se baisse pour passer sous le grillage.

Elle avance vers les deux corps entremêlés.

Elle enjambe la rampe métallique et, dans le doute, serre le couteau de boucher, prête à frapper. Après tout, ce n'est qu'en l'enfonçant dans la chair de ces femmes qu'elle saura si elles jouent la comédie ou pas.

Kate et Farrah n'ont pas besoin de se concerter. Elles patientent, sans bouger, jusqu'à ce que Juliette soit arrivée suffisamment près d'elles.

Alors, en même temps et d'un même mouvement, toutes deux déplient leurs jambes, visant les genoux, la fauchant d'un coup.

Leur ennemie s'effondre en lâchant son arme. Kate, avec un rugissement de rage, se jette sur elle et lui saisit la gorge. Les deux femmes se débattent en se contorsionnant.

— Le flic ! crie Kate.

— T'inquiète !

Farrah s'est déjà emparée du couteau retombé au milieu de la paille et s'élance vers Séverin Léandre.

101

Il ne faut qu'un instant à Farrah pour traverser les quelques mètres qui la séparent du portillon.

Par pur réflexe, Léandre donne un coup de pied dans le vantail. Le portillon claque, bloquant momentanément le passage, mais Farrah a déjà écarté les barres, l'intensité de sa détermination décuplant ses forces, elle jaillit dans la pièce, le couteau brandi.

Le policier a reculé de plusieurs pas. Il pointe son pistolet droit vers la jeune femme.

— Puisque c'est comme ça que tu veux finir…

Il ne peut ni achever sa phrase, ni donner le coup de grâce. Benoît, toujours replié en chien de fusil sur la table, lui a agrippé le bras et le secoue pour l'empêcher de viser. Le tir part tout de même, le carrelage éclate sur le mur. Le policier se dégage sans mal et décoche un violent coup de crosse au visage déjà ensanglanté du gendarme.

— Benoît ! hurle Farrah.

— Dépêche !

Et comment, qu'elle se dépêche. Avant que Léandre ne puisse relever son arme et mettre en joue l'un d'entre eux, elle abat le couteau droit devant elle, visant la gorge de son ennemi et la manquant de peu. La lame se plante dans le bras de Léandre, qui hurle et titube en arrière, enfin pris au dépourvu. Farrah ne lui laisse aucun répit, elle repousse le monstre en costume, ils tombent l'un sur l'autre, se débattant entre la table et le mur. Farrah saisit le poignet de son adversaire tenant le pistolet, elle le maintient à distance, autant que possible, dans un mouvement de ballet frénétique.

D'autres coups de feu sont tirés tandis que le policier presse la détente avec acharnement. Les balles ricochent contre le béton, font éclater d'autres morceaux de carrelage. L'une traverse même l'écran de télévision, qui s'éteint en projetant des étincelles au-dessus d'eux.

Sur la plateforme, au centre de l'autre salle, alors que Kate est en train de lui broyer la gorge entre ses mains, Juliette ne s'avoue toujours pas vaincue. Elle a perdu une fois contre elle, il y a six ans, elle ne *peut pas* perdre de nouveau aujourd'hui. Après force contorsions et gémissements, elle parvient à retirer les doigts de Kate de sa trachée. L'air pénètre de nouveau dans ses poumons. Une joie bestiale la traverse à la vue du visage contracté de Kate.

Kate. L'objet de toute sa haine, la raison de tous ses projets, de ses rêves de meute, de meurtre, de *revanche*. Kate a eu un avantage momentané, provoqué par l'effet de surprise, mais elle est blessée, affaiblie, déjà épuisée.

Presque morte. Dans quelques instants, oui, elle le sera totalement. Et Juliette Reniaud sera victorieuse, cette fois. Elle ne pense plus qu'à ça. Achever sa vengeance, ici et maintenant. Elle se redresse jusqu'à se placer à califourchon, c'est à présent elle qui étrangle, elle qui *domine*.

— Ça t'a manqué, Kate ? Moi, oui.

Elle lui comprime la gorge de toutes ses forces. *Comme cette nuit-là. Plus jamais d'abandon. Plus jamais de défaite.*

Kate révulse les yeux, incapable de prononcer le moindre son, incapable de respirer.

Juliette serre et serre, la tire vers elle et la repousse pour lui frapper le crâne contre le béton.

— Crève, Kate ! CRÈVE DONC !

Farrah perçoit les cris hystériques de la femme dans l'autre salle. Ils la glacent d'effroi, mais elle ne peut que continuer de se débattre, elle-même agrippée à Léandre. Ses deux mains ne lâchent pas le poignet de son adversaire, maintenant le pistolet loin d'elle. L'espace d'un instant, elle change de stratégie et retire sa main droite, cherchant à atteindre le manche du couteau, toujours enfoncé dans le biceps du policier. Ils se contorsionnent de plus belle, collés l'un à l'autre. Au moment où Farrah croit enfin empoigner l'arme, Léandre parvient à lui donner un coup de genou dans les côtes.

Le couteau, éjecté, tinte sur le béton.

— Merde ! crache Farrah, cherchant à retrouver une prise sur le poignet de l'homme. Espèce de porc…

Léandre est physiquement plus fort. De nouveau, il écrase son genou dans son plexus, chassant tout l'air de ses poumons. Le canon du pistolet revient lentement face à elle.

— Tu m'auras bien fait chier, petite connasse.

Tétanisée, son corps tout entier contracté à se déchirer, Farrah comprend qu'elle ne pourra plus tenir bien longtemps.

Elle entend subitement la voix de Benoît, au-dessus d'eux, qui crie d'une voix rauque :

— Non !

Le gendarme a de nouveau lâché son horrible blessure au cou, laissant le sang s'échapper, et a trouvé la force de se redresser. Il tend la main vers le meuble, empoigne le taser qu'y a abandonné Juliette.

D'un brusque mouvement de hanches, il bascule de la table et retombe à côté d'eux, maladroitement, emmêlé dans le drap qui restreint ses mouvements.

Séverin continue de faire pivoter le pistolet, centimètre après centimètre, vers la poitrine de Farrah.

Il est presque arrivé à le pointer vers son cœur.

— NON ! répète Benoît en rampant vers lui.

Le taser entre en contact avec sa veste de costume.

L'embout s'illumine tandis que la décharge fuse et crépite.

Électrifié de la tête aux pieds, le policier ne peut que relâcher à la fois son arme et la jeune femme.

Farrah s'écarte et tâtonne pour récupérer le pistolet avant que son adversaire ne se ressaisisse.

Au seuil de l'inconscience, son pouls tapant comme un tambour enragé dans sa tête, Kate sent la fin arriver.

Elle replonge dans son passé, s'enfonce dans toutes les angoisses qui la torturent depuis six ans.

Ce combat-là, une nuit sous les éclairs.

Ce sacrifice-là. De cette autre femme-là.

Elle s'est toujours répété, lorsque ces souvenirs revenaient la hanter, que, si c'était à refaire, elle trouverait une solution. Que *jamais* elle ne retomberait aussi bas. Même pour sa survie. Rien ne peut être à ce prix.

Cependant, elle n'est plus la seule concernée, aujourd'hui. Même maintenant, alors qu'elle sent ses dernières forces la quitter, elle ne peut que penser à cette escalade démentielle, à tout ce mal qui a été fait alors qu'elle ne souhaitait que réparer les blessures, à toutes ces autres existences qu'elle a entraînées avec elle dans l'abîme. Le pire est de savoir que, si elle abandonne, si elle laisse le monstre gagner, *le carnage se poursuivra.* Juliette, quand elle lui parlait de soif de sang, ne faisait que se décrire elle-même. Une folie meurtrière telle que celle-là, *rien* ne l'éteindra tant que le cœur de cette femme battra.

Juliette a compris comment rallier d'autres psychopathes à sa cause. Elle continuera. Elle ne s'arrêtera JAMAIS de faire des victimes innocentes.

Sauf si Kate trouve la force d'agir. Si elle accepte d'endosser une dernière fois le rôle de bourreau et de mettre cette femme hors d'état de nuire une fois pour toutes. Pour elle, pour toutes les autres.

Elle ouvre les yeux. Elle fixe le visage congestionné de Juliette au-dessus d'elle.

— Tu vas encore perdre, souffle-t-elle, sans même être tout à fait sûre d'avoir réussi à prononcer un seul mot.

Tout ce dont elle est certaine, c'est que ses mains fouillent fiévreusement dans la paille rance, griffant chaque recoin de la grille d'évacuation de ce *couloir de la mort*, comme l'a appelé Farrah.

Jusqu'à ce que le bout de ses doigts, à force de gratter, s'écorche sur un fragment d'os oublié.

Kate resserre la main dessus. Un long et fin éclat. Sans un instant d'hésitation, elle plonge cette arme improvisée dans le cou de Juliette, en plein dans sa cicatrice.

L'os perce la peau et s'enfonce sans mal, sur plusieurs centimètres. Il se brise ensuite entre les doigts de Kate, mais l'artère de Juliette est irrémédiablement sectionnée.

Juliette pousse un cri de rage phénoménal. Elle refuse pourtant de relâcher son étreinte.

Kate griffe et pince, jusqu'à retrouver une prise sur le bout d'os inséré dans la chair. D'un coup, elle le retire de la gorge de Juliette.

Libérant une fontaine de sang.

Au même instant, des coups de feu retentissent derrière elles.

Benoît s'est écarté. Farrah met Léandre en joue et tire sans réfléchir. Une fois, deux fois, trois fois.

Abattre un homme semble toujours si facile au cinéma, dans n'importe quelle position chaque tir fait mouche. Or, maintenant, même à deux mètres de distance, les premières balles manquent Léandre, certes de peu, mais ne font que le frôler. La dernière lui traverse enfin le coude, pulvérisant son articulation et éclaboussant de rouge le mur derrière lui.

Léandre s'effondre en gémissant.

Le percuteur frappe dans le vide. Chargeur vide.

Farrah relâche l'arme et se laisse retomber à genoux.

— Tu es fini, salaud, murmure-t-elle.

Léandre roule sur le dos. Luttant contre la torpeur du taser. Son coude perd une quantité impressionnante de sang, et pourtant, sa main droite pressée sur l'horrible plaie, l'homme ne peut s'empêcher d'éclater de rire.

— Tu n'as pas encore gagné, connasse.

— Tu te fous de moi ?

Le policier se redresse en vacillant. Il recule, lui aussi à genoux, s'écartant de Benoît et de son taser.

— C'est la loi de la nature. La survie du plus fort. *Je suis* le plus fort.

Il atteint la porte coupe-feu, prend appui sur un genou, trébuche maladroitement pour se remettre debout et colle son dos au mur.

— Attends ! crie Farrah.

— Une autre fois !

De sa main valide, Léandre ouvre la porte et quitte la pièce en se cramponnant tant bien que mal au mur.

Farrah avance à quatre pattes vers Benoît, qui presse de nouveau sa gorge à deux mains pour ralentir l'écoulement du sang.

— Ça ira, décrète-t-il d'une voix éraillée.

— Benoît…

— Chope-le, beauté.

Elle serre les dents.

— Tiens bon, je t'en supplie.

Puis elle tourne les talons et se lance à la poursuite de Léandre.

102

Derrière la porte s'étend un vaste espace où s'alignent des mangeoires en béton. Après un couloir bifurquant sur la gauche, Farrah se retrouve dans une nouvelle salle tout en longueur pourvue de lavabos, de casiers métalliques tagués et de plusieurs compteurs électriques avec de gros boutons-poussoirs rouges et verts.

La jeune femme traverse ces pièces d'un pas rapide. Elle frotte ses cheveux emmêlés, son œil voilé la démange, mais la détermination la pousse, telle une lame de fond, noire et glacée.

Elle suit le sang qui macule le sol.

Au détour du couloir suivant, elle trouve la veste de costume du policier, abandonnée au sol. Il y a également un morceau de sa chemise, que l'homme a semble-t-il déchirée. *Pour se confectionner un garrot*, suppose Farrah sans ralentir.

— Léandre ! rugit-elle, sa voix se répercutant dans les halls vides.

Elle pénètre dans des ateliers étroits, encadrés de chambres réfrigérantes hors d'usage, de barres de fer, de tubes d'aération décrochés du plafond et effondrés en travers du chemin. Un étroit escalier de métal remonte en zigzag vers ce qui doit être le tout dernier poste, à l'étage.

Farrah gravit les marches tachées du sang de Séverin Léandre.

En haut de l'escalier, elle se retrouve devant une sorte de passerelle, si exiguë qu'elle permet à peine le passage d'une personne. De tous côtés : des crochets fixés à des grilles d'évacuation. Farrah comprend qu'elle surplombe la pièce située juste derrière la salle d'abattage, dont l'accès est condamné par une plaque métallique. C'est ici que les carcasses de bétail étaient stockées pour être éviscérées et dépecées.

Celui qu'elle chasse l'attend à l'extrémité de cette allée.

Non sans plaisir, Farrah voit le bras gauche de Léandre pendre, inerte, et le sang qui s'en échappe toujours. Dans sa main droite, l'homme s'est emparé d'un des crochets. Il l'accroche à une barre de fer au-dessus de lui et s'y cramponne pour rester debout.

— Viens donc, lui crache-t-il.

— Mais j'arrive.

Alors qu'elle approche, avec une lenteur attentive, elle voit l'homme tressaillir. Elle constate à quel point il est diminué par sa blessure béante au coude. Le policier a désormais un visage creusé et les yeux exorbités. Avec ses vêtements déchirés et tachés, il a perdu toute sa superbe qui ne tenait finalement qu'à son apparence.

Il grimace pourtant, une ultime montée de fierté faisant scintiller son regard.

— Nous sommes à l'endroit où arrivaient les carcasses, tu as vu ? On leur coupait la tête, ici. C'est presque poétique pour une conclusion.

— Combien reste-t-il de personnes dans ton groupe ? lui demande Farrah sans tenir compte de ses réflexions idiotes.

— Notre groupe ?

Sa grimace devient rire.

— Vous avez tué Grégoire, et moi j'ai achevé Paul. Il ne reste plus personne.

Avec précaution, Farrah pose un pied devant elle, réduisant encore la distance entre eux. Elle n'est plus qu'à deux mètres de lui. Elle s'immobilise un instant, sourcils froncés, surprise jusqu'à la fin par cet individu.

— Tu as achevé ton pote ?

— Il n'a jamais été mon pote, crache Léandre. Il n'avait pas le niveau, c'est tout. Par ailleurs, j'ai laissé la carte d'identité de ta copine la psy sur son cadavre. Les enquêteurs ont beau être débiles, ils seront bien forcés de faire leur travail à un moment, et de remonter jusqu'à votre petite bande de justicières.

Il s'interrompt pour tousser. Puis ricane de plus belle pour dissimuler sa détresse évidente.

— Tu vois, connasse, même si je perds, finalement, vous ne pouvez pas gagner.

— Il n'a jamais été question de gagner quoi que ce soit, rétorque Farrah d'une voix si calme qu'elle en devient terrifiante.

Elle se laisse envahir par un sourire empreint d'une tristesse sans fond.

— Tout ce que tu veux, c'est te prouver que tu es le meilleur, c'est ça ? Parce que tu te sens trop vulnérable au fond de toi ?

Elle voit le regard de l'homme vaciller.

— Je ne suis pas vulnérable.

— Oh, que si. Regarde-toi donc, Léandre, comme tu es petit et fragile.

Elle recommence à avancer. Léandre bombe exagérément le torse. Une posture de bête aux abois.

Il retire le crochet de la barre et fonce sur la jeune femme.

Farrah pousse un cri quand la pointe pénètre dans son bras.

Mais, de son autre main, elle propulse le taser crépitant.

Séverin Léandre se cambre, électrocuté.

— Tu n'as pas le niveau, connard…

Le policier ouvre et referme la bouche. Des larmes coulent sur ses joues.

— … Et tu meurs habillé comme une merde, achève Farrah en le repoussant.

Le policier ne peut se retenir, il bascule par-dessus la rambarde.

Les crochets en dessous le reçoivent, pénètrent dans sa poitrine et ressortent dans son dos. L'homme se débat pendant quelques instants, s'accrochant à la vie en gémissant, mais ses artères sectionnées se vident rapidement de leur sang, déversant le liquide épais et pulsant dans le conduit d'évacuation, et Séverin Léandre cesse finalement de bouger, suspendu dans le vide comme les innombrables animaux ayant fini en ces lieux avant lui.

Farrah prend appui sur la rambarde, submergée par la douleur. Le crochet a transpercé son bras gauche. Néanmoins, le regard fixe, elle tire dessus, un centimètre à la fois, jusqu'à avoir retiré en entier le croc de métal, qu'elle jette par-dessus la passerelle avec un ultime râle de victoire.

Son corps chancelant n'est plus qu'un puits de souffrance.

Elle titube cependant en arrière, pas après pas, en direction de l'escalier.

Ne pensant plus qu'à une chose.

Retrouver Benoît.

103

Quand Farrah franchit la porte, Benoît est de nouveau installé sur la table, bordé dans le drap. Kate, assise à côté de lui, serre un bandage de fortune autour de son cou.

Farrah se précipite, prend les mains de son gendarme dans les siennes. Benoît tremble légèrement, mais un sourire ineffaçable reste imprimé sur ses lèvres.

— On s'en sort, beauté.

— Évidemment qu'on s'en sort, dit-elle, les yeux scintillants de larmes.

Elle jette un regard vers la salle dans laquelle elles étaient retenues prisonnières. Le corps ensanglanté de Juliette Reniaud gît désormais dans le couloir central, les bras écartés, les mains agrippant jusqu'à la fin les barres de métal.

— Pas elle, ne peut s'empêcher de commenter Kate. Elle ne reviendra plus, cette fois.

Farrah hoche lentement la tête. Elle essuie ses larmes du revers du poignet.

— Aucun d'entre eux. Il n'en reste plus aucun.

Kate déchire un morceau supplémentaire de drap.

— Montre-moi ta blessure. Tu as un trou dans le biceps.

Farrah s'installe auprès de son gendarme. Sa main droite dans la sienne, son bras gauche levé tandis que Kate l'entoure d'un garrot sommaire.

— Ça ira ?

— Ça ira, grogne Farrah, chaque fibre de son corps frémissant. Merci.

Les deux femmes s'observent, leurs visages livides, leurs lèvres pincées.

— C'est fini, murmure Kate. Réellement, cette fois.

D'un mouvement de menton, Farrah désigne la porte de la pièce.

— Juste derrière, au niveau des mangeoires, j'ai vu qu'ils ont laissé leurs affaires. Il doit forcément y avoir les téléphones de Juliette et de ce flic dans le tas. Il suffit d'utiliser les numéros d'urgence.

Kate reste immobile.

— Appeler à l'aide, tu sais ce que ça veut dire, Farrah.

De longues secondes s'étirent. Ils savent *tous les trois* ce que cela signifie. C'est Benoît qui lui répond, ses cordes vocales formant laborieusement un mot après l'autre :

— La gendarmerie va débarquer. Vous allez être arrêtées toutes les deux, si vous restez ici.

Farrah le dévisage sans rien dire. Son expression est dévastée. Avec une infinie douceur, Benoît lui écarte une mèche de cheveux et caresse sa joue.

— Les secours s'occuperont de moi. Vous avez encore le temps de passer entre les mailles. J'ai déjà eu un avant-goût de la réaction de mon supérieur, rien ne changera. Ils classeront tout ce qu'ils ne peuvent pas comprendre et les victimes deviendront les responsables. *Partez.*

— Pour être en cavale ? parvient-elle enfin à lui répondre. Éloignée de toi ?

Le sourire de Benoît ne faiblit pas. Il ferme et rouvre les paupières en signe d'acquiescement.

— Ils vont te mettre derrière les barreaux après ce que tu as fait, Farrah. Quelles qu'aient été tes motivations.

— Mes motivations n'ont plus aucune importance. Nous avons cru que traquer ces types allait réparer nos vies. Tu as vu le résultat ? Des morts. Davantage de vies réduites en miettes. La *tienne*, Benoît. La punition ne peut pas être pire que ce que nous avons fait.

Elle lance un nouveau regard au cadavre de Juliette. À tout ce sang répandu.

— Nous avons fait des choix désastreux.

Kate se lève péniblement. Elle maintient sa main serrée sur son épaule. Elle a refait son bandage, mais les taches écarlates s'y devinent déjà, filtrant au travers du tissu.

— Tu es sûre de ce que tu veux, Farrah ? Réellement sûre ?

Farrah observe d'abord Benoît, puis sa camarade.

— Si nous sommes arrêtées, toutes les deux, maintenant…

— Nous allons en prison, confirme Kate.

La fatigue fait frissonner les lèvres de Farrah. Une si grande fatigue.

— Comme ces hommes l'ont fait ? Juste quelques années ?

— Peut-être moins encore, dit Kate.

Elles marquent toutes deux un silence, soupesant leur situation, cette nouvelle décision qu'il leur faut prendre et qui changera définitivement le fil de leurs vies.

— Et toi ? demande Farrah. Tu es sûre de ne pas vouloir fuir ?

Kate sourit.

— Je crois que je fuis depuis que j'ai vingt ans, Farrah. Il est temps que j'arrête.

Elle contemple Farrah et Benoît, dans les bras l'un de l'autre. Son visage se tord sous des émotions qu'elle peine à gérer.

— Benoît a raison. Tout se retourne toujours contre les victimes. Nous ne sommes pas les seules. Il y a toutes celles de ces hommes, et probablement de Juliette. Si *nous* ne sommes pas là pour les identifier et pour forcer la justice à accomplir son travail, tu crois que quelqu'un le fera ?

Farrah secoue la tête. Le constat est terrible mais indiscutable.

Elle se penche sur son gendarme, dépose un long baiser sur ses lèvres, qui se termine par des sanglots encore plus longs. Benoît lui souffle tout bas à l'oreille :

— Tu ne seras pas seule, beauté.

Elle le serre plus fort.

— Plus de mauvais rêves, murmure-t-elle.

— Plus jamais.

Il y a en effet un téléphone dans le sac de Juliette Reniaud, posé sur une palette dans la pièce adjacente.

Kate revient dans l'encadrement de la porte et le montre à Farrah et à Benoît.

— Je vais dehors, le réseau sera meilleur, dit-elle. Ça ne sera pas long.

La façade de l'abattoir donne sur un paysage vallonné et nervuré de roches noires que martèle un soleil aveuglant.

Kate jette un regard circulaire à la route déserte et aux pâturages couverts de fleurs blanches à perte de vue. Elle aperçoit une vieille plaque sur le bâtiment. En dessous du numéro, on peut y lire « Commune de Saint-Chély-d'Aubrac ».

Elle demeure encore ainsi, comme au seuil d'un autre monde, quelques instants pendant lesquels elle contemple les deux pick-up garés en retrait, ayant appartenu à Juliette Reniaud et à Séverin Léandre.

Elle songe une dernière fois qu'elle aurait le temps de prendre une de ces voitures et de filer. Elle songe que ce serait possible. Quitter le pays. Choisir la liberté.

Elle songe qu'elle n'a plus vingt ans.

Qu'il y a encore des gens à aider autres qu'elle.

Que son existence est encore loin d'être achevée et que peut-être, finalement, il y a un sens à donner aux années qui lui restent.

Et pour une raison plus forte que tout, cette pensée la réchauffe.

Le regard perdu à l'horizon, dans le bleu immense du ciel et les ondoiements des champs, elle passe l'appel à la gendarmerie.

Ne perds pas espoir,
Ne perds pas ta force,
Tu n'es pas toute seule.

Nervosa,
« Kill the Silence »

Remerciements

Je tiens à remercier Elsa Lafon qui m'a accueilli auprès des plus grands dans ma nouvelle et si belle maison, Maïté Ferracci, mon éditrice, pour ses judicieux conseils littéraires, Florian Lafani, pour nos échanges précieux, ainsi que toute l'équipe : Frédéric Guyomard, Barbara Pilley, Héloïse Vincent, Honorine Dupuy d'Angeac, sans oublier Émilien Castaing pour la superbe couverture de ce roman et l'indispensable Olivia Castillon pour les relations de presse.

Merci à ma magistrale agente Alexandrine Duhin, faiseuse de best-sellers, qui maintient la barre si haut que l'impossible devient chaque jour une nouvelle étape de franchie.

Merci aux si enthousiastes Maÿlis Vauterin et Delphine Clot, du bureau audiovisuel Matriochkas, qui travaillent dur à l'aboutissement des projets en films ou en séries.

Merci à Audrey Petit, Isabelle Dubois, Alix Orhon, Florence Mas, Anne Bouissy-Volcouve, Sylvie Navellou et toute l'équipe du Livre de poche pour leur formidable accompagnement.

Merci à mon ami libraire Bruno Lamarque, lecteur « test » de ce roman, et merci à tous les professionnels qui m'ont une fois encore aiguillé sur les divers détails techniques, à commencer par mon honorable correspondant « RD », le capitaine Vincent Escorsac et le capitaine Jean-François Pasques pour leurs éclairages toujours passionnants en matière de procédures policières, le gendarme Mickaël Tena pour le monde militaire, l'infirmier et romancier Nicolas Druart en ce qui concerne les détails médicaux, mon autre collègue romancier Benoît Séverac ainsi que le Dr Béatrice Bertagnoli pour mes questions vétérinaires farfelues, et une nouvelle fois le développeur en opérations de sécurité Yann Gautheron pour son expertise sur le monde en permanente évolution des technologies numériques. En sachant que toute prise de liberté par rapport à la réalité en ces pages est de mon seul fait, et totalement assumée pour les besoins de cette histoire effrénée.

Un merci tout particulier aux équipes des représentants qu'on évoque toujours trop peu et qui sont pourtant en première ligne pour défendre nos histoires et ainsi permettre aux livres de trouver leur place sur les rayons des librairies. Merci évidemment aux libraires toujours plus enthousiastes, et merci à vous, lectrices et lecteurs, pour votre fidélité et tous vos retours, parfois tellement touchants que je me trouve totalement pris de court devant tant d'émotions partagées.

Merci à mes parents, à mon frère et à ma sœur, que je mentionne rarement, mais qui savent à quel point ils comptent pour moi et dont la fierté est si importante à mes yeux.

Et merci enfin à toi, ma sublime Tatiana. Tu sais les ténèbres d'où vient cette histoire.

Toulouse, Villa Vindicta, septembre 2024

Composition
PRESS·PROD

Imprimé en France par
CPI Brodard & Taupin
en janvier 2025

Dépôt légal : janvier 2025
N° d'impression : 3060467
ISBN : 978-2-7499-6007-4
LAF : 3548